신라 천년사

신라 천년사

초판 1쇄 인쇄 | 2010년 1월 3일
초판 1쇄 발행 | 2010년 1월 7일

편저 | 한국인물사연구원
펴낸이 | 최수자

주간 | 고수형
마케팅 | 신명선
표지 디자인 | 디자인 곤지
본문 편집 | 김은하
인쇄 | 대원인쇄
제본 | 경문제책
ISBN 978-89-962008-9-5 03900

펴낸 곳 | 도서출판 타오름
주소 | 서울시 은평구 녹번동 38-12 2층(122-827)
전화 | 02)383-4929
팩스 | 02)3157-4929
전자우편 | taoreum@naver.com
http://blog.naver.com/taoreum

신라 천년사

다은름

차 례

들어가는 말

우리 한민족이 슬기롭고 우수한 민족임을 세계만방에 과시할 수 있는 것은 우리의 선조 명현들께서 남겨 놓은 유사遺史가 입증하여 주기 때문이다.

특히 우리 땅 한반도에서는 지금으로부터 2068년 전부터 나라의 문을 열고 세계에서 제일 장수국으로서의 지위를 누린 '신라'가 자리하고 있다. 신라는 992년 모두 56대의 왕들이 통치하였던 나라로서, 인류 역사상 신라와 같이 장수한 국가는 전무하다.

또한 신라는 같은 민족이면서도 갈등과 반목으로 목숨을 담보로 한 투쟁을 하던 백제와 고구려를 차례로 평정하여 우리나라 역사상 처음으로 단일 민족국가를 이룩한 업적도 있다. 한민족의 영토를 축소시켜 버렸다는 비난 또한 두고두고 받아야 했지만 작은 나라 신라가 강대한 고구려와 백제, 그리고 한반도를 넘보던 당과 끊임없이 침략하던 왜의 틈바구니에서 생존하기 위한 최후의 선택이었는지도 모른다.

나라 이름 '신라'는 역사서에 따라서 사로斯盧, 사라斯羅, 서나徐那, 서나벌徐那伐, 서야徐耶, 서야벌徐耶伐, 서라徐羅, 서라벌徐羅伐, 서벌徐伐 등여러 가지로 표기되어 있는데 이는 새로운 나라, 동방의 나라 혹은 성스러운 장소라는 의미를 가진 수풀의 뜻으로도 해석된다. 503년(지증 4)에 이르러 그 중 한자의 아름다운 뜻을 가장 많이 가진 신라로 확정하였는데 『삼국사기三國史記』 찬자의 해석에 의하면 신라의 '신新'은 '덕업일신德業日新'에서 '라'는 '망라사방網羅四方'에서 각기 취한 것으로 각각은 어진 업적을 날마다 새롭게 하고, 사방을 망라한다는 큰 뜻을 갖고 있다.

신라는 고구려, 백제와 함께 존치해 왔지만 그 중 가장 세력이 약한 나라이면서도 지략적인 방어를 해 민주적인 통치 방법을 바탕으로 각종 문화의 꽃을 만개시켰다. 지구상에는 수많은 국가가 세워졌다가 아무런 흔적도 남기지 못하고 사라진 예를 어렵지 않게 볼 수 있다. 그러나 처음 한반도 동쪽 변방에 자리 잡은 신라는 보잘 것 없는 약소국가였음에도 불구하고 크나큰 과업을 이룩하였고 또한 그 내용을 문자文字로 남겼다. 우리 후세인들은 그 문자를 거울삼아 현재를 발전시키는 것과 같이, 선현들의 연원과 사적을 사실에 근거하여 기록을 보존함으로써 동족 간의 근원과 계통을 이해하는데 도움이 되기를 기대해 본다.

2010년 1월
한국인물사연구원 원장 이은식

『신라 천년사』는 『삼국사기』 신라편을 편역하여 기록한 것이다. 본문에 들어가기 앞서 『삼국사기』에 대해 잠시 살펴보기로 한다.

『삼국사기』의 구성

고려 인종의 명을 받아 1145년(인종 23)경에 김부식의 주도 아래 최산보崔山甫, 이온문李溫文, 허홍재許洪材, 서안정徐安貞, 박동계朴東桂, 이황중李黃中, 최우보崔祐甫, 김영온金永溫 등 8인의 참고參考와 김충효金忠孝, 정습명鄭襲明 두 사람의 관구管句 등 11인의 편사관에 의해서 편찬된 삼국시대의 정사이다. 중국의 정사체인 기전체로 쓰인 역사서로서 본기 28권(고구려 10권, 백제 6권, 신라·통일신라 12권), 지志 9권, 표 3권, 열전 10권으로 되어 있다. 이 책은 1174년(명종 4)에 고려 사신이 송나라에 보냈다는 기록이 『옥해玉海』에 있는 것으로 보아 초간본은 12세기 중엽(1149~1174년)에 이미 간행되었음을 알 수 있으나 이 판본은 현존하지 않는다. 이들 10인의 편찬 보조자들은 대개 김부식과 개인적으로 가까운 인물들로 거의가 내시나 간관 출신이어서 이들의 현실 비판적 자세가 『삼국사기』 편찬에 반영되었으리라 생각된다. 이 책은 이들 편찬자의 독단적인 서술이 아니라 『고기古記』, 『삼한고기三韓古記』, 『신라고사新羅古史』, 『구삼국사舊三國史』와 김대문金大問의 『고승전高僧傳』, 『화랑세기花郞世紀』, 『계림잡전鷄林雜傳』 및 최치원의 『제왕연대력帝王年代曆』 등의 국내 문헌과 『삼국지三國志』, 『후한서後漢書』, 『진서晋書』, 『위서魏書』, 『송서宋書』, 『남북사南北史』, 『신당서新唐書』, 『구당서舊唐書』 및 『자치통감資治痛鑑』 등의 중국 문헌을 참고하여 재구성한 것이다.

『삼국사기』 편찬 배경

『삼국사기』의 책임 편찬자인 김부식은 『진삼국사기표進三國史記表』, 각

부분의 머리말 부분, 논찬論贊, 사료의 취사 선택, 편목의 작성, 인물의 평가 등을 직접 담당했을 것으로 보인다. 국사 편찬은 왕권 강화의 기념적 사업인 동시에 당시의 정치와 문화 수준을 반영한 것이다. 따라서 『삼국사기』의 편찬도 이 책이 만들어진 12세기 전반부의 정치 상황 위에서 이해해야 할 것이다.

당시는 고려 건국 후 2백여 년이 흘러 고려의 문벌 귀족 문화가 절정기에 이르렀으며 유교와 불교 문화가 융합됨으로써 고려 왕조의 안정을 구가하는 과정에서 자기 역사의 확인을 위해 전 시대의 역사 정리가 필요하였다. 그리고 당시의 조정에서는 거란 격퇴 이후의 국가적 자신감과 여진의 위협에 대항할 수 있는 강렬한 국가 의식이 고조되고 있었음을 주목할 수 있다. 따라서 소실된 국사의 재 편찬은 단순한 유교 정치 이념의 구현만이 아니라 민족의식 차원에서 요구되었던 것이다. 그러므로 『삼국사기』가 지나친 사대주의적 입장에서 쓰여진 것이라는 인식은 지양되어야 할 것이다.

또한 당시 고려 사회는 문벌 귀족 간의 갈등과 대립이 첨예화되어 있었는데, 특히 김부식 가문과 윤관尹瓘 집안의 대립, 김부식과 이자겸李資謙의 충돌 등 문벌 가문들의 격심한 갈등이 겹쳐 사회적 혼란과 정치적 비리가 만연하고 있었다. 이때 분열과 갈등을 국가 멸망의 원인으로 강조함으로써 현실 비판의 의미와 이를 후세에 알리겠다는 역사적 교훈을 위하여 역사 편찬은 불가피하였던 것이며, 김부식의 『진삼국사기표』를 통해 그 편찬 동기와 목적 및 방향을 엿볼 수 있다.

그 내용은 우리나라의 식자층들까지도 우리 역사를 모르고 있다는 사실을 개탄하면서 다음과 같은 내용을 말하고 있다. 첫째 중국 문헌이 우리나라의 사실을 지나치게 간략하게 기록하였으니 우리 것을 자세히 써야 한다는 것, 둘째 현존하는 『고기』의 내용이 빈약하기 때문에 다시 서술해야 한다는 것, 셋째 그러므로 왕과 신하, 백성들의 잘잘못을 가려 행동 규범을 드러내 후세에 교훈을 삼고자 한다는 것이다.

구성

1. 본기

중국의 사서는 열전을 중심으로 구성되어 있으나 『삼국사기』는 본기가 가장 큰 비중을 가지고 있다. 본기 내용은 신라에 12권(통일신라 포함), 고구려 10권, 백제에 6권을 할애하여 신라에만 편중하지 않았다. 원래 본기는 주요 사실의 기록으로써 주로 왕의 치적을 나열하고 있다. 그러나 『삼국사기』의 본기 내용을 정리해 보면 정치, 천재지변, 전쟁, 외교 등 네 항목으로 분류가 되며 이들이 시대에 따라 각기 일정한 비율로 증감되고 있다.

이 중 정치 기사는 본기 중에서 가장 큰 부분을 차지하고 있으며 삼국의 사회상과 밀접한 관계를 가지고 다음과 같은 내용이 담겨 있다.

① 축성築城, 설책設柵, 수궁실修宮室 등 대규모 인력을 동원한 기록
② 민심 수람과 국민의 결속을 강행하려는 순행巡幸의 기사
③ 관리의 임면任免이나 관청의 설치에 관계되는 기록
④ 조상과 하늘의 제사와 흉풍에 따른 종교적 관례에 관한 기사
⑤ 기타의 내용 등

2. 지

『삼국사기』에서는 잡지雜志라고 하였으나 그 내용은 지이다. 제1권은 제사祭祀와 악樂, 제2권은 색복色服, 거기車騎, 기용器用, 옥사屋舍, 제3~6권은 지리지이다. 제7~9권은 직관지職官志로 중앙관부(7권), 궁정관부(8권), 무관과 외직(9권)으로 되어 있다.

전체적으로 신라 제도의 해설에 치중하였으며 특히 지리지에 가장 큰 비중을 두었는데, 이것은 오행지에 중심을 둔 『한서漢書』나 예악지에 중

점을 둔 『당서唐書』와는 그 특징이 다르다.

3. 표

서기전 57년(박혁거세 즉위년)부터 935년(경순왕 9)까지를 연표 3권으로 나누고 있다. 이는 중국 문헌의 연표에 재상표宰相表, 종실표宗室表, 방진표方鎭表가 있는 경우를 대조할 때 그 내용이 빈약하고 간소하다.

4. 열전

열전 10권은 중군 문헌에 비하면 매우 빈약한 편이다. 따라서 인물 기준도 항목별로 된 것이 아니고 왕후와 공주 열전도 없다. 특히 10권의 열전 중에서 김유신 개인 열전이 3권이나 되며, 나머지 69인을 7권에 포함시키고 있다. 이 중에서 7세기에 활약한 인물이 34인이고 나라를 위하여 죽은 사람이 21인이나 되어 위국충절의 인물 나열이 핵심이 된다.

『삼국사기』의 의의

『삼국사기』에서 주목되는 부분은 논찬이다. 논찬이란 역사 서술에 있어서 사신의 견해를 나타내는 사론史論을 말하는데, 『삼국사기』에서는 논과 찬을 구별하지 않고 모두 논이라 하였다. 『삼국사기』에는 신라 본기에 10측, 고구려 본기에 7측, 백제 본기에 10측, 열전에 8측 등 모두 31측의 논찬이 있다. 그 내용은 대개 예법 준칙, 유교적 덕치주의, 군신의 행동, 사대적인 예절 등이 중심이 되지만 그러한 유교적 명분과 춘추대의春秋大義를 견지하면서도 우리 현실과 독자성을 고려한 현실주의적 입장을 띠고 있다.

『삼국사기』는 신채호 이후 많은 학자들이 주장한 것처럼 유교 중심의 사대적인 개악서改惡書는 아니었다. 12세기의 시대정신과 사회상을 고려할 때 그러한 중국 중심의 풍조 속에서 우리나라를 찾으려는 노력이 엿보이고 있다.

따라서 이 책은 중국의 전통적인 사학이 가지고 있는 술이부작述而不作의 객관적 서술 자세를 이 땅에 뿌리내리게 하였다. 특히 정부 주도 하의 관찬官撰이라는 역사 편찬의 본을 정착시켜 조선 초의 역사 서술, 특히 『고려사』 편집에 크게 기여함으로써 전통사학을 크게 발전시켰다.

첫째, 이 책은 처음부터 삼국을 하나의 완성된 국가로 보았으며, 왕을 절대적 지배자로 파악하였다. 말하자면 1세기부터 삼국이 국가로 성장한 것으로 이해하였기 때문에 태종왕, 고이왕, 내물왕을 역사적 전환점으로 보지 않았으며, 역사 변천을 발전 사관으로 파악하여 신라와 고려의 교체를 당위적으로 설명하고 있다.

둘째, 이 책은 역사 내용을 하늘과 땅 사이의 관념적 사고를 통하여 파악하였다. 그래서 김부식은 하늘의 변화와 인간 활동과의 상관관계 속에서 역사 내용을 추출시켰으며, 그러한 과정에서 왕의 정치 행위가 전개된다고 보았다.

셋째, 이 책은 역사를 교훈으로 삼았기 때문에 편찬 당시의 현실 비판을 특정한 과거 사실인 백제와 고구려 부흥 운동의 내분과 결부시켜 지도층의 분열과 학민자虐民者의 최후를 역사의 필요성으로 기술하였다. 따라서 김부식은 묘청 일파의 패배나 견훤과 궁예의 멸망을 통일에 대한 분열의 응징으로 설명함으로써 역사의 당위성을 제시하고 있다. 특히 역사를 국민 교화와 계몽의 수단으로 이해하고 있다.

넷째, 이 책은 강렬한 국가 의식과 자아의식을 강조하고 있다. 이러한 사실은 종래 『삼국사기』의 사대성에 대한 반론으로써 우리나라 현실과 독자성을 강조한 김부식의 사론에서 엿볼 수 있다.

마지막으로 이 책은 역사에 있어서 개인의 역할을 강조하고 있다. 이것은 단순한 영웅주의적 역사관이 아니라 고대에 있어서 개인의 역할을 강조함은 물론 사욕을 버리고 공적인 윤리를 제시함으로써 국가와 민족에 희생하는 인간의 도리를 중시하는 것이다.

신라 역대 왕계도

(제1대 ~ 제56대)

제1대 혁거세 거서간 赫居世居西干

박씨 왕 1대

시조의 성은 박씨朴氏고 이름은 혁거세로 기원전 57년(전한前漢 선제宣帝 오봉五鳳 원년, 갑자甲子) 4월 병진丙辰날 즉위하여 거서간이라고 불렀는데 이때 그 나이는 13세로 국호는 서나벌徐那伐이라 하였다. 또는 서라벌徐羅 伐, 서야벌徐耶伐, 서벌徐伐이라고도 불렀다.

이보다 먼저 조선의 유민들은 이곳으로 와서 산골짜기에서 헤어져 여 섯 마을(6촌)을 이루고 살았는데 첫 번째는 알천양산촌閼川楊山村이고, 두 번째는 돌산고허촌突山高墟村, 세 번째는 취산진지촌觜山珍支村(또는 간진촌干 珍村), 네 번째는 무산대수촌茂山大樹村, 다섯 번째는 금산가리촌金山加利村,

* 정월 15일이라고도 한다.

여섯 번째는 명활산고야촌明活山高耶村으로 이를 진한辰韓 6부라고 한다.
이때 6촌은 경주읍을 중심으로 한 경주군 일대를 의미한다.

어느 날 돌산고허촌 촌장 소벌공蘇伐公이 양산楊山(경주慶州) 기슭을 바라보니 나정蘿井으로 불리는 우물가 곁의 숲 사이에 한 말이 무릎을 꿇고 앉아 울고 있어 그곳으로 가 보았다. 그러나 말은 보이지 않고 큰 알만이 남아 있었는데 그 속에서 한 어린아이가 나왔다. 소벌공은 그 아이를 거둬 데리고 돌아와서 잘 길렀는데 10여 세가 되자 아이의 남다른 출생을 신기하게 여기며 우러러 받들고 있던 6부 사람들이 그를 임금으로 세웠다. 진한 사람들은 표주박을 박朴이라 하였는데 혁거세가 난 알의 모양이 표주박과 같이 생겼으므로 이를 인연으로 하여 박朴으로 그 성姓을 정하였다. 거서간이란 진한 사람들의 말로 왕이나 귀인을 이르는 말이다.

기원전 54년(혁거세 4) 4월 1일에 일식日食이 있었다.

그 후 기원전 53년(혁거세 5) 봄 정월에 용이 알영정閼英井에 나타나서 오른쪽 겨드랑이 갈빗대 밑으로 한 여자아이를 낳았다. 이를 본 한 노파가 아이를 거둬 우물 이름을 따서 알영閼英이라고 이름을 지었다. 알영은 자라갈수록 그 덕행이 뛰어나 시조가 이 말을 듣고 그를 맞아 왕비로 삼았다. 알영 왕비는 마음이 어질고 행실이 정숙하여 안팎으로 모든 일을 잘 도움으로 사람들은 시조 혁거세와 아울러 두 성인이라고 말하였다.

기원전 50년(혁거세 8)에 왜인들이 군사를 이끌고 변경을 침범하려 하였으나 시조의 신덕神德이 있다는 말을 듣고 곧 돌아가 버렸다.

기원전 49년(혁거세 9) 3월에 패성孛星(혜성)이 왕량王良·에 나타났다.

기원전 44년(혁거세 14) 4월에 패성이 삼參··에 나타났다.

기원전 41년(혁거세 17) 왕이 6부로 돌아다니면서 민정을 보살피는데 알영 왕비도 함께 행차하였다. 이때 농업과 양잠을 장려하며 토지를 잘

· 왕량王良: 별 이름으로서 28수 가운데 동방창룡東方蒼龍 7수의 하나이다.
·· 삼參: 별 이름.

다루어 생산에 힘쓰도록 하였다.

기원전 39년(혁거세 19) 정월에 삼한의 하나로서 경남 지방에 있었던, 변한卞韓이 나라를 포기하고 항복하여 왔다.•

기원전 37년(혁거세 21)에 서울에 성을 쌓아 금성金城이라고 이름 하였다. 이 해에 고구려 시조 동명東明이 나라를 세웠다.

기원전 34년(혁거세 24) 6월 1일에 일식이 있었다.

기원전 33년(혁거세 26) 정월에 서울의 금성에 궁전을 지었다.

기원전 28년(혁거세 30) 4월 그믐날에 일식이 있었다. 이때 고조선 부족국가 중의 하나이며 한사군漢四郡의 하나이기도 한 낙랑樂浪 사람들이 군사를 이끌고 침입하였는데, 이 지방 사람들이 밤에도 문을 닫지 아니하고 노적가리를 그대로 들에 쌓아 둔 것을 보고는 말하기를

"이 지방 사람들은 서로 도적질을 하지 않으니 가히 도의가 있는 나라다. 그런데 우리들이 가만히 군사를 이끌고 와서 이를 습격하는 것은 도적놈과 다름이 없으니 어찌 부끄럽지 않겠는가."

하며 곧 군사를 이끌고 돌아가 버렸다.

기원전 26년(혁거세 32) 8월 그믐날에 일식이 있었다.

기원전 20년(혁거세 38) 2월에 중신인 호공瓠公을 마한馬韓으로 파견하여 수교하니 마한의 왕이 호공에게

"진한과 변한은 우리의 속국이었는데 근년에는 공물도 보내지 아니하니 대국을 섬기는 예의가 이와 같을 수 있겠는가."

하고 꾸짖었다. 중국 사람들은 진秦나라의 난리를 피하여 망명한 사람들이 많았는데 그들은 마한 동쪽에 많이 자리를 잡고 진한과 섞여 살며 극성을 부렸으므로, 마한에서는 이를 꺼리고 책망한 것이었다. 그러자 호공은

"우리나라는 두 성聖(혁거세 거서간과 알영 왕비)이 나라를 이룩한 후로 인

• 변한의 한 지방을 뜻하는 듯하다.

사人事가 화합하고 천시天時가 고르며 생업이 잘 되어 창고가 충실하여 사람들이 서로 공경하고 사양하므로 진한 유민으로부터 변한, 낙랑, 왜인들에게 이르기까지 두려워하는 마음을 품지 아니하는 자가 없습니다. 그러나 우리 임금께서는 겸허하셔서 하신下臣을 파견하여 수교하시니 이는 가히 과분한 예의라고 할 수 있겠거늘 대왕께서는 도리어 노하시고 군사로써 위협하니 이는 어떠한 뜻입니까."

하고 대답하였다. 마한의 왕은 더욱 성을 내며 호공을 죽이려고 하였으나 좌우에 간하는 사람들이 있어 죽이지 못하고 귀국하게 하였다.

호공이란 사람은 그 족성族姓이 상세하지 않으나 본래 왜인으로서 처음에 표주박을 허리에 차고 바다를 건너 온 까닭으로 호공이라고 이름 하였다.

기원전 19년(혁거세 39)에 마한의 왕이 돌아가셨다. 이때 사람들이 임금에게 말하기를

"마한 왕은 먼저 우리나라의 사신(호공)을 욕보인 일이 있습니다. 지금 그들이 국상을 당하고 있사오니 이때에 마한을 정벌하면 넉넉히 평정할 수가 있겠나이다."

하자 임금은

"남의 불행한 것을 다행으로 여기는 것은 아주 어질지 못한 일이로다."

하며 그 말을 좇지 않고 곧 사신을 파견하여 그들을 조위하였다.

기원전 18년(혁거세 40)에 백제 시조 온조溫祚(부여 온조)가 나라를 세웠다.

기원전 15년(혁거세 43) 2월 그믐날에 일식이 있었다.

기원전 5년(혁거세 53) 고조선 부족국가 중의 하나로 함남 지방에 존재하였던 동옥저東沃沮의 사신이 좋은 말 20필을 바치며 국서國書로 말하기를,

〈과군寡君은 남한南韓에 성인이 계신다는 말을 들은 까닭으로 사신을 파견하여 이 예물을 드립니다.〉

하였다.

기원전 4년(혁거세 54) 2월에 패성이 하고河鼓(견우성牽牛星)에 나타났다.

기원전 2년(혁거세 56) 정월 1일에 일식이 있었다.

2년(혁거세 59) 9월 그믐날에 일식이 있었다.

3년(혁거세 60) 9월에 두 용이 금성의 우물 가운데 나타났는데 우레가 치고 폭우가 쏟아지며 궁성의 남문이 진동하였다.

4년(혁거세 61) 3월 임금이 돌아가시므로 사릉蛇陵(경주 5릉)에 장사하였다. 이 능은 담암사曇巖寺의 북쪽에 있다.

혁거세 대의 사람들 호공瓠公

신라의 대신大臣으로서 성명은 미상이다. 월성月城에 거주하였으며, 본래 왜인으로 표주박을 허리에 차고 바다를 건너왔으므로 호공이라 불렀다. 박혁거세를 도와 신라의 창업에 공을 세워 중요한 관직에 올랐으며 기원전 20년(혁거세 38) 사신으로 마한에 가서 수교를 청했으나 마한 왕의 조공 요구로 실패하였다. 그 후 남해왕과 유리왕 등을 섬기고 58년(탈해 2) 대보大輔가 되었다. 65년(탈해 9) 금성 서쪽 시림始林(경주)에서 닭의 울음소리가 나자 왕명으로 시림에 가서 금궤金櫃를 발견하였다. 그 속에서 김알지金閼智가 나왔으며 이로 인하여 시림이 계림鷄林이라 불리게 되었다 한다.

혁거세 대의 사람들 천일창天日槍

신라의 왕자였다. 『일본서기日本書紀』 등에는 'アメノヒボコ', 『고사기古事記』에는 '천일지모天日之矛'라 적혀 있다. 기원전 27년(혁거세 31)에 일본으로 도망간 아내를 좇아서 건너가 여러 곳을 점령하고 다지마(단마但馬, 현 병고현兵庫縣 북부)를 중심으로 자손을 퍼뜨려 세력을 떨쳤다는 전설

의 주인공이다. 다지마국의 이즈시 신사(출석 신사出石神社)는 천일창의 유품을 소장한 곳이라고 전해지며, 지금의 동 신사는 천일창의 제사를 지내고 있다. 이 천일창의 후예라고 칭하는 사람들이 출석出石, 경부京部, 대화大和, 섭진攝津 등에 있었다는 사실이 『신찬 성씨록新撰姓氏錄』, 『파마 풍토기播磨風土記』 등에 보인다. 이와 비슷한 전설로 『삼국유사』에 연오랑延烏郎과 세오녀細烏女 부부의 설화가 있음은 대조적이다. 이와 같은 전설은 고대의 변진弁辰 사람들이 동해의 왜국을 하나의 별천지로 알고 거기에 자주 왕래하면서 활발한 무역 활동을 하고 이주하여 개척하며 큰 세력을 폈다는 것을 말하여 주는 것이다.

제2대 남해 차차웅南解次次雄

박씨 왕 2대

　남해 차차웅은 혁거세의 적자이다. 그는 키가 크고 성품이 심후하며
지략이 뛰어났다. 차차웅이라는 명칭은 자충慈充이라고도 하는데, 김대문
金大問은 말하기를

　"이는 방언에 무당을 이르는 것으로 사람들은 무당이 귀신을 섬기고
제사를 숭상하는 까닭에 이를 두텁게 공경하므로 드디어는 존장자尊長者
를 칭하여 자충이라 하였다."

고 말하였다. 그 어머니는 알영 부인이고 비는 운제雲帝(또는 아루阿婁) 부
인인데 부왕의 뒤를 이어 3년에 즉위하고 원년元年이라 칭하였다.

　김부식金富軾에 의하면 임금이 즉위하여 해를 넘어서 원년이라 칭하는

것은 그 법이 노魯나라 공자가 기록한 역사책 『춘추春秋』에 상세한 것으로 이는 선왕先王의 고치지 못할 법전法典이었다. 『서경書經』(상서尙書) 중 「이훈伊訓」에는

〈성탕成湯이 돌아가매 태갑太甲 원년이라.〉

하였고 당唐의 공영달孔穎達의 해석을 보면

〈성탕이 돌아가시매 그해를 곧 태갑 원년이라.〉

하였다. 그러나 『맹자孟子』에는

〈은殷나라 왕 성탕이 돌아가셨는데 장자 태정太丁은 즉위하지 못하고 동생들인 외병外丙은 2년, 중임仲壬은 4년을 즉위하였다.

하였으니, 아마도 『상서』에는 누락된 부분이 있고 왕의王義는 잘못 이야기 된 듯하다.

혹은 말하기를

"옛날에 임금이 즉위하면 혹은 달을 넘어 원년이라 칭하고 혹은 해를 넘어 원년이라 칭하였다."

하였는데 달을 넘어 원년이라 칭한 것은 '성탕이 돌아가심에 태갑太甲 원년이라' 한 것이 곧 이것이요, 맹자에 '태정은 즉위하지 못하고' 한 것은 태정은 임금 자리에 서지 못하고 죽었다는 말이오, 또 '외병 2년'이니 '중임 4년'이니 한 것은 모두 태정의 아들인 태갑의 두 형들이 2년 혹은 4년을 살다가 죽었으므로 태갑이 탕의 뒤를 이어 왕위를 계승한 까닭이라 할 것이다. 그런데 사마천司馬遷이 기록한 『사기史記』에서 중임과 외병을 두 군君으로 기록한 것은 잘못이다. 그러므로 전자는 선군의 돌아간 해로서 즉위 원년으로 칭한 것이니 옳지 못한 것이고 후자는 가히 상商나라(또는 은殷) 인들의 예에 합당한 것이라고 할 것이다.

4년(남해 원년) 7월, 낙랑의 군사들이 침입하여 금성을 겹겹으로 포위하자 왕이 군신들에게 이르기를

"두 성聖이 돌아가시고 내가 백성의 추대로 잘못 왕위에 있으므로 위태

롭기가 강물을 건너는 것과 같은데 지금 이웃 나라가 침입하니 이는 내가 보덕한 때문이다. 이를 어떻게 하면 좋을 것인가?"

하자 군신들은 대답하기를

"적들은 우리나라가 국상이 있는 것을 다행으로 여기고 망령스럽게 군사를 이끌고 쳐들어오므로 하늘은 반드시 적들을 돕지 않을 것이오니 두려워할 것이 없겠나이다."

하였다. 그런데 적들은 침략치 않고 갑자기 물러가고 말았다.

6년(남해 3) 정월에 시조 묘始祖廟를 세웠다. 10월 1일에 일식이 있었다.

8년(남해 5) 정월에 왕은 석탈해昔脫解가 어질다는 말을 듣고 맏딸을 그의 아내를 삼게 하였다.

10년(남해 7) 7월에 탈해에게 대보大輔라는 벼슬을 주고 군대와 나라의 정사를 맡겼다.

11년(남해 8) 봄과 여름에 한재가 들었다.

14년(남해 11) 왜인들이 병선 1백여 척으로 해변에 침입하여 민가를 약탈하므로 왕은 6부의 군사를 뽑아내어 이를 막았다.

이때 낙랑에서는 서나벌의 국내가 허약하다 하고 침입하여 금성을 공격하므로 사세가 위급하였다. 그런데 밤에 유성이 적의 병영으로 떨어지니 적들은 모두 두려워하고 알천 상류로 물러나서 진을 치고 있다가 돌무더기(석퇴石堆) 스무 개를 쌓아놓고 도망하였다. 이때 6부의 군사 1천 명은 적을 추격하여 토함산吐含山 동쪽으로부터 알천에 이르렀으나 돌무더기를 보고 아직 적들이 무리를 지어 진을 치고 있는 것으로 알고 추격하지 않았다.

16년(남해 13) 7월에 그믐달에 일식이 있었다.

18년(남해 15)에 경성京城에 한재가 들었고 7월에는 메뚜기 떼의 피해가 심하여 백성들의 기근이 심하므로 나라에서는 창고를 풀어 이를 구제하였다.

19년(남해 16) 2월에 북명北溟(현 강릉江陵) 사람이 밭을 갈다가 고조선 부족 국가 중의 하나로 강원도 동부 지방 치소治所에 존재했던 예濊의 왕인王印을 얻어서 이를 나라에 바쳤다.

22년(남해 19) 나쁜 병이 크게 돌아 많은 사람들이 죽었다. 11월에는 물이 일지 않았다.

23년(남해 20) 가을에 태백성太白星(금성金星)이 태미성太微星으로 들어갔다.

24년(남해 21) 9월에 메뚜기 떼의 피해가 있었다. 이때 왕이 돌아가시므로 사릉원蛇陵園(경주 5릉) 안에 장사하였다.

제3대 유리 이사금儒理尼師今

박씨 왕 3대

유리 이사금은 남해 차차웅의 태자로서 어머니는 운제雲帝 부인, 비는 일지日知 갈문왕葛文王·의 딸이다. 또는 비의 성은 박씨朴氏로 허루왕許婁王의 딸이라고도 전해진다. 처음에 남해 차차웅이 사망하자 태자인 유리가 마땅히 즉위하여야 할 것인데 대보 탈해가 평소에 덕망이 있음으로 유리는 임금 자리를 그에게 주려고 사양하였다. 그러나 탈해가 말하기를 "신기대보神器大寶(왕위)는 용렬한 사람이 감당할 바가 아닙니다. 들건대 성스럽고 지혜로운 사람은 치아齒가 많다 하니 시험합시다."

• 신라는 추봉한 왕을 모두 갈문왕이라고 칭하였고 또 왕의 근친에게 주던 봉작을 말하는 것으로 그 뜻은 상세하지 않다.

하고 떡을 물어 이를 시험한 즉 유리의 이의 자국(치리齒理)이 많은지라, 군신들은 서기 24년 곧 유리를 받들어 임금으로 모시고 이사금이라 이름하였다. 또는 이질금尼叱今, 치사금齒師今, 치질금齒叱今이라고도 하였다.

김대문이 이르기를

"이사금은 방언으로서 치리를 말하는 것이다. 옛날 남해 차차웅이 돌아가시려 할 때 아들 유리와 사위 탈해에게 이르기를 '내가 죽은 뒤에는 너희들 박朴·석昔의 두 성이 연장자로서 임금의 자리를 이으라' 하셨는데 그 뒤에 김성金姓이 또 일어났으므로 박朴·석昔·김金의 세 성이 치齒 장자長者로서 서로 임금 자리를 이었던 까닭으로 이사금이라고 칭하였다."

고 한다.

25년(유리 2) 2월에 왕은 친히 시조 묘에 제사를 지내고 죄인들을 풀어 주었다.

28년(유리 5) 11월 왕이 국내를 순행하다가 한 늙은이가 거의 얼어 죽을 지경이 된 것을 보고 말하기를

"내 미력한 몸으로 왕위에 있으면서 백성들을 잘 기르지 못하여 노인이나 어린아이들로 하여금 이와 같이 괴로운 지경에 이르게 하였으니 이는 나의 죄로다."

하고 곧 옷을 벗어 그를 덮어 주고 음식을 마련하여 먹인 후에 관리에게 명령하여 곳곳마다 돌아다니면서 홀어미와 고독한 늙은이와 병들어 스스로 생활할 수 없는 사람들을 위문하여 그들에게 먹을 것을 주어 생활하도록 하였다. 그러자 이웃 나라의 백성들이 이 말을 듣고 찾아오는 사람이 많았다. 이 해에 민속民俗이 편안하여 처음으로 아율가兒率歌를 지어 부르니 이것이 가락歌樂의 시초였다.

32년(유리 9) 봄에 왕은 6부의 이름을 고치고 성姓을 주었는데 양산부楊山部를 양부梁部라 하여 성을 이李라 하고, 고허부高墟部를 사양부沙梁部

라 하여 성을 최崔라 하고, 대수부大樹部를 점양부漸梁部(또는 모양부牟梁部)라 하여 그 성을 손孫이라 하고, 간진부干珍部를 본피부本彼部라 하여 그 성을 정鄭이라 하고, 가리부加利部를 한기부漢祇部라 하여 그 성을 배裵라 하고, 명활부明活部를 습비부習比部로 하여 그 성을 설薛이라 하였다. 이 6부 곧 6촌은 신라를 구성하는 모체로서 지금 경주를 중심으로 한 경북 일대를 의미한다.

또한 관제를 설정하고 17관등을 마련하였는데 1은 이벌찬伊伐湌, 2는 이척찬伊尺湌, 3은 잡찬匝湌, 4는 파진찬波珍湌, 5는 대아찬大阿湌, 6은 아찬阿湌, 7은 일길찬一吉湌, 8은 사찬沙湌, 9는 급벌찬級伐湌, 10은 대나마大奈麻, 11은 나마奈麻, 12는 대사大舍, 13은 소사小舍, 14는 길사吉士, 15는 대오大烏, 16은 소오小烏, 17은 조위造位라 하였다.

왕은 이미 6부를 정한 후에 이를 두 패로 가르고 딸 둘로 하여금 각각 부내의 여자들을 거느리게 하여 붕당朋黨을 만들어서, 7월 16일(기망旣望)부터 날마다 6부의 뜰에 모여 길쌈(적마績麻)을 하였다. 밤 늦게(이경二更)일을 파하고 8월 15일에 이르러 그 공의 정도를 살펴가지고는 진 편에서는 음식을 마련하여 이긴 편에게 사례하고 모두 노래와 춤과 온갖 놀이를 하였는데 이를 가위嘉俳라 하였다. 이때 진 쪽에서 한 여자가 일어나서 춤을 추면서 탄식하기를 '회소 회소會蘇會蘇' 하였는데 그 소리가 구슬프면서 아담하였으므로 뒷사람들이 그 소리를 인연으로 하여 노래를 지어 회소곡會蘇曲이라고 이름하였다.

34년(유리 11)에 서울의 땅이 갈라지고 샘물이 솟아올랐다. 6월에는 큰 물이 졌다.

36년(유리 13) 8월에 낙랑이 북변에 침입하여 타산성朶山城을 공격하여 함락당하였다.

37년(유리 14) 고구려의 왕 무휼無恤(제3대 대무신왕大武神王)이 낙랑을 멸망시키자 낙랑인 5천 명이 와서 항복하므로 6부에 나누어 살게 하였다.

40년(유리 17) 9월에 화려華麗, 불내不耐 2현縣 사람들이 연모連謀하여 기병을 거느리고 북경을 침범하였는데 맥국貊國 의 거수渠帥(군장君長)가 군사를 거느리고 하서河西(현 강릉 지방)에서 이를 가로막고 패주시키자 왕은 크게 기뻐하며 맥국과 우호 관계를 맺었다.

42년(유리 19) 8월에 맥국의 거수가 짐승을 사냥하여 바쳤다.

54년(유리 31) 2월에 패성이 자궁성紫宮星에 나타났다.

56년(유리 33) 4월에 한 용이 금성의 우물에 나타나더니 곧 폭우가 서북으로부터 쏟아졌다. 5월에는 큰 바람이 불어 나무가 뽑혔다.

57년(유리 34) 9월에 왕은 병환 중에 있었는데, 신하들에게 말하기를 "탈해는 그 몸이 국척國戚에 연결되고 벼슬이 보신輔臣(대보) 자리에 있으면서 여러 번 공을 세웠다. 짐의 두 아들은 그 재능이 훨씬 그에게 미치지 못하니 내가 죽은 뒤에는 탈해를 즉위케 하여 나의 유훈을 잊지 않도록 하라."

하였다. 10월에 왕이 돌아가시므로 사릉원에 장사하였다.

유리 이사금 대의 사람들　황창랑 黃昌郎

황창랑은 신라의 무동舞童으로서 검무劍舞에 뛰어나 약 15세의 나이로 신라의 왕에게 백제 왕을 죽이겠다고 약속하고 백제에 들어가 궁중에서 검무를 추다가 왕을 죽이고는 붙잡혀 죽었다. 이 소식을 들은 그의 모친의 눈이 멀었으나, 사람들이 검무를 추면서 창랑이 돌아왔다고 말하여 멀었던 눈을 뜨게 하였다. 이로부터 황창무黃倡舞가 향악鄕樂에 실려 전하게 되었다고 한다. 황창랑이 낙랑 태수太守의 자객으로 백제의 왕을 죽였다는 설도 있다.

• 낙랑 동부도위東部都尉 7현의 이름으로 덕원德源과 안변安邊을 말한다.
•• 맥국貊國: 고조선 부족국가의 강원도 서부 지방인 치소治所와 춘천春川을 말한다.

제4대 탈해 이사금脫解尼師今

석씨 왕 1대

탈해(또는 토해吐解) 이사금은 57년, 62세의 나이로 즉위하였다. 성은 석씨이며, 비는 제2대 남해 차차웅의 딸인 아효阿孝(또는 아류阿留) 부인이다. 탈해왕은 본래 다파나국多婆那國˙ 출생으로 그 나라는 왜국의 동북천 리 되는 곳에 있었다. 처음에 그 나라의 국왕이 여인국女人國 왕의 딸을 아내로 맞았는데 아이를 밴 지 7년 만에 큰 알을 낳으므로 왕은 말하기를

"사람으로서 알을 낳는다는 것은 상서롭지 못하니 마땅히 버리라."

하였다. 그러나 그 여자는 차마 버릴 수 없어서 비단으로 알을 싸고 보물

˙ 다파나국多婆那國: 탐라국으로서 지금의 제주도라는 설이 있다.

과 함께 궤 속에 넣어 바다에 띄워 그 떠가는 대로 내버려두게 하였다.

그런데 그 궤짝은 처음에는 금관국金官國(가락국駕洛國, 현 김해金海)의 해변에 이르렀는데 금관국 사람들은 괴이하게 여겨 이를 거두지 않았고, 궤짝은 다시 바다에 떠서 진한의 아진포阿珍浦(현 영일迎日)에 이르렀다. 때는 기원전 19년으로 시조 혁거세가 재위한 지 39년째 되던 해였다. 그때 해변에 한 늙은이가 이것을 보고 밧줄을 매어서 해안으로 이끌어 올려놓고 궤짝을 열어보니 그 속에 한 어린아이가 있으므로 그 늙은이는 이를 거둬 가지고 집으로 돌아와서 기르니 아이는 자라서 키가 9척이나 되고 용모가 준수하고 성품이 명랑하며 지식이 유달리 뛰어났다. 혹은 말하기를 이 아이의 성씨를 알지 못하여 처음 궤짝이 바다에서 떠올 때 한 마리의 까치가 울면서 이를 따라오므로 까치 '작鵲'자의 한쪽을 떼어 가지고 '석昔'으로써 성을 정하는 것이 옳을 것이라 하여 석씨로 하고 또한 궤짝을 풀고 나왔다(탈해脫解)고 하여 이름을 탈해로 정하는 것이 옳을 것이라 하여 성명을 석탈해로 하였다 한다.

탈해는 처음에 고기잡이로서 업을 삼고 성실하게 어머니를 봉양하였는데 어머니가 탈해에게 이르기를

"너는 보통 사람이 아니며 골상이 특수하게 다르니 마땅히 학문을 닦음으로써 공명을 세우는 것이 옳을 것이다."

하였다. 그리하여 탈해는 오로지 학문에 정진하게 되었다. 탈해는 지리를 잘 알았는데, 하루는 양산 아래 호공瓠公의 집터를 바라보고 그 집터가 길지吉地인 것을 알고 거짓 꾀를 꾸며 이를 빼앗아 살았다. 그 곳이 뒤에 월성이 된다.

8년(남해 5)에 왕은 탈해가 현명하다는 말을 듣고 공주를 그의 아내를 삼고 10년(남해 7)에 이르러 그를 등용하여 대보 벼슬을 시켜 정사를 맡겼다. 유리가 장차 돌아가려 할 때 말하기를

"선왕(남해 차차웅)께서 고명하기를 '내가 죽은 뒤에는 아들 사위를 논할

것 없이 연장자 또는 현명한 자로서 위를 계승하라'하였으므로 내가 먼저 즉위하였으니 지금에는 마땅히 왕위를 탈해에게 전하는 것이 옳다."

하여 그가 즉위하게 되었다.

56년(탈해 2) 정월에 호공을 대보로 삼았다. 2월에 왕은 친히 시조 묘에 제사를 지냈다.

59년(탈해 3) 3월에 왕이 토함산吐含山으로 올라가니 검은 구름이 방석같이 왕의 머리 위에 오래도록 덮여 있다가 흩어졌다. 5월에 왜국과 우호 관계를 맺고 서로 수교하였다. 6월에 패성이 천선天船에 나타났다.

61년(탈해 5) 8월에 마한의 장수 맹소孟召가 복암성覆巖城을 열어 항복하였다.

63년(탈해 7) 10월에 백제의 제2대 다루왕多婁王이 나라의 경계를 개척하기 위하여 낭자곡성娘子谷城(금강錦江 상류)에 이르러 사신을 파견하여 회견할 것을 청하였으나 탈해 이사금은 가지 않았다.

64년(탈해 8) 8월에 백제가 군사를 파견하여 와산성蛙山城(현 보은報恩)을 공격하였다. 10월에 백제가 또 다시 구양성狗壤城을 공격하므로 왕은 기병 2천 명을 파견하여 이를 역습하여 물리쳤다. 12월에 지진이 있었고 눈이 오지 않았다.

65년(탈해 9) 3월에 왕은 밤에 금성 서쪽 시림의 숲 사이에서 닭이 우는 소리를 듣고 날이 밝자 호공을 파견하여 이를 살펴보게 하였는데 그가 시림에 이르러 보니 금색으로 된 조그만 궤짝이 나뭇가지에 달려 있고 흰 닭이 그 밑에서 울고 있으므로 돌아와 이 사실을 아뢰었다. 왕은 사람을 시켜 그 궤짝을 가져오게 한 다음 이를 열어 보니 조그만 사내아이가 그 속에 들어 있었는데 용모가 기이하게 뛰어났다. 왕은 크게 기뻐하며 군신들에게 이르기를

"이 어찌 하늘이 나에게 아들을 보내준 것이 아니라 하겠는가."

하고 거두어 길렀다. 그런데 아이가 자람에 따라서 아주 총명하고 지략

이 많았는데 이름을 알지關智(경주 김씨의 시조)라 하고 그가 금궤에서 나왔기에 성을 김씨金氏, 또 시림을 고쳐 계림으로 이름을 짓고 이를 국호를 삼았다.

66년(탈해 10) 백제가 와산성으로 쳐들어와 이를 빼앗고 군사 2백 명을 머무르게 하며 지켰으나 얼마 안 되어 신라에서 이를 도로 빼앗았다.

67년(탈해 11) 정월에 박씨의 친척에게 국내 주와 군을 나누어 다스리게 하고 주주州主, 군주郡主라고 이름 하였다. 2월에 순정順貞을 이벌찬으로 임명하고 정사를 맡겼다.

70년(탈해 14) 백제가 침범하였다.

73년(탈해 17) 왜인들이 목출도木出島에 침입하자 왕은 각간 우오羽烏를 파견하여 이를 막게 하였으나 이기지 못하고 우오는 전사하였다.

74년(탈해 18) 8월에 백제가 변방에 침입하므로 왕은 군사를 파견하여 이를 막았다.

75년(탈해 19) 큰 한재가 들어서 백성들의 기근이 심하므로 창고를 풀어내어 이를 구제하였다. 10월에 백제가 서쪽 변방 와산성을 공격하여 이를 함락시켰다.

76년(탈해 20) 9월에 군사를 파견하여 백제의 군사를 정벌하여 와산성을 회복하고 백제에서부터 와서 살던 사람 2백여 명을 모두 죽였다.

77년(탈해 21) 8월에 아찬 길문吉門이 가야加耶(가락駕洛, 현 김해) 군사와 황산진黃山津 어귀에서 싸워 천여 명을 참획하였으며 길문을 파진찬에 승진시켜 그 공로를 가상하였다.

79년(탈해 23) 2월에 혜성이 동방에 나타났다가 또 북방에 나타나서 20일 만에 없어졌다.

80년(탈해 24) 4월에 서울에 큰 바람이 일어나서 금성 동문東門이 스스로 파괴되었다. 8월에 왕이 돌아가시므로 성의 북쪽에 있는 양정壤井 언덕에 장사하였다.

거도는 신라 탈해 이사금 때의 명신이었다. 당시 신라 주변에 있는 두 개의 작은 나라 우시산국于尸山國과 거칠산곡居柒山國(현 동래東萊)이 늘 신라를 괴롭히자 지방관으로서 정기적으로 군사들에게 말타기를 연마시킨 뒤 두 나라를 기습하여 멸망시켰다.

김알지는 신라 김씨金氏의 시조이다. 65년(탈해 9) 금성 서쪽 시림(계림)의 나무 끝에 걸려 있던 금궤에서 태어났다. 금궤에서 나왔다 하여 성을 '김金'이라 했다. 왕으로부터 태자로 책봉되었으나 사양하였으며, 그의 7대손이 제13대 미추 이사금으로서 이때부터 신라 왕족에 김씨가 등장하였다.

제5대 파사 이사금婆娑尼師今

박씨 왕 4대

유리왕의 둘째 아들인 파사 이사금·이 80년에 즉위하였다. 왕의 비는 김씨 사성史省 부인으로 허루 갈문왕葛文王의 딸이다. 처음에 탈해 이사금이 돌아가시자 신료들은 유리의 태자 일성逸聖을 즉위시키려고 하였으나 일성이 말하기를

"내가 비록 적사嫡嗣라 하여도 위엄과 현명함이 파사를 따르지 못한다."

라고 하여 파사를 왕으로 추대하게 되었다. 파사는 검소한 생활 태도로 백성들을 사랑하며 모든 일을 잘 보살폈다.

* 유리왕의 동생 내로奈老의 아들이라는 이야기도 있다.

81년(파사 2) 2월에 왕이 시조 묘에 제사를 지냈다. 3월에 주와 군으로 돌아다니며 민심을 안정시키고 창고에 쌓아둔 곡식을 풀어내어 백성들을 구제하고 이죄二罪ˑ(또는 사형 죄)가 아닌 죄수들은 모두 놓아 주었다.

82년(파사 3) 정월에 왕은 분부하기를

"지금 창고가 비고 군기가 둔하여 쓰지 못하게 되었는데 만약 큰물이 지거나 가뭄이 들고 변방으로 적들이 침입하면 어떻게 이를 막을 수 있겠는가. 곧 유사有司들에게 명령하여 농사와 양잠을 권하고 군사를 단련하고 전구를 마련하여 군비를 가다듬음으로써 불의에 대비하도록 하라."라고 하였다.

84년(파사 5) 2월에 명선明宣을 이찬으로 삼고 윤량允良을 파진찬으로 삼았다. 5월에 고타군주古拕郡主(현 안동安東)가 푸른 소를 바쳤다. 남신현南新縣에는 보리가 쌍둥가리로 되어 큰 풍년이 들어 행인들은 양식을 싸 가지고 다니지 않게 되었다.

85년(파사 6) 정월에 백제가 변경을 침범하였다. 2월에 길원吉元을 아찬으로 삼았다. 4월에 객성客星이 자미성紫微星ˑˑ에 들어갔다.

87년(파사 8) 7월에 왕이 분부하기를

"짐은 부덕한 사람으로 이 나라를 다스리게 되어서 서쪽으로는 백제와 이웃하고 남쪽으로는 가야와 인접하였으나 덕은 능히 백성들을 편안케 하지 못하고 위력은 넉넉히 그들을 두렵게 하지 못하니 마땅히 성루를 구축하여 그들의 침범하는 것을 대비하도록 하라."하였다. 이달에 가소성加召城과 마두성馬頭城을 축조하였다.

90년(파사 11) 7월에 왕은 사자 10명을 각 주군에 파견하여, 주주州主,

• 이죄二罪: 사형 다음가는 죄를 이르던 말로써 죄인을 멀리 외딴 변경이나 섬으로 보내던 형벌을 말한다.
•• 자미성紫微星: 큰곰자리 부근에 있는 자미원의 별 이름. 북두칠성의 동북쪽에 있는 열다섯 개의 별 가운데 하나로 천시원天市垣, 태미원太微垣과 더불어 삼원三垣이라 이르며, 중국 천자天子의 운명과 관련된다고 한다.

군주君主로서 공사를 게을리 하여 논밭을 많이 황폐하게 한 자를 살피게 하여 그러한 주주와 군주는 관직에서 내쫓았다.

93년(파사 14) 정월에 윤량允良을 이찬으로 삼고 계기啓其를 파진찬으로 삼았다. 2월에 왕은 고소부리군古所夫里郡으로 순행하여 친히 고령자들에게 곡물을 하사하였다. 10월에 서울에서 지진이 있었다.

94년(파사 15) 2월에 가야의 도적들이 마두성으로 쳐들어와서 포위하자 왕은 아찬 길원을 파견하여 이를 치게 하니 그는 군사 1천 명을 거느리고 나가 적을 격파 퇴주시켰다. 8월에 왕은 알천에서 열병閱兵을 하였다.

96년(파사 17) 7월에 폭풍이 남쪽으로부터 불어와서 금성 남쪽의 큰 나무들이 뿌리가 빠졌다. 9월에 가야 사람들이 남쪽 변방으로 침입하므로 왕은 가加(또는 가소加召)의 성주 장세長世를 파견하여 이를 막게 하였는데 적에게 피살되었다. 왕은 크게 노하여 친히 군사 5천 명을 거느리고 나가 싸워 적을 패주시키고 많은 무리를 노획하였다.

97년(파사 18) 정월에 왕은 군사를 일으켜 가야를 정벌하고자 하였는데 그 국왕이 사신을 파견하여 죄를 사과하여 이를 중지하였다.

98년(파사 19) 4월에 서울에 한재가 들었다.

99년(파사 20) 7월에 우박이 많이 내렸는데 날아다니는 새들이 맞고 죽어 떨어졌다. 10월에 서울에 지진이 일어나서 민가가 쓰러지고 사망한 사람들이 있었다.

101년(파사 22) 2월에 궁성을 쌓아 월성이라 이름하고 7월에 왕은 월성으로 이주하였다.

102년(파사 23) 8월에 음즙벌국音汁伐國(현 안강安康)과 실직곡국悉直谷國(현 삼척三陟)이 서로 지경地境을 다투다가 왕에게로 와서 이를 판결하여 달라고 청하였으나 왕은 어려운 일이라 하며 말하기를

"금관국金官國 수로왕金官國은 연로하고 지식이 많으므로 그를 불러서 묻자."

하고 곧 그를 초빙하였는데 수로왕은 의론을 바로 세움으로써 그들이 서로 다투는 땅을 음즙벌국에게 속하게 하였다. 이에 왕은 6부에게 명령하여 모이게 하고 수로왕을 위하여 잔치를 베풀었다. 그런데 5부에서는 모두 이찬으로서 접빈주接賓主를 삼았으나 오직 한지부漢祇部에서만 벼슬이 낮은 자로서 접빈주를 삼으므로 수로왕은 크게 노하여 종 탐하리耽下里에게 명하여 한지 부주部主인 보제保齊를 죽이고 돌아갔다. 이때 탐하리는 도망하여 음즙벌국주 타추간陁鄒干의 집에 피신해 있었는데 왕이 사자를 보내어 탐하리를 수색하였다. 그러나 타추가 탐하리를 보내주지 않자 왕은 노하여 군사를 일으켜 음즙벌국을 정벌하니 타추는 무리를 거느리고 항복하였다. 이에 실직, 압독押督(현 경산慶山) 두 나라도 항복하였다. 10월에 복숭아와 오얏 꽃이 피었다.

104년(파사 25) 정월에 많은 별들의 비 오듯 떨어졌으나 땅에는 이르지 않았다. 7월에 실직국이 모반하자 왕은 군사를 내어 이를 토평하고 그 무리들을 남쪽 변방으로 옮겼다.

105년(파사 26) 정월에 백제가 사신을 파견하여 화친을 청하였다. 2월에 서울에 눈이 3척이나 쌓였다.

106년(파사 27) 정월에 왕은 압독押督에 순행하여 빈궁한 사람들을 구제하고 3월에 압독으로부터 서울로 돌아왔다. 8월에 왕은 마두 성주에게 명령하여 가야를 정벌하였다.

108년(파사 29년) 5월에 큰물이 지고 백성들이 기근이 심하므로 왕은 열 개의 도에 사자를 파견하여 곡창을 열어 백성들을 구제하였다. 한편 군사를 일으켜 비지국比只國(현 창녕昌寧), 다벌국多伐國(현 대구大邱), 초팔국草八國(현 초계草溪)을 정벌하여 이를 병합시켰다.

109년(파사 30) 7월에 메뚜기 떼로 인하여 곡식에 피해가 심하므로 왕은 널리 산천에 제사를 드림으로써 재해를 빌었더니 곧 메뚜기 떼로 인한 재해가 없어지고 풍년이 들었다.

111년(파사 32) 4월에 궁성 문이 스스로 무너지고 5월부터 7월에 이르기까지 비가 오지를 않았다.

113년(파사 34) 10월에 왕이 돌아가셔서 사릉 구역 안에 장사하였다.

파사 이사금 대의 사람들   윤량 允良

윤량은 84년(파사 5) 2월에 파진찬이 되었으며, 93년(파사 14) 정월에는 이찬에 임명되어 국정을 다스렸다.

제6대 지마 이사금祇摩尼師今

박씨 왕 5대

112년에 지마(또는 지미祇味) 이사금이 즉위하였다. 왕은 파사 이사금의
적자로서 어머니는 사성史省 부인이요, 비는 김씨 애례愛禮 부인으로 갈문
왕 마제摩帝의 딸이다. 처음에 파사왕이 유찬楡湌의 못가에서 사냥을 할
때 태자인 지마가 옆에서 시중을 들었다. 사냥이 끝난 뒤에 한기부韓岐部
를 지나는데 이찬 허루許婁가 잔치를 베풀고 있었다. 허루가 술이 취하자
허루의 아내가 한 소녀를 데리고 나와서 춤을 추었고, 마제의 아내도 역
시 그 딸을 불러내니 태자가 보고 이를 즐거워하였으나 허루는 좋아하지
않았다. 이때 왕이 허루에게 말하기를

"이곳은 지명을 대포大庖라 하는데 공이 이렇게 성찬과 좋은 술을 내어

즐거운 잔치를 베푸니 마땅히 공에게 주다酒多라는 벼슬을 주어 이찬 벼슬의 위에 있게 하겠다."

하였다. 그리고 마제의 딸을 태자에게 비로 맞게 하였다. 주다는 뒤에 각간角干이라 칭하였다.

113년(지마 2) 2월에 왕이 시조 묘에 제사를 지냈다. 창영昌永을 이찬으로 삼아 정사에 참여하게 하고 옥권玉權을 파진찬으로, 신권申權을 일길찬으로, 순선順宣을 급찬으로 삼았다. 3월에 백제에서 사신을 파견하여 수교하였다.

114년(지마 3) 3월에 우박이 내려서 보리의 싹이 상하고 4월에 큰물이 지자 왕은 죄수들 중 사형에 처할 죄를 제외하고는 모두 석방시켰다.

115년(지마 4) 2월에 가야가 남쪽 변방을 침범하였다. 7월에 왕은 가야를 정벌하기 위하여 군사를 거느리고 황산하黃山河(낙동강 하류)를 건너는데 숲속에 가야 복병이 일어나 몇 겹으로 포위를 당하였다. 그러나 왕은 군사들을 격려하며 공격하여 포위를 뚫고 빠져나왔다.

116년(지마 5) 8월에 왕은 장병을 파견하여 가야로 쳐들어가게 하고 정병 1만 명을 거느리고 그 뒤를 따라 쳐들어갔다. 그러자 가야에서는 군사를 정비하고 굳게 성을 지켰으나 오랫동안 비가 와서 왕은 군사를 돌렸다.

120년(지마 9) 2월에 큰 별이 월성의 서쪽에 떨어졌는데 그 소리가 우레 소리와 같았다. 3월에 서울에 큰 병이 돌았다.

121년(지마 10) 정월에 익종翼宗을 이찬으로, 흔련昕連을 파진찬으로, 임권林權을 아찬으로 삼았다. 2월에 대증산성大甑山城(현 증산甑山)을 쌓았다. 4월에 왜인들이 동쪽 변방을 침범하였다.

122년(지마 11) 4월에 큰 바람이 동쪽으로부터 불어와서 나무가 부러지고 기와장이 날렸는데 저녁때에 이르러서야 그쳤다. 그런데 도성 사람이 거짓말로 왜병들이 크게 무리를 지어 쳐들어온다고 하여 사람들은 서로 다투어 산속으로 도망하였다. 이에 왕은 이찬 익종 등에게 명하여 백성들을 잘 설득하게 하여 이를 제지시켰다. 7월에 메뚜기 떼로 인해 곡식에 피해가 많았고 흉년이 들어 기근이 심하고 도적들이 많았다.

123년(지마 12) 3월에 왜국과 강화를 맺었다. 4월에 서리가 내리고 5월에 금성 동쪽의 민가가 허물어져 빠지면서 연못이 되고 연꽃이 피었다.

124년(지마 13) 9월 그믐날에 일식이 있었다.

125년(지마 14) 정월에 말갈靺鞨·이 많은 군사를 일으켜 북쪽 변경으로 침입하여 관리와 백성들을 죽이며 약탈을 자행하고 7월에 또 대령책大嶺柵(현 대관령大關嶺)을 습격하려 하여 니하泥河··를 지나오므로 왕은 백제에 글을 보내어 구원을 청하였다. 백제에서는 돕기 위하여 다섯 장군을 파견하였는데 적들은 이 말을 듣고 곧 군사를 돌이켜 퇴주하였다.

127년(지마 16) 7월 1일에 일식이 있었다.

128년(지마 17) 8월에 혜성이 나타났다. 10월에 서울의 동쪽에 지진이 일어나고 11월 우레가 울렸다.

129년(지마 18) 가을에 이찬 창영이 죽자 파진찬 옥권玉權을 이찬에 임명하여 정사에 참여하게 하였다.

131년(지마 20) 5월에 큰비가 내려 인가가 파묻혔다.

132년(지마 21) 2월에 궁성의 남문이 화재를 입었다.

134년(지마 23) 봄과 여름에 가뭄이 들었다. 8월에 왕이 아들 없이 돌아가셨다.

• 말갈靺鞨: 고조선 북방 부족 국가의 하나로 예맥족濊貊族의 일파이다.
•• 니하泥河: 신라의 북방 경계가 되는 하천으로서 지금의 강릉이나 덕원에 위치하였던 것으로 추측된다.

지마 이사금 대의 사람들　영창 永昌

영창은 113년(지마 2) 이찬에 임명되어 정사에 참여하였다.

지마 이사금 대의 사람들　영창 永昌

영창은 113년(지마 2) 이찬에 임명되어 정사에 참여하였다.

지마 이사금 대의 사람들　옥권 玉權

옥권은 113년 파진찬을 거쳐 129년(지마 18) 이찬이 되었다.

제7대 일성 이사금逸聖尼師今

박씨 왕 6대

유리왕의 장자인 일성 이사금이 135년 즉위하였다. 비는 박씨로서
지소례왕支所禮王(추존왕)의 딸이다.

134년(일성 원년) 9월에 죄수들을 대사하였다.

135년(일성 2) 정월에 왕은 친히 시조 묘에 제사하였다.

136년(일성 3) 정월에 웅선雄宣을 이찬으로 삼아 내외 병마권兵馬權을 겸
하게 하고 근종近宗을 일길찬으로 삼았다.

137년(일성 4) 2월에 말갈이 군사를 일으켜 변경에 침입하여 장령長嶺
(현 강릉 부근) 오책五柵을 태워버렸다.

* 일지日知 갈문왕의 아들이라고도 한다.

138년(일성 5) 2월에 정사당政事黨을 금성에 설치하였다. 7월에 알천 서쪽에서 대열大閱*을 실시하였다. 10월에 왕이 북변을 순행하여 친히 태백산太白山에 제사를 지냈다.

139년(일성 6) 7월에 서리가 와서 콩이 모두 상했다. 8월에 말갈이 군사를 일으켜 장령을 습격하고 백성들을 사로잡고 재물을 약탈하여 갔다. 이후 10월에 또 말갈이 침입하였으나 이때 우레가 심하게 울려 그만 퇴주하였다.

140년(일성 7) 2월에 장령에 목책木柵을 세움으로써 말갈을 방비하였다.

141년(일성 8) 9월(신해辛亥) 그믐날에 일식이 있었다.

142년(일성 9) 7월에 왕은 군신을 불러서 말갈 정벌을 의논하였으나 이찬 웅선이 반대하여 이를 그만두었다.

143년(일성 10) 2월에 궁성을 수리하였다. 6월(을축乙丑)에 형혹성熒惑星이 진성鎭星**을 범하였다. 10월에 우레가 울렸다.

144년(일성 11) 2월에 왕은 분부하기를

"농사는 정치의 근본이요, 식량은 백성들이 가장 고귀하게 생각하는 것이니 모든 주와 군에서는 제방의 수리를 완전하게 하여 논밭을 널리 개척하라."

하고 또 분부하기를

"백성들이 금은주옥金銀珠玉 쓰는 것을 금지하라."

하였다.

145년(일성 12) 봄과 여름에 한재가 들었는데 남쪽 지방이 가장 심하여 백성들이 굶주리자 왕은 율곡栗穀을 그 지방으로 옮겨 이를 구제하였다.

146년(일성 13) 10월에 압독이 모반하자 왕은 군사를 내어 이를 평정하고 그 무리를 남쪽 지방으로 옮겼다.

* 대열大閱: 왕이 군대를 정렬해 놓고 친히 검열하거나 그와 같은 검열을 말한다.
** 형혹성熒惑星: 화성火星/ 진성鎭星: 토성土星

147년(일성 14) 7월에 왕은 군신들에게 명하여 지략과 용맹이 뛰어나서 장수가 될 수 있는 사람을 천거하게 하였다.

148년(일성 15) 박아도朴阿道를 봉하여 갈문왕으로 삼았다.

149년(일성 16) 정월에 득훈得訓을 사찬으로 삼고 선충宣忠을 내마로 삼았다. 8월에 적성赤星이 천시원天市垣에 나타났다. 11월에 우레가 울고 서울에는 무서운 병이 돌았다.

150년(일성 17) 4월부터 비가 오지 않다가 7월에 이르러서야 비가 내렸다.

151년(일성 18) 2월에 이찬 웅선의 죽음으로 대선大宣을 이찬으로 하고 내외 병마사를 겸하게 하였다. 3월에 우박이 내렸다.

153년(일성 20) 10월에 궁성 문에 화재가 있었다. 이때 혜성이 동쪽과 동북 방향에 나타났다.

154년(일성 21) 2월에 왕이 돌아가셨다.

일성 이사금 대의 사람들 선충 宣忠

선충은 149년(일성 16) 1월에 내마가 되었다.

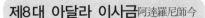

제8대 아달라 이사금阿達羅尼師今

박씨 왕 7대

아달라 이사금은 일성 이사금의 장자로 154년에 즉위하였다. 왕은 키가 7척이고 콧마루가 우뚝한 기이한 용모를 지니고 있었다. 그 어머니는 박씨로 지소례왕支所禮王의 딸이고, 비도 역시 박씨로 내례內禮 부인인데, 지마 이사금의 딸이다.

154년(아달라 원년) 3월에 계원繼元을 이찬으로 삼아 군국 정사軍國政事를 맡겼다.

155년(아달라 2) 정월에 왕은 친히 시조 묘에 제사를 지내고 죄인들을 대사하였으며, 흥선興宣을 일길찬으로 삼았다

156년(아달라 3) 4월에 서리가 내렸다. 계립령鷄立嶺(현 문경聞慶)의 도로

를 개척하였다.

157년(아달라 4) 2월에 처음으로 감물甘勿(현 밀양密陽) 마산馬山(현 청도淸道) 두 현을 설치하였다. 3월에 왕은 장령진長嶺鎭(현 강릉 부근)으로 순행하여 군사들을 위로하고 모든 장병들에게 군복을 하사하였다.

158년(아달라 5) 3월에 죽령竹嶺(경상도와 충청도의 경계)의 도로를 개척하였다. 왜인이 수교하러 왔다.

160년(아달라 7) 4월에 폭우가 쏟아져서 알천의 물이 넘쳐 집이 떠내려가고 금성의 북문이 스스로 허물어졌다.

161년(아달라 8) 7월에 메뚜기 떼가 농작물을 먹어 곡식에 피해가 많았고 바다에서 고기들이 많이 나와 죽었다.

162년(아달라 9) 왕은 사도성沙道城(현 영덕盈德)에 순행하여 군사들을 위로하였다.

164년(아달라 11) 2월에 용이 서울에 나타났다.

165년(아달라 12) 10월에 아찬 길선吉宣이 모반을 꾀하다 발각되자 죽을 것을 두려워하여 백제로 도망하였다. 왕이 국서를 보내어 돌려보낼 것을 요구하였으나 백제에서 이를 허락하지 않자 이에 노한 왕은 군사를 일으켜 쳐들어갔는데 백제는 성에 군비를 갖추고 굳게 지키며 나와 싸우지 않았고, 아군은 군량이 다하여 곧 군사를 돌렸다.

166년(아달라 13) 정월 1일에 일식이 있었다.

167년(아달라 14) 7월에 백제는 군사를 일으켜 서쪽에 있는 두 성을 습격하여 백성 1천 명을 잡아갔다. 그러자 왕은 8월에 일길찬 흥선興宣에게 명하여 군사 1만 명을 거느리고 이를 정벌하게 하였다. 또한 왕이 친히 기병 8천 명을 거느리고 한수漢水(한강漢江)에서 싸움터에 이르자 백제는 크게 두려워하여 이미 사로잡아 갔던 남녀를 돌려보내고 화친할 것을 요청하였다.

168년(아달라 15) 4월에 이찬 계원이 죽으므로 흥선을 이찬으로 삼았다.

170년(아달라 17) 2월에 시조 묘를 수리하였다. 7월에 서울에 지진이 있었고 서리와 우박이 쏟아져서 곡식에 피해가 많았다. 10월에 백제에서 군사를 일으켜 변방을 침범하였다.

171년(아달라 18) 봄에 곡식이 귀하여 백성들의 기근이 심하였다.

172년(아달라 19) 정월에 왕은 구도仇道를 파진찬으로 삼고 구수혜仇須兮를 일길찬으로 삼았다. 2월에 시조 묘에 제사를 지냈으며 서울에서 큰 병이 돌았다.

173년(아달라 20) 5월에 왜국 여왕 비미호卑彌乎가 사신을 보내어 수교하였다.

174(아달라 21) 정월에 흙비가 내리고, 2월에 한재가 들어 우물과 샘물이 모두 말랐다.

184년(아달라 22) 3월에 왕이 돌아가셨다.

아달라 이사금 대의 사람들　길선 吉宣

길선은 아찬으로서 165년(아달라 12) 반역을 도모하다가 발각되어 백제로 도망하였다. 신라는 백제와 교섭하여 길선을 돌려보내도록 요구하였으나, 백제에서 거부하여 싸움까지 일어났다. 이로부터 두 나라가 화목을 잃고, 늘 싸움이 계속되었다.

아달라 이사금 대의 사람들　세오녀 世烏女

세오녀는 연오랑延烏郎의 아내로, 바위를 타고 왜국에 가서 왕이 된 남편을 기다리다가, 남편의 신발이 있는 바위를 타고 왜국에 가서 귀비貴妃가 되었다 한다. 세오녀와 연오랑은 설화 속 인물들로서 이는 우리나라의 유일한 태양신 신화이기도 하다.

아달라 이사금 대의 사람들 　연오랑 延烏郎

　　연오랑은 157년(아달라 4) 아내 세오녀와 함께 동해 가에 살다가 어느 날 해조海藻를 따던 중 바위에 실려 왜국으로 건너갔다. 왜인들로부터 하늘에서 온 사람이라고 추앙받고 왜국의 왕이 되었으며, 남편을 기다리던 세오녀도 남편의 신발이 있는 바위를 타고 왜로 건너가 귀비가 되었다. 그 후로 신라의 해와 달은 빛을 잃었고, 이에 해와 달의 정기가 왜국으로 건너갔기 때문이라는 일관日官의 말을 듣고 신라의 왕은 왜국에 사자를 보내 두 사람을 찾았다. 그러나 연오랑은 모든 것이 하늘의 시킴이니 돌아갈 수 없는 일이라고 말하고 자기 아내 세오녀가 짠 고운 비단을 주었다. 이를 가지고 돌아와 하늘에 제사 지냄으로써 해와 달이 전과 같이 빛을 찾았다. 그 비단을 어고御庫에 두어 국보로 삼고 그 창고를 귀비고貴妃庫, 하늘에 제사를 지낸 곳을 영일현迎日縣, 또는 도기야都祇野라고 불렀다 한다.

제9대 벌휴 이사금伐休尼師今　　　　　석씨 왕 2대

　벌휴(또는 발휘發暉) 이사금이 184년에 즉위하였다. 탈해왕 구추각간仇鄒角干의 아들이고, 어머니는 김씨 지진내례只珍內禮 부인이었는데 아달라왕이 아들이 없이 돌아가자 나라 사람들이 벌휴 이사금을 받들어 즉위시켰다. 왕은 천기를 점쳐 미리 수재와 한재 및 그해에 흉년이나 풍년이 있을 것을 미리 알았고, 사람의 바르고 그른 것을 잘 아는 까닭에 사람들은 왕을 성인이라고 말하였다.

　185년(벌휴 2) 정월에 왕은 시조 묘에 제사를 지내고 죄수들을 대사하였다. 2월에 파진찬 구도와 일길찬 구수혜를 좌우 군주軍主로 삼아 소문국召文國*을 정벌하였는데 군주라는 이름이 이때에 처음으로 사용되었다.

* 소문국召文國: 경상북도 의성군 동쪽 지역에 있던 삼한시대 소국으로 뒤에 신라에 병합되었다.

186년(벌휴 3) 정월에 왕은 친히 주와 군을 순행하여 백성들의 풍속을 관찰하였다. 5월 그믐날에 일식이 있었다. 7월에 남신현南新縣에서 상서로운 벼를 왕에게 바쳤다.

187년(벌휴 4) 3월에 왕은 주와 군에 분부하기를

"토목 역사를 시작하여 농사의 때를 잃게 하는 일이 없게 하라."

하였다. 10월에 북쪽 지방에 큰 눈이 내려 한길이나 쌓였다.

188년(벌휴 5) 2월에 백제가 군사를 일으켜 모산성母山城(현 진천鎭川)으로 쳐들어오자 왕은 파진찬 구도로 하여금 군사를 거느리고 나가 이를 막게 하였다.

189년(벌휴 6) 7월에 구도는 백제 군사와 구양狗壤에서 싸워 이를 격파하여 승리하고 5백여 명을 참획하였다.

190년(벌휴 7) 8월에 백제 군사와 서쪽 변경의 원산향圓山鄕(현 예천醴泉)을 습격하고 또 부곡성缶谷城으로 쳐들어와서 포위하자 구도는 날랜 기병 5백 명을 거느리고 나가 이를 공격하니 백제 군사들이 거짓으로 도망하였다. 구도는 그들의 계책인 줄 모르고 이를 추격하여 와산蛙山(현 보은報恩)에 이르렀다가 백제에게 패하고 말았다. 그러자 왕은 그의 벼슬을 깎아 부곡 성주로 삼고 설지薛支를 좌군주로 삼았다.

191년(벌휴 이사금 8) 9월에 치우기蚩尤旗(혜성의 일종)가 각항角亢(28숙宿의 하나)에 나타났다.

192년(벌휴 9) 정월에 국량國良을 아찬으로 삼고, 술명述明을 일길찬으로 삼았다. 4월에 서울에 눈이 내렸는데 3척이나 쌓였다. 5월에 큰 홍수가 있어 산이 십여 곳이나 무너졌다.

193년(벌휴 10) 정월 1일에 일식이 있었다. 3월에 한지부漢祇部에서 한 여자가 한번에 4남 1녀를 낳았다. 6월에 왜인들이 큰 기근으로 천여 명이나 식량을 구걸하러 왔다.

194년(벌휴 11) 6월 그믐날에 일식이 있었다.

196년(벌휴금 13) 2월 궁전을 수리하였다. 3월에 한재가 들었으며 4월에는 벼락이 궁성 남쪽에 있는 큰 나무를 치고 또 금성의 동문을 쳤으며 왕이 돌아가셨다.

벌휴 이사금 대의 사람들　　설지薛支

설지는 190년(벌휴 7)에 좌우 군주軍主가 되었다.

제10대 내해 이사금奈解尼師今

석씨 왕 3대

내해 이사금은 용모와 재능이 뛰어났으며 벌휴 이사금의 손자이다. 어머니는 내례內禮 부인이고, 비는 석씨로 조분왕助賁王의 누이동생이었다. 전왕인 벌휴 이사금의 태자인 골정骨正과 제2왕자 이매伊買가 먼저 죽었고 적손嫡孫이 아직 어렸기 때문에 이매의 아들을 세우게 되었는데 이가 곧 내해 이사금이다.

내해 이사금이 즉위하던 해인 196년에는 정월부터 4월에 이르기까지 비가 오지 않았는데, 왕이 즉위하는 날에 큰비가 내려 백성들이 크게 기뻐하였다 한다.

197년(내해 2) 정월에 시조 묘를 배알하였다.

198년(내해 3) 4월에 시조 묘 앞에 쓰러져 있던 버드나무가 저절로 일어섰다. 5월에 서쪽 지방에 큰 홍수가 있었으므로 왕은 수재 지역의 주와 현에는 1년 동안의 세금을 면제시키고 7월에는 사자를 그 지방으로 파견하여 위문하고 민생을 안정시켰다.

199년(내해 4) 7월에 백제가 군사를 일으켜 변경으로 침입하였다.

200년(내해 5) 7월에 태백성이 대낮에 나타나 보이고 서리가 내려 풀들이 말랐다. 9월 1일에 일식이 있었다. 왕은 알천에서 크게 열병을 실시하였다.

201년(내해 6) 2월에 가야국이 화친할 것을 요청하였다. 3월 1일에 일식이 있었는데 큰 한재가 들자 왕은 죄가 가벼운 죄수들은 모두 석방하였다.

203년(내해 8) 10월에 말갈이 군사를 일으켜 변경으로 침입하였다. 이때 복숭아와 오얏의 꽃이 피고 많은 사람들이 병에 걸렸다.

205년(내해 10) 2월에 왕은 진충眞忠을 일벌찬으로 삼아 국정에 참여시켰다. 7월에 서리와 우박이 내려 곡식이 상하였다. 이때 태백성이 달을 범하고, 8월에는 여우가 금성과 시조 묘정廟庭에서 울었다.

207년(내해 12) 정월에 왕자 이음利音(또는 나음奈音)을 이벌찬으로 삼고 내외 병마사를 겸하여 보게 하였다.

208년(내해 13) 2월에 왕은 서쪽 지방의 군읍을 순행하고 10일 만에 돌아왔다. 4월에 왜인들이 변경을 침범하자 왕은 이벌찬 이음을 파견하여 군사를 거느리고 나가 적을 막게 하였다.

209년(내해 14) 7월 포상 팔국浦上八國*이 가라加羅(김해의 가라)의 침략을 도모하자 가라 왕자가 와서 구원을 청하였다. 왕은 태자 우로于老와 이벌찬 이음으로 하여금 6부의 군사를 거느리고 가라를 구원하기 위하여

---

* 포상 팔국浦上八國: 골포骨浦(현 창녕), 칠포柒浦(현 칠원漆原), 고사포古史浦(현 진해鎭海) 등의 해안 제국.

출정시켰다. 그리하여 포상 팔국의 장군들을 죽이고 그들에게 사로잡혔던 6천 명을 빼앗아 돌려보냈다.

210년(내해 15) 봄과 여름에 한재가 들자 왕은 사자를 각 군과 읍으로 파견하고 감옥의 죄수들 중 사형 죄를 제외한 모든 죄인들을 석방하였다.

211년(내해 16) 정월에 훤견萱堅을 이찬으로 삼고 윤종允宗을 일길찬으로 삼았다.

212년(내해 17) 3월에 가야에서 왕자를 보내어 인질로 삼았다. 5월에 민가가 떠내려갈 정도의 큰비가 왔다.

214년(내해 19) 3월에 큰 바람이 불어서 나무가 부러졌다. 7월에 백제가 군사를 일으켜 나라 서쪽의 요거성腰車城(현 상주尙州)을 침공하여 성주인 설부薛夫를 죽이자, 왕은 이벌찬 이음에게 명하여 적을 막게 하였다. 이음은 군사 6천 명을 거느리고 나가 백제군을 치고 사현성沙峴城을 격파하였다. 12월에 우레가 울렸다.

218년(내해 23) 7월에 무고武庫의 병기구가 스스로 움직여 나왔는데 백제 군사들이 장산성獐山城으로 쳐들어와 성을 포위하자 왕은 친히 군사를 거느리고 나가서 이를 격파하여 퇴주시켰다.

220년(내해 25) 3월에 이벌찬 이음이 죽어 충훤忠萱을 이벌찬으로 삼고 병마사를 겸하여 보게 하였다. 7월에 왕은 양산 서쪽에서 열병을 실시하였다.

222년(내해 27) 4월에 우박이 내려 보리와 콩에 피해가 많았다. 남신현南新縣 사람이 죽었다가 한 달이 지나서 다시 살아났다. 10월에 백제가 군사를 일으켜 우두주牛頭州(또는 춘주도春州道, 현 춘천)에 침입하자 왕은 이벌찬 충훤에게 이를 막도록 하였다. 그러나 충훤이 웅곡熊谷(현 구미龜尾)에 이르러 적에게 패하고 혼자서 말을 타고 돌아오자 왕은 그 벼슬을 깎아 진주鎭主로 삼고 연진連珍을 이벌찬으로 삼아 병마사를 겸하여 보게 하였다.

224년(내해 29) 7월에 이벌찬 연진이 군사를 거느리고 나가 백제군과 봉산烽山(현 영주榮州)에서 싸워 이를 격파하고 1천여 명을 죽이거나 사로잡았다. 8월에 봉산성烽山城을 쌓았다.

226년(내해 31) 봄에 비가 오지 않더니 7월에 이르러서야 비가 왔다. 한재로 인하여 백성들의 기근이 심하자 왕이 창곡을 풀어내어 이를 구제하고 10월에는 감옥의 죄수들을 다시 살펴 죄가 가벼운 이들은 석방하였다.

227년(내해 32) 2월에 왕이 서남 지방의 군읍을 순행하고 3월에 환궁하였다. 파진찬 강훤康萱을 이찬으로 삼았다.

229년(내해 34) 4월에 뱀이 남고南庫에서 3일 동안이나 울었다. 9월에 지진이 있었고 10월에는 큰 눈이 와서 5척이나 쌓였다.

230년(내해 35) 3월에 왕이 돌아가셨다.

내해 이사금 대의 사람들   석이음 昔利音

석이음은 내해 이사금의 아들로서 내음奈音이라고도 한다. 207년(내해 12) 이벌찬이 되어 내외 병마사를 겸임하며 이듬해 왜국이 변경에 침입하자 이를 막아냈다. 209년 포상 팔국의 침입으로 가라가 원병을 청해오자 6부의 군사를 거느리고 가서 구원했으며, 214년(내해 19) 정병 6천 명을 거느리고 요차성腰車城에 침입한 백제군을 격파하고 사현성을 빼앗았다.

내해 이사금 대의 사람들   연진 連珍

연진은 신라의 장군으로서 222년(내해 27) 이벌찬이 되어 군사에 관한 일을 아울러 관장하다가 224년 일길찬으로 군사를 이끌고 백제를 공격하여 봉산에서 대승하였다.

제11대 조분 이사금助賁尼師今

석씨 왕 4대

230년에 즉위한 조분(또는 제귀諸貴) 이사금의 성은 석씨로 벌휴 이사금의 손자이고, 아버지는 골정骨正(또는 홀쟁忽爭) 갈문왕이고, 어머니는 김씨 옥모玉帽 부인으로 구도 갈문왕의 딸이다. 비는 아미혜阿彌 부인으로 내해 이사금의 딸이다. 왕은 전왕인 내해 이사금이 돌아가시려 할 때 '사위 조분으로써 왕위를 계승하라'는 유언으로 즉위하였다. 왕은 키가 크고 용모와 풍채가 아름답고 매사를 명확하게 판단하고 결정하여 사람들이 그를 공경하였다.

230년(조분 원년) 연충連忠을 이찬으로 삼고 군국 정사를 맡겼다. 7월에 왕은 시조 묘를 배알하였다.

231년(조분 2) 7월에 왕은 이찬 우로를 대장군으로 삼아 감문국甘文國 (현 김천金泉)을 토평하고 그 지방을 군으로 하였다.

232년(조분 3) 4월에 왜인들이 갑자기 쳐들어와 금성을 포위하자 왕은 친히 군사를 거느리고 나가 싸웠고 적들이 패주하였다. 그러자 왕은 날랜 기병을 파견하여 이를 추격하였고 1천여 명을 참획하였다.

233년(조분 4) 4월에 큰 바람이 불어서 집과 기와장이 날렸다. 5월에 왜병들이 동쪽 변방으로 침입하였다. 7월에 왕은 이찬 우로로 하여 적을 막게 하자 우로는 군사를 거느리고 왜적과 사도沙道에서 싸우는데 바람을 이용하여 불을 질러 적의 배를 태워버리고 물에 뛰어드는 적들까지 모조리 죽여 버렸다.

235년(조분 6) 정월에 왕은 동쪽 지방에 순행하여 민심을 안정시키고 백성들을 구제하였다.

236년(조분 7) 2월 골벌국骨伐國(현 영천永川)의 왕 아음부阿音夫가 그 무리를 거느리고 항복하자 이에 왕은 저택과 전지를 주어 편히 살게 하고 그 지방을 군으로 하였다.

237년(조분 8) 8월에 메뚜기 떼로 인해 곡식에 피해가 있었다.

240년(조분 11) 백제가 군사를 일으켜 서쪽 변방을 침범하였다.

242년(조분 13) 가을에 큰 풍년이 들었고, 고타군에서는 왕에게 가화嘉禾·를 바쳤다.

244년(조분 15) 정월에 이찬 우로를 서불한舒弗邯으로 삼아 병마사를 겸하여 보게 하였다.

245년(조분 16) 10월 고구려가 군사를 일으켜 북변으로 침입하였다. 우로는 군사를 거느리고 나가 적을 공격하였으나 패하여 마두책馬頭柵으로 물러나 방비하였다. 그날 밤에 날씨가 몹시 추워서 군사들이 피로해하자 우로는 몸소 나무를 해서 불을 피움으로써 그의 배려에 모든 군사들이

• 가화嘉禾: 낱알이 많이 달린 벼 이삭으로, 경사스러운 징조를 상징한다.

감격하였다.

246년(조분 17) 10월에 동남쪽에 백기白氣가 비단같이 퍼졌다. 11월에 서울에 지진이 있었다.

247년(조분 18) 5월에 왕이 돌아가셨다.

조분 이사금 대의 사람들   명원命元 부인

명원 부인은 조분 이사금의 딸로서 각간 석우로昔于老의 아내가 되어 제16대 흘해 이사금을 낳았다.

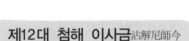

제12대 첨해 이사금沾解尼師今　　　　석씨 왕 5대

247년 첨해 이사금이 즉위하였다. 왕은 조분 이사금의 동복아우이다.

247년(첨해 원년) 7월에 왕은 시조 묘에 배알하고 아버지 골정骨正을 세신世神 갈문왕으로 삼았다. 논하건대 한漢나라 선제宣帝가 즉위하자 유사가 상주하기를

"남의 후사가 된 자는 그를 위하는 아들이 되는 것이다. 그런 까닭으로 그 생부모를 낮추어 제사 지내지 않는 것은 곧 조상을 높이는 뜻입니다."

했다. 또한

"그러므로 제帝의 소생부所生父는 친親이라 칭하고 시諡를 도悼라 하고

소생모所生母를 도후悼后라 하여 제후를 왕에게 비교하는 것이라."

하였으니 이는 경의經義에 합당하고 만세의 법이 된다. 그런 까닭으로 후한後漢 광무제光武帝와 송宋나라 영종英宗은 이 법을 시행하였다. 신라는 왕의 친족으로부터 들어서서 대통을 계승하는 임금은 그 아버지를 높이 봉하여 왕으로 칭하지 않음이 없으며 이와 같을 뿐만 아니라 그 외구外舅(처부妻父)를 또한 이렇게 봉하는 일까지 있으니 이는 예의가 아니니 옳은 법이 아니라고 할 것이다.

248년(첨해 2) 정월에 이찬 장훤長萱을 서불한으로 삼아 국정에 참여케 하였다. 2월에 왕은 고구려로 사신을 파견하여 화친을 맺었다.

249년(첨해 3) 4월에 왜인이 서불한 우로를 죽였다. 7월에 남당南堂*을 궁성 남쪽에 지었고, 양부良夫를 이찬으로 삼았다.

251년(첨해 5) 정월에 왕은 처음으로 정사를 남당에서 청취하였는데 한기부 사람 부도夫道는 집이 빈궁하나 남에게 아첨함이 없고 공工, 서書, 산算을 잘하여 이름이 났다. 왕은 그를 등용하여 아찬으로 삼고 물장고物藏庫의 사무를 맡겼다.

253년(첨해 7) 4월에 용이 궁성 동쪽 연못에 나타나고 금성 남쪽에 쓰러져 있던 버드나무가 저절로 일어섰다. 5월부터 7월에 이르기까지 비가 오지 않으므로 왕이 조묘祖廟와 명산名山에 기우제를 지내니 비가 내렸다. 그러나 흉년이 들어서 기근이 심하고 도적이 많았다.

255년(첨해 9) 9월에 백제가 군사를 일으켜 변경에 침입하여 일벌찬 익종翊宗은 군사를 거느리고 나가서 괴곡槐谷(현 괴산槐山)의 서쪽에서 싸웠으나 적에게 피살되었다. 10월에 백제는 봉산성으로 침입하였으나 성은 함락되지 아니하였다.

256년(첨해 10) 3월에 나라의 동쪽 바다에 큰 고기 3마리가 나왔는데

* 남당南堂: 혹은 도당都堂이라고도 하며, 삼국 시대에 부족 집회소가 발전하여 이루어진 정치 기구이다.

그 길이가 3장丈이고 높이가 1장 2척이나 되었다. 10월 그믐날에 일식이
있었다.

259년(첨해 13) 7월에 한재와 들고 메뚜기 떼가 농작물에 큰 피해를 입
혀 흉년이 들고 도적이 많았다.

260년(첨해 14) 여름에 큰비가 와서 산이 40여 개나 무너졌다. 7월에
패성이 동쪽 방향에 나타나 25일 만에야 없어졌다.

261년(첨해 15) 2월에 달벌성達伐城(현 대구)을 쌓고 나마극종奈麻克宗을
그 성주로 삼았다. 3월에 백제가 사신을 파견하여 화친을 청하였으나 왕
은 이를 허락하지 않았다. 12월 28일에 왕이 돌아가셨다.

첨해 이사금 대의 사람들   양부良夫

양부는 249년(첨해 3) 이찬직에 올라 262년(미추 2)에 서불한이 되어
내외 병마사를 겸하였다.

첨해 이사금 대의 사람들   석우로昔于老

석우로의 태어난 해는 알려지지 않았으며 249년(첨해 3) 세상을 떠났
다. 제10대 내해 이사금의 아들로 알려져 있으나 각간 수로水老의 아들이
라는 설도 있다. 또한 제11대 조분 이사금의 사위이자 제16대 흘해 이사
금의 아버지이기도 하다. 벼슬은 장군으로서 209년(내해 2)에 원병을 거
느리고 가락국에 침입한 포상 팔국의 군대를 격파했으며, 231년(조분 2)
이찬으로서 대장군이 되어 감문국을 정벌하고 그 땅에 군과 현을 설치했
으며, 233년(조분 4) 왜군을 사도沙道에서 화공火攻으로써 물리쳤다. 244
년(조분 15) 서불한으로 지병마사를 겸임하였으며, 이듬해 북방에 침입한
고구려 군대를 막으려다가 실패하고 마두책에서 방어했다. 첨해 이사금

즉위 초에 사량벌국沙梁伐國이 모반하여 백제에 투항하므로 이를 정벌하였고, 249년(첨해 3) 내침한 왜군을 방어하다가 붙잡혀 화형을 당하였다.

제13대 미추 이사금味鄒尼師今   김씨 왕 1대

262년에 즉위한 미추 이사금의 성은 김씨이고 어머니는 박씨로서 갈문왕 이칠伊柒의 딸이다. 비는 석씨 광명光明 부인으로 조분왕의 딸이다.

그 외 조상은 알지로서 계림에서 출생한 것을 탈해왕이 거두어 궁중에서 길렀는데 뒤에 대보 벼슬에 올랐다. 알지는 세한勢漢을 낳고, 세한은 아도阿道를 낳고 아도는 수류首留를 낳고 수류는 욱보郁甫를 낳고 욱보는 구도仇道를 낳았는데, 구도가 곧 미추의 아버지이다.

첨해왕이 아들이 없었으므로 나라 사람들이 미추를 임금으로 세우니 이는 김씨가 나라를 맡게 된 처음이다.

262년(미추 원년) 3월에 용이 궁성 동쪽 연못에 나타났다. 7월에 금성

서문에 화재가 있었는데 인가 1백여 구가 연소되었다.

263년(미추 2) 정월에 이찬 양부를 서불한으로 삼고 내외 병마사를 겸하여 보게 하였다. 2월에 왕은 친히 국조 묘에 제사를 지내고 죄수를 대사하였으며, 아버지인 구도를 갈문왕으로 추봉하였다.

264년(미추 3) 2월에 왕은 동쪽으로 순행하여 해역을 보고, 3월에 황산黃山(현 양산梁山)으로 순행하여 고령자나 집이 가난하여 스스로 생활할 수 없는 사람들을 구제하였다.

266년(미추 5) 8월에 백제가 군사를 일으켜 봉산성으로 쳐들어왔다. 성주인 직선直宣은 장사 2백 명을 거느리고 나가서 적을 격파하였다. 왕은 이 보고를 듣고 직선을 일길찬으로 벼슬을 올리고 모든 군사들에게 후한 상을 내렸다.

268년(미추 7) 봄과 여름에 비가 오지 않자 왕은 군신들을 남당에 모아 놓고 친히 정사와 형벌의 득실을 물었으며, 사자 5명을 각지로 파견하여 백성들의 괴로움을 살피고 이를 위문하게 하였다.

272년(미추 11) 2월에 왕은 농사에 피해가 있는 모든 일을 일체 없애버리도록 분부하였다. 7월에 서리와 우박이 내려서 곡식에 피해가 많았다. 11월에 백제가 군사를 일으켜 변경을 침범하였다.

276년(미추 15) 2월에 군신들이 궁전을 개조하자고 하였으나, 왕은 백성의 수고로움을 생각하여 그 말을 따르지 않았다.

278년(미추 17) 3월에 폭풍이 불어 나무가 뽑혔다. 11월에 백제가 군사를 일으켜 괴곡성槐谷城으로 쳐들어와서 성을 포위하자 왕은 파진찬 정원正源에게 명하여 군사를 거느리고 나가 이를 막게 하였다.

280년(미추 19) 4월에 한재가 들자 왕은 죄수들을 다시 보살피도록 하였다.

281년(미추 20) 정월에 홍권弘權을 이찬으로, 양질良質을 일길찬으로, 광겸光謙을 사찬으로 삼았다. 2월에 왕은 국묘國廟를 배알하였다. 9월에 양산楊山의 서쪽에서 군사들을 크게 검열하였다.

283년(미추 22) 9월에 백제가 군사를 일으켜 변방을 침범하고 10월에 괴곡성을 포위하자 왕은 일길찬 양질에게 명하여 군사를 거느리고 나가서 이를 막게 하였다.

284년(미추 23) 2월에 왕은 나라의 서쪽에 있는 제후들의 성으로 순행하여 민심을 안정시켰다. 10월에 왕이 돌아가시자 대릉大陵(또는 죽장릉竹長陵)에 장사하였다.

제14대 유례 이사금儒禮尼師今

석씨 왕 6대

284년에 즉위한 유례 이사금˙은 조분 이사금의 장자이다. 어머니는 박씨로서 갈문왕 내음奈音의 딸인데, 일찍 밤길을 걷다가 별빛이 입속으로 들어가면서 그를 임신하였고 아이를 낳는 밤에는 이상한 향기가 산실에 가득하게 찼다고 한다.

285년(유례 2) 정월에 왕은 시조 묘를 배알하였다. 2월에 이찬 홍권弘權을 서불한으로 삼고 국정의 기무機務를 맡겼다.

286년(유례 3) 정월에 백제가 사신을 파견하여 화친을 청하였다. 3월

• 기록에는 제3대·제14대 두 왕의 이름을 다 같이 유리儒理 혹은 유례儒禮라 하였기 때문에 어느 것이 옳은지 알 수가 없다.

에 한재가 들었다.

287년(유례 4) 4월에 왜인들이 일례부―禮部를 급격하여 민가에 불을 놓고 노략질을 하면서 1천 명의 백성들을 사로잡아 가지고 도망하였다.

289년(유례 6) 5월에 왜국이 군사를 일으켜 침입하려 한다는 말을 듣고 전선을 수리하고 갑옷과 병기를 수선하였다.

290년(유례 7) 5월에 비가 와서 큰물이 지고 월성이 허물어졌다.

291년(유례 8) 정월에 말구末仇를 이벌찬으로 삼았는데 말구는 충정하고 지략이 뛰어나 왕은 항상 그를 찾아 정사의 요긴한 것을 물었다.

292년(유례 9) 6월에 왜병이 사도성으로 쳐들어와서 성을 함락시키자 왕은 일길찬 대곡大谷에게 이를 치게 하였다. 대곡은 군사를 거느리고 사도성에 이르러서 적을 완전히 격파하고 이를 회복시켰다. 7월에 한재가 들고 메뚜기 떼로 인한 곡식의 피해가 있었다.

293년(유례 10) 2월에 사도성을 개축하고 사벌주沙伐州(현 상주)의 부유한 민가 8십여 호를 옮겨 살도록 하였다.

294년(유례 11) 여름에 왜병들이 장봉성長峯城으로 쳐들어왔으나 이기지 못하였다. 7월에 다사군多沙郡에서 왕에게 가화를 바쳤다.

295년(유례 12) 봄에 왕은 군신들에게 말하기를

"왜인들이 번번이 우리나라의 성과 읍을 침범하여 백성들이 편안히 살 수 없으니 나의 생각으로는 백제와 더불어 일시에 바다를 건너 왜국으로 쳐들어가서 아주 그 나라를 격멸시키는 일을 도모하는 것이 좋을 것 같은데 어떠한가?"

하였다. 서불한 홍권이 대답하기를

"우리나라 사람들은 해전에 익숙하지 못한데 모험적인 원정을 하면 도리어 위험한 일이 생길 수도 있으니 이는 염려될 일이며, 백제는 거짓이 많고 항상 우리나라를 삼켜 버리려는 욕심을 가졌으므로 또한 그들과 동모하는 것은 어려운 일이라 생각되나이다."

라고 하자 왕은 그의 말이 옳다고 하며 왜인 정벌을 그만두었다.

297년(유례 14) 정월에 지량智良을 이찬으로 삼고 장흔長昕을 일길찬으로, 순선順宣을 사찬으로 삼았다. 이때 이서고국伊西古國(현 청도淸道)이 금성으로 쳐들어와 아군은 크게 군사를 동원하여 적을 방어하였으나 이를 격파하지 못하였다. 그런데 갑자기 수효를 헤아릴 수 없이 많은 수의 군사들이 머리에 대나무 잎을 꽂고 몰려와 아군과 함께 적을 격파하였다. 그러나 뒤에 그들의 간 곳을 알지 못하였는데 어떤 사람이 대나무 잎 수만 개가 죽장릉竹長陵(미추왕릉味鄒王陵)에 쌓여 있는 것을 보았다고 하였다. 이를 두고 사람들은 말하기를

"이는 선왕이 음병陰兵을 내어 싸움을 도운 것이라."

고 하였다.

298년(유례 15) 2월에 서울에 옆 사람도 분간할 수 없을 정도로 큰 안개가 끼었는데 5일 만에야 날이 개였다. 12월에 왕이 돌아가셨다.

유례 이사금 대의 사람들   지량智良

지량은 297년(유례 14) 이찬이 되었다.

제15대 기림 이사금基臨尼師今

석씨 왕 7대

기림(또는 기립基立) 이사금이 298년에 즉위하였다. 왕은 조분 이사금의 손자로 그 아버지는 이찬 걸숙乞淑*이었다. 왕은 성품이 너그러워 사람들은 모두 그 덕을 칭찬하였다.

299년(기림 2) 정월에 장흔을 이찬으로 삼아 내외 병마사를 겸하여 보게 하였다. 2월에 왕은 시조 묘에 제사를 지냈다.

300년(기림 3) 정월에 왜국과 더불어 수교하였다. 2월에 왕은 비열홀比列忽(현 안변)에 순행하여 친히 고령자와 빈민들을 위문하고 곡식을 하사하였다. 3월에 우두주에 이르러 태백산에 제사를 지냈다. 이때 낙랑과 대

* 걸숙은 조분 이사금의 손자라는 설도 있다.

방帶方·의 양국이 복속하였다.

302년(기림 5) 봄에 이어 여름까지 한재가 들었다.

304년(기림 7) 8월에 지진이 일어나고 샘물이 솟아올랐으며 9월에 또 서울에 지진이 일어나 민가가 헐고 죽은 사람도 있었다.

307년(기림 10)에 나라 이름을 다시 신라新羅라고 부르게 하였다.

310년(기림 13) 5월에 왕이 병환으로 여러 날 누워 있자 내외 감옥의 죄수들을 놓아주었다. 6월에 왕이 돌아가셨다.

• 대방帶方: 한사군의 하나인 진번군眞番郡 15속현으로 황해도 지방에 있었다.

제16대 흘해 이사금訖解尼師今   석씨 왕 8대

310년 즉위한 흘해 이사금은 내해 이사금의 손자이고, 아버지는 각간 우로, 어머니는 명원命元 부인으로 조분 이사금의 딸이다. 우로는 공을 여러 번 세워 서불감이 되었다. 그는 아들인 흘해의 용모가 남달리 수려하고 정신과 담력이 명철하고 민첩하여 모든 일에 있어 유달리 뛰어난 모습을 보고 제후들에게

"우리 집안을 일으킬 사람은 반드시 이 아이일 것이라."

하였다. 기림 이사금이 아들 없이 돌아가시자 군신들은 의논하기를

"흘해는 어려서부터 노성老成한 덕이 있다."

라고 하면서 그를 받들어 임금으로 세웠다.

311년(흘해 2) 정월에 급리急利를 아찬으로 삼아 국정의 중요한 업무를 맡기고 내외 병마사를 겸하여 보게 하였다. 2월에 왕은 친히 시조 묘에 제사를 지냈다.

312년(흘해 3) 3월에 왜국 왕이 사신을 보내어 아들의 혼인을 청하므로 왕은 아찬 급리의 딸을 보내어 결혼시켰다.

313년(흘해 4) 7월에 한재와 황재로 기근이 심하므로 사자를 파견하여 이를 구제하고 민심을 안정시켰다.

314년(흘해 5) 정월에 아찬 급리를 이찬으로 삼았다. 2월에 궁전의 수리를 시작했으나 비가 오지 않아 중지시켰다.

317년(흘해 8) 봄과 여름에 한재가 들자 왕은 친히 죄수들을 다시 살펴서 다스리고 많은 죄수들을 놓아주었다.

318년(흘해 9) 2월에 왕은 분부하기를

"먼저는 한재로 인하여 연사年事가 순조롭게 이루어지지 않았으나 지금에는 땅의 기운이 일어나서 농사를 막 시작하게 되었으니 농민들을 수고롭게 하는 일은 모두 이를 그만두게 하라."

하였다.

330년(흘해 21) 처음으로 벽골제碧骨堤(현 김제金堤)를 개척하였는데 그 연못의 언덕 길이가 1천8백 보였다.

337년(흘해 28) 2월에 백제에서 사신을 파견하여 수교하였다. 3월에 우박이 오고 4월에 서리가 내렸다.

344년(흘해 35) 2월에 왜국이 사신을 파견하여 혼인을 청하였으나 신라에서는 먼저 여자를 출가시킨 것을 이유로 이를 사절하였다. 4월에 폭풍이 불어 궁성 남쪽의 큰 나무가 뽑혔다.

345년(흘해 36) 정월에 강세康世를 이벌찬으로 삼았다. 2월에 왜국 왕이 절교를 선언하는 글을 보내옴으로써 양국의 국교가 단절되었다.

346년(흘해 37) 왜병들이 갑자기 풍도風島에 침입하여 변방의 민가에서 약탈을 자행하고 또 금성으로 쳐들어와서 성을 포위하여 공격하였다. 왕은 친히 나가 싸우려고 하였으나 이벌찬 강세가 왕에게 말하기를

"적들은 멀리 와서 싸움으로써 그 예봉을 당하기 어려울 것이오니 이를 그대로 두어 그 군사들이 피로한 것을 기다려 치는 것이 옳겠습니다."
라고 하여 왕도 그 말이 옳다고 생각하고 성문을 굳게 닫고 나오지 않았다. 그리고 적들이 식량이 다 떨어져 퇴주하려 할 때 왕은 강세에게 명하여 적을 치게 하니, 강세는 날랜 군사를 거느리고 적을 추격하여 이를 패주시켰다.

348년(흘해 39)에 궁성의 우물물이 갑자기 솟아 넘쳤다.

350년(흘해 41) 3월에 황새가 월성의 한 모퉁이에 집을 짓고 깃들었다. 4월에 열흘 동안이나 비가 많이 와서 평지의 물이 34척이나 불었고 관송官松의 가옥들이 떠내려가고 산도 13개소나 무너졌다.

356년(흘해 47) 4월에 왕이 돌아가셨다.

흘해 이사금 대의 사람들   강세

강세는 345년(흘해 36) 이벌찬에 임명되어 이듬해 왜군이 풍도에 침입하여 변방의 민가에서 약탈을 자행하며 금성으로 쳐들어와 성을 포위하자 왕이 친히 나가 싸우려고 하였으나 강세는 적들은 멀리에서 왔으므로 적군들이 피로한 틈을 기다려 공격하는 것이 옳겠다고 진언하였다. 이에 왕도 그의 말을 따랐으며 적들의 식량이 다 떨어지고 피로해지자 강세는 그 틈을 타 군사를 거느리고 적을 추격하여 패주시켰다.

제17대 내물 마립간奈勿麻立干

김씨 왕 2대

내물 마립간은 356년에 즉위하였고 구도 갈문왕의 손자이다. 아버지
는 각간 말구末仇이고, 어머니는 김씨 휴례休禮 부인, 비는 김씨로서 제13
대 미추 이사금의 딸이다.˙ 그런데 흘해왕이 돌아가시자 아들이 없어 내
물(또는 나밀那密)이 그 뒤를 이어 왕위에 올랐다.

논컨대 아내를 얻는데 있어서 동성同姓을 취하지 않은 것은 인륜의 분
별을 두터이 하는 때문이다. 그런 까닭에 노공魯公(소공昭公)은 오吳나라에
서 아내를 취하였고 진후晉侯(평공平公)가 사희四姬를 둔데 대하여 진陳나라

˙ 말구와 제13대 미추 이사금은 형제이다. 비 김씨가 미추 이사금의 딸이라는 기록
  은 내물 마립간의 왕위 계승 정당화를 위해 조작한 것이라는 말도 있다.

의 사패司敗*와 정鄭나라의 자산子産(공손교公孫僑)은 심각하게 이를 나무랐다. 그런데 신라에서는 동성을 아내로 취할 뿐만 아니라 형제의 자손이나 고이姑姨의 사촌 사이 자매를 모두 아내로 맞으니 비록 외국과는 서로 풍속이 다를 지라도 중국의 예의 법속으로 이를 책망한다면 이는 큰 잘못이다. 그러나 흉노匈奴들이 그 어미를 증烝(간奸)하고, 아들을 보報(간奸)하는 것과 같은 것은 이보다 더 심한 것이라고 하겠다.

357년(내물 2) 봄에 왕은 사자를 각지로 파견하여 늙어서 의지할 곳 없는 사람들을 위문하고 각각 그들에게 곡식 석 섬씩을 하사하였다. 그리고 효제孝悌로서 그 행실이 유달리 뛰어난 사람에게는 관직을 주었다.

358년(내물 3) 2월에 왕은 친히 시조 묘에 제사지내는데 자줏빛의 상서로운 구름이 신위를 모신 위로 서리어 돌고 상서로운 참새(신작神雀)가 묘정에 모여들었다.

362년(내물 7) 4월에 시조 묘정의 나무들이 서로 가지가 연하여 이롭게 이어졌다(연이連理).

364년(내물 9) 4월에 왜병이 크게 침입하자 왕은 풀로 허수아비 수 천 개를 만들어 옷을 입힌 다음 사람처럼 만들고 각각 병기를 들려 토함산 밑에 세우고 용사 1천 명을 부현釜峴(현 경주 부근) 동원東原에 복병을 시켰다. 왜병들이 자신들의 숫자가 많은 것만 믿고 그대로 진격하여 오자 급히 복병을 일으켜 이를 격파하니 적들은 불의의 습격을 받고 대패하여 도망하였다. 이에 아군은 적을 추격하여 거의 다 격살하였다.

366년(내물 11) 3월에 백제 사람이 와서 수교하였다. 4월에 큰 홍수가 나서 산이 13개소나 허물어졌다.

368년(내물 13) 봄에 백제가 사신을 파견하여 좋은 말 2필을 바쳤다.

372년(내물 17) 봄과 여름에 큰 한재가 있고 흉년이 들어 기근이 심하자 백성들이 많이 유랑하였다. 이에 왕은 사자를 각지로 파견하여 창곡

* 사패司敗: 진나라와 한나라에 있었던 형벌을 맡아 보는 관리의 명칭이다.

을 풀어 백성들을 구제하였다.

373년(내물 18) 백제의 독산성禿山城(현 영평永平) 영주가 남녀 3백 명을 거느리고 항복하여 오자 왕은 이들을 받아들여 6부에 나누어 살게 하였다. 그런데 백제 근초고왕近肖古王이 왕에게 글을 보내어 말하기를

"양국이 서로 화친하여 형제가 되기를 약속하였는데 지금 대왕이 우리 나라에서 도망한 백성을 거두어 두시니, 이는 화친하는 뜻에 심히 어긋나는 일로써 이런 것을 대왕에게 바란 바 아니오니 청컨대 이들을 곧 돌려 보내주기를 바라는 바입니다."

하였다. 이에 대하여 왕은 답하기를

"백성들은 상심이 없는 때문으로 생각이 나면 오기도 하고 마음에 싫으면 가버리기도 하는 것을 구태여 만류하지 못하는 것입니다. 그런데 대왕은 백성들의 불안한 것을 걱정하지는 아니하고 도리어 과인을 책망하시니 그 어찌 심하지 아니하오."

하였고, 백제왕은 이 말을 듣고 다시는 말하여 오지 않았다. 5월에 서울에 비가 왔는데 그 속에 물고기가 섞여 내렸다.

376년(내물 21) 7월에 부사군夫沙郡에서 뿔이 1개만 있는 사슴을 바쳤다. 이해에 큰 풍년이 들었다.

379년(내물 24) 4월에 양산에서 작은 새가 큰 새의 새끼를 낳았다.

381년(내물 26) 봄과 여름에 한재가 들었고 흉년이 들어서 백성들의 기근이 심하였다. 왕은 위두衛頭를 전진前秦의 부견왕符堅王에게 파견하여 토산물을 보내고 국정을 말하니, 부견왕이 위두에게 묻기를

"경의 말이 해동海東(신라)의 사정이 옛날과 같지 않다고 함은 무엇을 말하는가?"

하자 위두가 대답하기를

"이는 마치 중국의 시대 변혁이나 명호名號를 바꾸는 것과 같은 것이니 이 어찌 옛날과 같으리오."

하였다.

388년(내물 33) 4월에 서울에 지진이 있었다. 6월에 또 지진이 있었고 겨울에는 얼음이 얼지 않았다.

389년(내물 34) 정월에 서울에 큰 질병이 돌았으며 2월에는 흙비가 내렸다. 7월에 메뚜기 떼로 인한 피해로 곡식이 잘되지 않았다.

392년(내물 37) 정월에 왕은 고구려로 사신을 파견하였는데, 이때 고구려는 광개토대왕을 중심으로 크게 강성하였으므로 이찬 대서지大西知의 아들 실성實聖을 인질로 보내었다.

393년(내물 38) 5월에 왜인들이 쳐들어와서 금성을 포위하고 5일 동안이나 공격하였다. 장병들은 모두 나가 싸우기를 청하였으나, 왕이 말하기를

"지금 적들은 배를 타고 깊이 사지死地에 들어와 있으므로 그 예봉을 가히 당하기 어려울 것이다."

하고 성문을 굳게 닫고 지키니, 적들은 공격이 소용이 없음을 깨닫고 퇴주하였다. 이때 왕은 먼저 날랜 기병 2백 명을 파견하여 적의 퇴로를 끊고 뒤이어 보병 1천 명을 파견하여 독산獨山(현 영일)까지 추격하여 이를 사방으로 포위하고 크게 격파하였는데, 당시에 적을 참획한 수효는 헤아릴 수 없이 많았다.

395년(내물 40) 8월에 말갈이 군사를 일으켜 북변으로 침입하자 왕은 군사를 파견하여 실직의 벌판에서 적을 크게 격파하여 퇴주시켰다.

397년(내물 42) 7월에 북변의 하슬라河瑟羅(현 강릉)에 한재와 함께 메뚜기 떼로 인해 흉년이 들고 백성들의 기근이 심하였다. 그러자 왕은 죄수들을 놓아주고 1년 동안의 세금을 면제하였다.

399년(내물 44) 7월에 메뚜기 떼가 들판을 뒤덮었다.

400년(내물 45) 8월에 혜성이 동방에 나타났다. 10월에 왕이 타는 말이 무릎을 꿇고 엎드려 눈물을 흘리면서 슬피 울었다.

401년(내물 46) 봄과 여름에 한재가 들었다. 7월에 고구려에 볼모로 가 있던 실성이 돌아왔다.

402년(내물 47) 2월에 왕이 돌아가셨다.

내물 마립간 대의 사람들　김복호金卜好

김복호는 내물 마립간의 아들이자 제19대 눌지 마립간의 동생이다. 412년(실성 11) 고구려와 친선을 도모하기 위하여 고구려에 볼모로 들어 갔다가 418년(눌지 2) 박제상朴堤上의 노력으로 귀국하였다.

제18대 실성 마립간實聖麻立干   김씨 왕 3대

  실성 마립간은 402년에 즉위하였다. 왕은 알지의 후손으로 이찬 대서지大西知의 아들이고 어머니는 이리伊利(또는 기리企利) 부인으로 아간 석등보昔登保의 딸이며 비는 미추 이사금의 딸이다. 실성 이사금은 키가 9척 5촌이나 되고 총명하여 모든 일에 통달하고 식견이 깊었다. 내물 이사금이 돌아가시고 나서 그 아들이 어렸기 때문에 사람들이 실성을 받들어 왕위를 계승하게 하였다.

  402년(실성 원년) 3월에 왜국과 우호를 쌓고 내물 이사금의 아들 미사흔未斯欣으로서 인질을 삼았다.

  403년(실성 2) 정월에 미사품未斯品을 서불감으로 삼아 군국 정사를 맡겼다. 7월에 백제가 군사를 일으켜 변경을 침범하였다.

404년(실성 3) 2월에 왕이 친히 시조 묘를 배알하였다.

405년(실성 4) 4월 왜병이 명활성明活城(현 경주)으로 쳐들어오다가 패하여 퇴주하자 왕은 친히 기병을 거느리고 독산 남쪽으로 나가 요충지에 복병을 하고 있다가 다시 싸워 적을 격파하고 3백여 명을 참획하였다.

406년(실성 5) 7월에 나라의 서쪽 지방에 메뚜기 떼로 인해 곡식에 피해가 많았다. 10월 서울에 지진이 있었고 11월에는 얼음이 얼지 않았다.

407년(실성 6) 3월에 왜인들이 동쪽 변방에 침입하여 백성 1백 명을 약탈하였다.

408년(실성 7) 2월에 왕은 왜인들이 대마도對馬島에 군영을 설치하고 병기구와 군량을 저축하며 신라를 습격하려고 도모한다는 말을 듣고, 적들이 쳐들어오기 전에 먼저 정병을 뽑아 적들의 군비를 격파하자고 하였다. 이때 서불한 미사품이 말하기를

"신이 듣자옵건데 군사는 흉기이고 싸움은 위험한 일이라 하옵는데 항차 큰 바다를 건너서 왜인을 정벌하다가 만일에 승리하지 못하오면 후퇴하여도 이를 바로잡지 못할 것으로 여겨지옵니다. 신의 어리석은 생각 같아서는 만약 험한 곳을 의지하여 요새지를 설치하고 있으면서 적들이 침입하면 이를 막아 치고 우리가 이로울 때는 나가서 적을 사로잡는 것만 같지 못한 것으로 아오니, 이것은 이른 바 남을 유인할지언정 남에게 유인당하지 말라는 것이오니 이렇게 하는 것이 상책인가 하옵니다."
하자, 왕은 그의 말을 좇아 대마도 수복을 그만두었다.

412년(실성 11) 내물왕의 아들 복호卜好를 고구려에 인질로 보냈다.

413년(실성 12) 8월에 구름이 낭산狼山(현 경주)에 일어났는데, 누각과 같이 보이고 향기가 매우 성하게 퍼지며 오랫동안 없어지지 아니하였다. 이에 군신들에게 말하기를

"이는 반드시 하늘에서 신령이 내려와서 노는 것으로 그곳은 응당 복

지福地일 것이다."

하니 그 뒤부터는 누구나 그 곳에서 나무를 베지 않도록 금하였다. 이때 새로 평양주平壤州(현 양주楊州)의 대교大橋를 완성하였다.

415년(실성 14) 7월에 왕은 경주 부근에 있는 혈성원穴城原에서 군사를 크게 검열하고 금성의 남문에 나가 군사들의 활쏘기를 관람하였다. 8월에 왜인들과 풍도에서 싸워 이를 격파하고 승리하였다.

416년(실성 15) 3월에 동쪽 해변에서 큰 고기를 잡았는데, 뿔이 있고 그 크기가 수레에 가득 찰 정도였다. 5월에 토함산이 무너지고 샘물이 세 길이나 높이 솟아올랐다.

417(실성 16) 5월 왕이 돌아가셨다.

실성 마립간 대의 사람들   이리 부인 伊利夫人

이리(또는 기리企利) 부인은 아간 석등보昔登保의 딸이자, 실성 마립간의 어머니이다.

제19대 눌지 마립간訥祇麻立干

김씨 왕 4대

눌지 마립간은 417년에 즉위하였다. 마립이라는 호칭에 대하여서는 김대문이 말하기를, 마립은 방언으로 말뚝(궐橛)으로서 곧 함조諴操를 말하는 것인데 이는 자리를 정하여 두는 것이니 곧 왕궐王橛이 주主가 되고 신궐臣橛이 아래에 나열하여 있게 되는 것이다. 그러므로 마립간이란 마립의 우두머리로써 임금을 이름하는 것이라 하였다.

왕은 내물 마립간의 아들로 그 어머니 보반保反(또는 내례길포內禮吉怖) 부인은 미추 이사금의 딸이고 비는 실성 이사금의 딸이다.

392년(내물 37)에 왕은 실성을 인질로 고구려에 보냈는데, 실성이 돌아와 왕이 되자 내물 이사금이 자신을 인질로 외국에 보낸 것을 원망하여 그의 아들을 죽여 그 원한을 갚으려 하였다. 그러자 실성 마립간은 고구려에 있을 때 서로 잘 아는 사람을 불러 비밀히 말하기를

"눌지로 하여금 그대를 맞게 할 것이니 그대는 눌지를 보거든 죽이라."

하고 곧 눌지에게 명하였다. 그러나 중로에서 눌지를 만난 고구려 사람은 그의 용모와 기상에 군자의 기풍이 있음을 알고 눌지에게

"그대의 국왕이 내게 그대를 죽이라 하여 그렇게 하려 하였으나, 지금 그대를 보니 실로 죽이지 못하겠노라."

라고 말하며 곧 돌아가 버렸다. 눌지는 사실을 알고는 실성 마립간을 죽이고 스스로 왕위에 올랐다.

418년(눌지 2) 정월에 왕이 친히 시조 묘를 배알하였다. 왕의 아우 복호가 고구려로부터 내마 박제상과 함께 돌아왔다. 가을에 왕의 아우 미사흔이 왜국으로부터 도망쳐 돌아왔다.

419년(눌지 3) 4월에 우곡牛谷 지방에 물이 솟아올랐다.

420년(눌지 4) 봄과 여름에 큰 한재가 들었고 7월에 서리가 내려서 곡식이 많이 상하자 백성들이 기근을 이기지 못하고 자식을 팔기까지 하였다. 이에 왕은 죄수들을 살펴 죄인을 놓아 주었다.

423년(눌지 7) 4월에 왕은 남당에 양로연養老宴을 베풀어 노인들에게 친히 음식을 먹이고 곡물과 포백을 하사하였다.

424년(눌지 8) 2월에 왕은 고구려에 사신을 파견하여 수교하였다.

429년(눌지 13)에는 새로 제방을 쌓았는데 둑의 길이가 2천170보였다.

431년(눌지 15) 4월에 왜병이 동변으로 쳐들어와서 명활성을 포위하였으나 아무 공을 이루지 못하고 퇴주하였다. 7월에 서리와 우박이 내려서 곡식이 많이 상했다.

432년(눌지 16) 봄에 곡식이 귀하여 사람들이 소나무 껍질을 벗겨 먹었다.

433년(눌지 17) 5월에 미사흔이 죽자 서불한이라는 벼슬을 추증하였다.

7월에 백제가 사신을 파견하여 화친을 청하자 왕은 이를 허락하였다.

434년(눌지 18) 2월에 백제왕이 좋은 말 2필을 보내왔고, 9월에 또 흰 매를 보내오자 10월에 왕은 황금과 명주를 백제에 보냄으로써 그 호의에 보답하였다.

435년(눌지 19) 정월에 큰 바람이 불어 나무가 뽑혔다. 2월에는 역대의 원릉園陵을 수리하고 4월에 시조 묘에 제사를 지냈다.

436년(눌지 20) 4월에 우박이 내리자 왕은 죄수들을 다시 보살폈다.

438년(눌지 22) 4월에 우두군牛頭郡(현 춘천)에 사태와 홍수가 나서 50여 호가 떠내려갔고, 서울에서는 큰 바람이 불고 우박이 쏟아졌다. 이때 백 성들에게 소달구지를 이용하는 방법을 가르쳤다.

440년(눌지 24) 왜인들이 남쪽 변방에 침입하여 백성들을 약탈해 가더 니, 6월에 또다시 동쪽 변방으로 침입하였다.

441년(눌지 25) 2월에 사물현史勿縣(현 사천泗川)에서 꼬리가 긴 수꿩을 바치자 왕은 크게 기뻐하며 그 현리縣吏에게 곡식을 하사하였다.

444년(눌지 28) 4월에 왜병이 쳐들어와서 금성을 포위하고 10일 동안 있다가 양식이 다하여 그만 퇴각하였다. 이때 왕은 군사를 내어 적을 추 격하려 하였으나, 군신들이 말하기를

"병가兵家에서 말하기를 궁한 적구는 이를 추격하지 말라 하였으니, 대 왕께서는 이를 놓아 보내는 것이 좋을 듯하나이다."

하였다. 그러나 왕은 이 말을 듣지 않고 친히 기병 수천 명을 거느리고 적을 쫓아가서 독산 동쪽(현 신광神光)에서 싸웠으나, 적에게 패하여 장병 들을 절반이나 잃어버렸다. 왕이 급히 말을 버리고 산으로 올라가니 적 들이 왕을 겹겹으로 포위하여 위험한 지경에 빠졌으나 갑자기 짙은 안개 가 끼어 지척을 분별할 수 없게 되자 적들은 이는 하늘의 도움이 있는 것 이라 하고 곧 군사들을 거두어 이끌고 돌아갔다.

450년(눌지 34) 7월에 고구려의 변장邊將이 실직원悉直原에서 사냥을 하

였는데, 하슬라 성의 영주인 삼직三直이 군사를 내어 그를 죽여 버렸다. 고구려왕은 이 말을 듣고 크게 노하여 사신을 보내 말하기를

"나는 대왕과 수교하는 것을 기뻐하고 있는데, 지금 군사를 내어 우리 변장을 죽이니 이것이 어찌 의리라고 할 것인가?"

하고, 곧 군사를 내어 신라의 서쪽 변방으로 침입하자 눌지 마립간이 그 잘못을 사과하였고, 고구려는 곧 군사를 돌이켜 돌아갔다.

452년(눌지 36) 7월에 대산군大山郡에서 상서로운 벼를 왕에게 바쳤다.

453년(눌지 37) 봄과 여름에 한재가 들었고 7월에 이리 떼가 시림으로 들어왔다.

454년(눌지 38) 7월에 서리와 우박이 내려 곡식에 피해가 있었다. 8월 에는 고구려가 군사를 일으켜 북쪽 변경을 침범하였다.

455년(눌지 39) 10월에 고구려가 군사를 일으켜 백제를 침범하자 왕은 군사를 파견하여 백제를 구원하였다.

457년(눌지 41) 2월에 큰 바람이 불어서 나무가 뽑히고 4월에는 서리 가 내려 보리가 상했다.

458년(눌지 42) 2월에 지진이 일어나고 금성의 남문이 저절로 헐렸다. 8월에 왕이 돌아가셨다.

눌지 마립간 대의 사람들　강구려 康仇麗

강구려는 제17대 내물 마립간 즉위 당시인 391년(내물 36)에 내물 마립 간의 셋째 아들 미사흔이 왜국에 볼모로 가 있다가 418년(눌지 2) 박제상 의 도움으로 왕자 미사흔이 탈출하여 귀국할 때 동행하였다.

박제상은 제5대 파사 이사금의 5대손이자 박물품朴勿品의 아들로서 눌지 마립간 때의 충신이다. 『삼국유사』에는 김제상으로 되어 있다. 삽량주歃良州의 간干으로 있을 때 지혜와 용맹으로 이름을 떨쳤다. 제18대 실성 마립간 때 제17대 내물 이사금의 아들 미사흔을 볼모로 왜국에 보내고, 412년(실성 11)에는 미사흔의 형 복호를 고구려에 볼모로 보냈다. 417년 눌지 마립간이 즉위한 후 고구려에 들어가 복호를 데려왔고, 다음에는 왜국으로 들어가 계책으로 미사흔을 신라로 보내고는 체포되어 피살되었다. 왕은 이 소식을 듣고 슬피 통곡하고 대아찬직을 추증하고 박제상의 둘째 딸을 미사흔에게 출가시켜 그 공을 보답하게 하였다.

제20대 자비 마립간慈悲麻立干

김씨 왕 5대

자비 마립간은 눌지 마립간의 장자로 458년에 즉위하였다. 어머니는 김씨로 실성 이사금의 딸이다.

459년(자비 2) 2월에 왕이 시조 묘를 배알하였다. 4월에 왜인들이 병선 1백여 척으로 침입하여, 동쪽 변방을 습격하고 쳐들어와 월성을 포위하고 공격하는 데 사방에서 돌과 화살이 빗발같이 쏟아져 들어왔다. 그러나 왕은 군사들을 정비하고 성을 잘 수비하여 적들이 곧 퇴주하려 하였다. 이때 왕은 군사를 내어 적을 격파하고 북으로 해구까지 추격하여 이를 격파하니, 적들은 물에 빠져 죽는 자가 반수가 넘었다.

461년(자비 4) 2월에 왕이 서불한 미사흔의 딸을 맞아들여 비로 삼았다. 4월에 용이 금성의 우물에 나타났다.

462년(자비 5) 5월에 왜인들이 쳐들어 와서 활개성活開城을 습격하고 사람 1천 명을 사로잡아 데리고 갔다.

463년(자비 6) 2월에 왜인들이 삽량성歃良城(현 양산)으로 침입하였다가 패하여 물러가는데, 왕은 벌지伐智와 덕지德智에게 명하여 이를 치게 하였다. 벌지와 덕지는 군사를 거느리고 나가서 요새 주위에 복병을 설치하고 있다가 내달아서 크게 격파하였고 적들은 패주하였다. 왕은 왜인들이 번번이 강역으로 침범하므로 연해변에 두 개의 성을 축조하였다. 7월에 왕은 군사를 크게 검열하였다.

465년(자비 8) 4월에 큰 홍수가 지고 산이 17개소나 무너졌다. 5월에 사벌군沙伐郡(현 상주)에 메뚜기 떼로 인한 농작물 피해가 있었다.

467년(자비 10) 봄에 왕은 유사들에게 명하여 전함을 수리하였다. 9월에 큰 별이 북쪽으로부터 동남쪽으로 흘렀다.

468년(자비 11) 고구려가 말갈과 함께 군사를 일으켜 북변의 실직성悉直城을 습격하였다. 9월에 15세 이상인 하슬라 사람을 징집하여 니하泥河(또는 이천泥川)에 성을 쌓았다.

469년(자비 12) 정월에 서울의 마을 이름을 구별하여 정하였다. 4월에 나라의 서쪽 지방에 큰 홍수가 져서 민가가 떠내려가자 7월에 왕은 수재가 있는 주와 군을 순행하여 민심을 안정시켰다.

470년(자비 13) 삼년산성三年山城·(현 보은)을 축조하였다.

471년(자비 14) 2월에 모로성芼老城을 쌓았다. 3월에는 서울의 땅이 갈라졌는데, 그 넓이가 두 길이나 되고 흐린 물이 용솟음쳐 나왔으며 10월에는 나쁜 병이 크게 돌았다.

473년(자비 16) 정월에 아찬 벌지와 급찬 덕지를 좌우 장군으로 삼았

· '삼년'이라는 것은 공사를 시작하여 3년 만에 처음으로 준공하였다는 뜻으로 붙여진 것이다.

다. 7월에 명활성을 수리하였다.

474년(자비 17) 일모성一牟城, 사시성沙尸城, 광석성廣石城, 답달성沓達城, 구례성仇禮城, 좌라성坐羅城 등을 축조하였다. 7월에 고구려의 장수왕長壽王이 군사를 거느리고 백제를 공격했다. 이에 백제왕 경경慶(개로왕蓋鹵王)이 왕자 문주文周를 신라로 파견하여 구원을 청하자 왕은 군사를 내어 이를 구원하였다. 그러나 신라군이 이르기 전에 백제는 이미 함락되고 경이 죽음을 당하였다.

475년(자비 18) 정월에 왕이 명활성으로 이주하였다.

476년(자비 19) 6월에 왜인들이 동쪽 변방으로 침입하자 왕은 장군 덕지에게 명하여 적을 격파하고 2백여 명을 참획하였다.

477년(자비 20) 5월에 왜인들이 많은 군사를 동원하여 5도道로 침입하였으나 아무런 공도 없이 퇴각하였다.

478년(자비 21) 2월, 밤에 붉은 빛이 비단처럼 펼쳐져 땅으로부터 하늘에 이르렀다. 10월에는 서울에 지진이 일어났다.

479년(자비 22) 2월 3일에 왕이 돌아가셨다.

자비 마립간 대의 사람들   덕지德智

덕지는 장군으로서 463년(자비 6) 삽량성歃良城에서 패주하는 왜인들을 쫓아 벌지와 함께 복병 전술로 적을 격파하였으며, 476년(자비 19)에도 동북 변에 침입한 왜인들을 공격하여 2백여 명을 죽였다. 495년(소지 17) 고구려가 백제의 치양성雉壤城을 포위하자 백제에 원병을 이끌고 가서 고구려군을 무찔러 백제왕의 사례를 받았다.

자비 마립간 대의 사람들 　**백결** 百結

　백결은 거문고의 명수로서 자비 마립간 때 경주 낭산 기슭에 살았다. 그는 몹시 가난하여 옷을 1백 군데나 기워 입었기 때문에 백결 선생이라 불리었다. 희로애락의 모든 심사를 거문고 가락에 실어 불만스러운 일이 있어도 거문고에 호소하여 위안을 받았다. 섣달 그믐날 떡방아 대신에 아내에게 들려준 대악碓樂으로 특히 유명하나 지금은 전해지지 않고 있다.

제21대 소지 마립간 昭知麻立干

소지 마립간은 자비 마립간의 장자로 479년에 즉위하였다. 어머니는 김씨로 서불감 미사흔의 딸이며, 비는 선혜善兮 부인으로 이벌찬 내숙乃宿의 딸이다. 소지 마립간은 어려서부터 효행이 있고 겸손하였으므로 사람들은 모두 감복하였다.

479년(소지 원년) 왕은 죄수들을 대사하고 백관들의 작위를 한 급씩 높여 주었다.

480년(소지 2) 2월에 왕은 시조 묘에 제사를 지냈다. 5월에 서울에 한재가 들었으며 10월에 백성들의 기근이 심하자 왕은 곡창을 풀어내어 이를 구제하였다. 11월 말갈이 군사를 일으켜 북쪽 변경을 침범하였다.

481년(소지 3) 2월에 왕은 비열성比列城으로 순행하여 군사들을 위문하고 군복을 하사하였다. 3월에 고구려가 말갈과 함께 군사를 일으켜 북쪽 변방으로 침입하여 호명성狐鳴城 등 7개의 성을 차지하고는 또 미질부彌秩夫(현 흥해興海)로 진격하자, 신라는 백제와 가야의 원병을 얻은 다음 길을 나누어 이를 방어하였다. 그러다 역으로 공격하여 니하의 서쪽까지 추격해 가서 1천여 명을 참살하였다.

482년(소지 4) 2월에 큰 바람이 불어서 나무가 뽑히고 금성의 남문이 화재를 입었다. 4월에 오래도록 비가 오지 않자 왕은 유사들에게 명령하여 죄수들을 다시 보살피게 하였다. 5월에 왜인들이 변방을 침범하였다.

483년(소지 5) 4월에 큰물이 지고 7월에 또 홍수가 졌다. 10월에 왕은 일선一善(현 선산善山) 지방으로 순행하여 이재민을 위문하고 곡식을 내어 주었다. 11월에 우레가 울렸고 서울에 나쁜 병이 돌았다.

484년(소지 6) 정월에 오함烏含을 이벌찬으로 삼았다. 3월에 토성이 달을 범하였고 우박이 내렸다. 7월에 고구려가 군사를 일으켜 북쪽 변경에 침입하자 신라에서는 백제군과 힘을 합하여 모산성 밑에서 적을 크게 격파하였다.

485년(소지 7) 2월에 구벌성仇伐城을 쌓았다. 4월에 왕은 친히 시조 묘에 제사를 지냈고, 사당을 지키는 집 20호를 증축하였다. 5월에 백제가 와서 수교하였다.

486년(소지 8) 정월에 이찬 실죽實竹을 장군으로 삼고 일선 지방의 장정 3천 명을 징집하여 삼년산성과 굴산성屈山城(현 청산青山)을 개축하였다. 2월에 내숙乃宿을 이벌찬으로 삼아 국정에 참여시켰다. 4월에 왜인들이 변방을 침범하였고 8월에 왕은 낭산의 남쪽에서 군사를 크게 검열하였다.

487년(소지 9) 2월에 신궁神宮을 나을奈乙(경주 나정)에 설치하였는데, 나을은 시조가 처음 탄생한 곳이다. 3월에 처음으로 사방에 우역郵驛(역)을 설치하였는데, 이때 왕은 유사들에게 명하여 도로를 수리하도록 하였다. 7월에 월성에 우레가 울렸다.

488년(소지 10) 정월에 왕은 월성으로 이주했다. 2월에 왕은 일선군으로 순행하여 나이가 많고 외로운 사람들을 위문하고 곡식을 내주었다. 3월에 왕은 일선군으로부터 돌아올 때 지나는 주와 군의 죄수들을 보살펴 2가지 죄를 제외한 모든 죄인들을 놓아주었다. 6월에 동양東陽(현 황해북도 평산군)에서 눈이 여섯 있는 거북을 왕에게 바쳤는데, 배 아래에 문자가 있었다. 7월에 도나성刀那城을 쌓았다.

489년(소지 11) 정월에 떠돌아다니며 놀고먹는 백성들을 모두 집으로 돌아가서 농사에 힘쓰게 하였다. 9월에 고구려가 군사를 일으켜 북변을 습격하여 과현戈峴을 침범하고 10월에는 호산성狐山城이 함락되었다.

490년(소지 12) 2월에 비라성鄙羅城을 증축하였다. 3월에 용이 추라정鄒羅井(경주의 남쪽)에 나타났다. 이때 처음으로 서울에 시장을 개설하고 사방의 물자가 유통되도록 하였다.

492년(소지 14) 봄과 여름에 한재가 들었다. 이에 왕은 스스로 정사를 반성하고 아울러 먹는 음식을 평소 때보다 감하였다.

493년(소지 15) 3월 백제왕 모대牟大(동성왕東城王)가 사신을 파견하여 혼인을 청하므로 왕은 이벌찬 비지比智의 딸을 보내어 결혼하게 하였다. 7월에 임해진臨海鎭과 장령진長領鎭을 설치하고 왜적을 방비하였다.

494년(소지 16) 4월에 큰물이 졌다. 7월에는 장군 실죽 등이 고구려 군사와 살수薩水(현 청천강) 벌판에서 싸웠으나 이기지 못하고 견아성犬牙城(현 문경)으로 물러서자 고구려 군사가 이를 포위하였다. 이때 백제왕 모대가 군사 3천 명을 파견하여 신라를 돕자 고구려 군사는 포위를 풀고 돌아갔다.

495년(소지 17) 정월에 왕은 친히 내을신궁에 제사를 지냈다. 8월에 고구려가 군사를 일으켜 백제의 치양성雉壤城(현 원주原州)으로 쳐들어와 포위하자 백제가 구원을 청하였다. 왕은 장군 덕지에게 명하여 이를 돕게 하니 그는 군사를 거느리고 나가서 고구려의 많은 군사를 격파하고 백제를 구원하였으며, 이에 백제왕은 사신을 파견하여 왕에게 사례하였다.

496년(소지 18) 2월에 가야국에서 흰 꿩을 보내왔는데 꼬리의 길이가 5척이나 되었다. 3월에 궁전을 수리하였다. 5월에 큰비가 와서 알천의 물이 넘치고 2백여 호가 물 위에 떠돌다 가라앉아 버렸다. 7월에 고구려가 군사를 일으켜 우산성으로 침공해오자 장군 실죽은 군사를 거느리고 나가서 니하에서 적을 격파하였다. 8월에 왕은 남교南郊에 행차하여 백성들이 일하는 것을 시찰하였다.

497년(소지 19) 4월에 왜인들이 변방을 침입하였다. 7월에 한재가 있고 메뚜기 떼로 인한 피해가 있었다. 왕은 군신들에게 명하여 백성들을 잘 다스릴 수 있는 사람을 각각 한 사람씩 천거하도록 하였다. 8월에 고구려가 군사를 일으켜 이끌고 쳐들어와 우산성을 함락시켰다.

500년(소지 22) 3월에 왜인들이 쳐들어와서 장봉진長峯鎭을 함락시켰다. 4월에 폭풍이 불어 나무가 뽑혔고 용이 금성의 우물에 나타나더니 서울에 누른 안개가 사방에 꽉 끼었다.

9월에 왕은 날기군捺己郡(현 영주)으로 행차하였다. 그곳 주민 중 한 사람인 파로波路에게 미모가 매우 뛰어난 16세 된 딸이 있었는데 이름은 벽화碧花라고 하였다. 파로는 벽화에게 비단과 수놓은 의복을 입히고 수레에 싣고 비단으로 둘러싸서 왕에게 바쳤다. 왕은 음식을 대접하려는 것으로 알고 이를 열어 보니 그 속에는 어린 여아가 있으므로 괴이하게 여겨 이를 받지 않고 돌려보냈다. 그러나 왕은 환궁한 다음에 그 여자의 아름다움을 잊지 못하여 여러 번 남몰래 미행하여 그 집으로 가서 벽화와 동침하였다. 왕은 돌아오는 길에 고타군의 한 늙은 노파의 집에 묵게 되었는데, 왕이 노파에게 묻기를

"지금 사람들은 국왕을 어떠한 임금이라고 하는가?"

하자 노파가 대답하기를

"모든 사람들이 왕을 성인이라고 하나, 나는 홀로 이를 의심한다. 말을 들으면 왕은 날기군의 한 여자와 동참하려고 자주 남몰래 왔다 간다고 하니 이는 대체로 용이 고기가 되어 물고기의 꼬리에게 잡히는 격이라. 지금 왕은 만승萬乘의 자리에 있으면서도 스스로 신중하지 아니하니 이를 성인이라고 한다면 어느 누가 성인이 아니 되랴."

하였다. 왕은 이 말을 듣고 크게 부끄럽게 여겨 곧 몰래 벽화를 데리고 와 별실에 두었는데, 벽화는 아들 하나를 낳았다.

11월에 왕이 돌아가셨다.

소지 마립간 대의 사람들   비지比智

비지는 이벌찬으로서 493년(소지 15) 백제 제24대 동성왕이 신라와의 통혼을 청하자 왕명으로 그의 딸을 보내어 결혼하게 하였다.

제22대 지증 마립간智證麻立干

김씨 왕 7대

지증 마립간의 이름은 지대로智大路(또는 지도로智度路, 지철노智哲老)로
500년에 즉위하였다. 내물 이사금의 증손인 습보習寶 갈문왕의 아들이
고, 조지왕照知王(소지왕炤知王)의 재종제이다. 그 어머니는 김씨 조생鳥生
부인으로 눌지 마립간의 딸이고, 비는 박씨 연제延帝 부인으로 이찬 등흔
登欣의 딸이다. 왕은 체격이 크고 담력이 남보다 뛰어났는데 전왕인 소지
마립간이 아들이 없이 돌아간 까닭에 왕위를 계승하였다. 이때 왕의 나
이는 64세였다.

신라왕의 칭호는 거서간이 하나, 차차웅이 하나, 이사금이 열여섯, 마
립간이 넷이다. 그런데 신라 말엽의 이름난 선비인 최치원崔致遠이 지은

『제왕연대력帝王年代曆』에는 모두 다 무슨 왕이라 칭하고 거서간 등으로는 말하지 않았으니, 이는 그 칭호가 야비하여서 그렇게 부를 것이 못 된다는 때문이었을 것이다. 그러나 『좌씨전左氏傳』과 『한서漢書』는 중국의 역사서인데 오히려 초나라 말인 곡어토穀於菟와 흉노어凶奴語의 탱리고도撑犂孤塗 등을 그대로 남겨두었다. 그러므로 지금 신라의 역사적 사실을 기록함에 있어서도 그 방언을 그대로 남겨두는 것이 또한 옳을 것이다.

502년(지증 3) 3월에 왕은 순장을 금지하라고 분부하였다. 이는 전왕인 소지 마립간이 돌아가시자 남녀 각각 5명씩을 순장하였기 때문에 이를 금지한 것이다. 이때 왕은 친히 내을신궁에 제사를 지내고 각 주·군 주들에게 농사를 장려하도록 하라고 명령하고 처음으로 소를 밭갈이 하는데 사용하게 하였다.

503(지증 4) 10월에 군신들이 왕에게 말하기를

"시조가 창업한 이래로 국호를 확정하지 아니하여 혹은 사라斯羅라 칭하고 혹은 신라라고 말하였사오나, 신들이 생각하옵건대 '신新'이라고 한 것은 덕업이 날로 새롭다는 뜻이옵고 '라羅'라는 것은 사방을 망라한다는 뜻이옵니다. 그러므로 국호를 신라라고 하는 것이 옳겠나이다. 또한 살피옵건대 예로부터 국가를 가진 자는 모두 제帝 또는 왕王으로 칭하옵는데, 우리는 시조께서 나라를 세우신 이래 22대에 이르기까지 다만 그 칭호를 방언으로 부르고 아직도 바른 존호를 정하지 않았으므로 지금 군신들은 한 뜻으로 신라 국왕이라 호칭하기를 삼가 아뢰옵니다."
하자, 왕은 이 말을 좇아 그대로 정하였다.

504년(지증 5) 4월에 상복법喪服法을 제정하여 반포하고 이를 시행하였다. 9월에 역부役夫들을 징집하여 파리성波里城, 미실성彌實城, 진덕성珍德城, 골화성骨火城** 등 12성을 축조하였다.

---

* 곡어토는 초어로 유호乳虎의 뜻이고 탱리고도는 흉노어로 천자天子의 뜻.
** 파리성은 지금의 삼척, 미실성은 흥해, 골화성은 영천에 있었다.

505년(지증 6) 2월에 왕은 친히 국내의 주와 군현의 제도를 정하고 실직주悉直州를 설치하고 이사부異斯夫를 그 군주로 삼았는데, 군주의 명칭이 이로써 시작되었다. 11월에 왕은 유사에게 명하여 처음으로 얼음을 저장하여 쓰게 하고 또 선박의 편리를 도모하는 제도를 만들었다.

506년(지증 7) 봄과 여름에 한재가 들어서 백성들의 기근이 심하자 왕은 창곡을 풀어내어 백성을 구제하였다.

509년(지증 10) 정월, 서울에 동시東市(경주 동쪽에 설치했던 시장)를 설치하였으며 3월에는 함정을 설치하여 맹수들의 피해를 없애도록 하였다. 7월에 서리가 내려서 콩이 상하였다.

510년(지증 11) 5월에 지진이 일어나 민가가 파괴되고 죽은 사람이 있었다. 10월에 우레가 울렸다.

512년(지증 13) 6월에 우산국于山國이 항복하고 해마다 토산물을 바치게 되었다. 우산국은 명주溟州(현 강릉)의 바로 동쪽 바다에 있는 섬으로 혹은 울릉도鬱陵島라고도 이름하는데, 그 지방이 1백 리로 사람들은 험한 것을 믿고 굴복하지 않으므로 이찬 이사부를 하슬라주 군주로 삼아 이들을 복속시키게 하였다. 이사부는 우산국 사람들은 어리석으면서도 사나움으로 이들을 위세로는 굴복시키기 어려우나 좋은 계교로써 복속시킬 수 있다고 생각했다. 그래서 나무로 만든 사자를 전선에 나누어 싣고 그 해안에 이르러서 거짓말로 알리기를

"너희들이 만약에 항복하지 않으면 이 사나운 짐승을 놓아 모조리 짓밟아 죽일 것이라."

하니, 우산국 사람들은 크게 두려워하여 곧 항복하였다.

514년(지증 15) 정월에 소경小京을 아시촌阿尸村에 설치하고, 7월에 6부 및 남쪽 지방의 사람들을 이곳으로 옮겨 살게 하였다. 이때 왕이 돌아가시므로 시호를 지증이라 하니, 신라의 시호법諡號法이 이에 처음으로 시작되었다.

이차돈은 거차돈居次頓, 처도處道로도 불리우며 자는 염촉厭髑 또는 염
도厭都로서 아진찬 종랑宗郎의 손자이자 습보 갈문왕의 후손이다. 일설에
는 걸해乞解 대왕의 증손이자 공한功漢의 손자이며, 길승吉升의 아들이라
고도 한다.

506년(지증 7)에 태어나 527년(법흥 14) 사망하였으며 우리나라 불교
사상 최초의 순교자로 알려져 있다. 제23대 법흥왕의 근신으로서 일찍부
터 불교를 신봉했으며 벼슬이 내사사인에 올랐다. 527년 당시 법흥왕은
불교를 국교로 하고자 했으나 기존 무교巫教에 젖은 신하들의 반대로 뜻
을 이루지 못하고 있었다. 이때 신하들의 의견에 반대하여 혼자 불교를
공인할 것을 주장하다가 순교를 자청하여 마침내 주살당하게 된다. 이때
그는 만일 부처가 있다면 자기가 죽은 뒤 반드시 기적이 있으리라고 예
언했는데, 과연 예언대로 잘린 목에서 흰 피가 나오고 하늘이 컴컴해지
더니 꽃비가 내리는 기적이 일어나 신하들도 마음을 굽혀 불교를 공인하
게 되었다.

북산北山의 서령西嶺(금강산金剛山)에 장사지내고 544년(진흥 5) 그곳에
신라 최초의 사찰인 흥륜사興輪寺를 창건하기 시작하였다. 817년(헌덕 9)
국통國統 혜륭惠隆 등이 그의 무덤을 만들고 비를 세웠다.

제23대 법흥왕法興王

김씨 왕 8대

법흥왕은 514년에 즉위하였다. 왕의 휘는 원종原宗·이며 지증 마립간의 원자로 어머니는 연제延帝 부인, 비는 박씨 보도保刀 부인이다. 왕은키가 7척이나 되었는데 성품이 너그러워 사람들의 사랑을 받았다.

516년(법흥 3) 정월에 왕은 내을신궁에 제사를 지냈는데 용이 양산楊山우물 속에 나타났다.

517년(법흥 4) 4월에 처음으로 병부兵部를 설치하였다.

518년(법흥 5) 2월에 주산성株山城을 축조하였다.

520년(법흥 7) 정월에 율령을 반포하고 처음으로 백관들의 공복公服을

• 『책부원구冊府元龜』에는 성은 모募, 이름은 태泰라고 하였다.

제정하여 주자朱紫의 차례를 정하였다.

521년(법흥 8) 양梁나라에 사신을 파견하고 특산물을 보냈다.

522년(법흥 9) 3월에 가야 국왕이 사신을 파견하여 혼인을 청하므로 왕은 이찬 비조부比助夫의 여동생을 보내주었다.

524년(법흥 11) 9월에 왕은 남쪽 경계로 순행하여 나라의 경계를 개척하였는데 가야 국왕도 함께하였다.

525년(법흥 12) 2월에 대아찬 이등伊登을 사벌주 군주로 삼았다.

528년(법흥 15) 처음으로 불법佛法을 공행公行하였다. 처음 눌지 마립간 때에 사문沙門 묵호자墨胡子가 고구려로부터 일선군에 이르렀으므로 군에 사는 주민 모례毛禮는 집속에 굴실窟室을 만들어 안치하였다. 그런데 이때 양나라에서 사신을 파견하여 의복과 향을 보내왔으나, 군신들은 향의 이름과 사용 방법을 알지 못했다. 이에 사람을 시켜 그 향을 가지고 돌아다니면서 이를 물었는데, 묵호자가 이것을 보고 명칭을 일러주고 말하기를

"이것을 불에 태우면 향기가 아름답고 정성을 드리면 신성神聖에 통할 수 있는데 이른 바 신성은 삼보三寶에 더 지나지 아니하니 첫째는 불타佛陀이고, 둘째는 달마達摩이고 셋째는 승가僧伽이다. 만약 이것을 태우면서 발원하면 반드시 선령의 응함이 있을 것이라."

하였다. 이때 마침 왕녀가 병이 들어 위독하였기 때문에 왕은 묵호자로 하여금 향을 피우고 발원케 하였더니 왕녀의 병이 얼마 지나지 않아 나았다. 이에 왕은 크게 기뻐하여 많은 예물을 주고 후하게 대접하였다. 묵호자는 궁성에서 나와 모례를 만나 왕에게서 받은 물건을 주면서 말하기를

"나는 이제 돌아갈 곳이 있노라."

하며 작별을 청하고는 갑자기 어디론가 갔는데 간 곳을 알 수 없었다.

그 후 소지 마립간 때에 이르러 아도阿道(또는 아도我道)라는 승려가 시종하는 사람 세 명과 함께 모례의 집으로 왔는데, 그 몸가짐이 묵호자와 같

았다. 그는 몇 해를 살다가 병도 없이 죽었다. 그를 시종하던 세 사람은 그대로 머물러 살면서 경률을 강독하니 갈수록 이를 신봉하는 사람이 늘어갔다. 법흥왕 때에 이르러 불교를 번성시키려고 하였으나, 군신들이 이를 믿지 않고 이러니저러니 떠들며 말썽이 많으므로 이를 흥하게 하기가 어려웠다. 이때 임금을 가까이 모시던 이차돈이 아뢰기를

"청하옵건대 소신을 참형함으로써 뭇사람들의 의견을 결정하옵소서."

하였다. 이에 왕이

"내 본시 도를 일으키고자 함인데 어찌 무고한 사람을 죽일까 보냐."

하니, 이차돈이 답하여 말하기를

"만약에 도를 행할 수 있사오면, 신은 비록 죽더라도 유감이 없겠나이다."

하며 굳은 결의를 보이자, 왕은 곧 군신들을 불러놓고 불법 공행을 물었다. 모든 신하들이 말하기를

신라천년사

"지금 수행하는 승려들을 보면 머리를 깎고 이상한 의복을 입고 의논이 기궤한 심상치 않은 도이니, 지금 만약에 이를 그대로 내버려 두시면 후회가 있을까 두렵사옵니다. 신등은 비록 중죄에 처할지라도 감히 분부를 받들지 못하겠나이다."

하였다. 이때 이차돈만이 홀로 말하기를

"지금 군신들의 말은 옳지 아니합니다. 대저 비상한 사람이 있는 연후에야 비상한 일이 있는 것입니다. 지금 듣자옵건대 불법은 교리가 심오하오니 이를 가히 믿지 않을 수 없는 것으로 생각되옵니다."

하였다. 왕은 말하기를

"여러 사람들의 말을 깨뜨릴 수 없는데 너만 홀로 다른 말을 하니, 두가지 의논을 좇을 수가 없다."

하고는 드디어 형리에게 명하여 곧 그를 죽이게 하였다. 이차돈은 죽을 때에 말하기를

"나는 불법을 위하여 형을 받기로 하였는데, 만약에 불법이 신령이 있

다면 나의 죽음에는 반드시 이상한 일이 있을 것이다."

하였다. 이차돈을 참형하자 목이 잘린 자리에서 피가 용솟음쳐 나오는데, 그 빛이 희고 마치 젖과 같았다. 이를 본 여러 사람들은 이를 이상하게 여기어 다시는 불법을 시행하는 일에 대하여 반대하지 아니하였다.

529년(법흥 16) 왕은 살생을 금하라는 분부를 내렸다.

531년(법흥 18) 3월에 왕은 유사들에게 명하여 제방을 수리하게 하였다. 4월에 이찬 철부哲夫를 상대등으로 삼아『국사國史』를 총리하게 하였다. 상대등의 관직이 이로써 처음 시작되었는데 이는 지금의 재상과 같은 것이다.

532년(법흥 19)에 가락국 왕인 김구해金仇亥(구형왕仇衡王)가 비와 3명의 아들 즉 장남 노종奴宗, 차남 무덕武德, 계남 무력武力과 더불어 나라의 보물을 가지고 와서 항복하였다. 법흥왕은 이를 예로써 대우한 뒤 상등의 벼슬을 주고 본국을 그의 식읍食邑으로 하였다. 그리고 그 아들 무력(김유신金庾信의 조부)은 벼슬이 각간에 이르렀다.

534년(법흥 21) 상대등 철부가 죽었다.

536년(법흥 23) 처음으로 연호를 정하여 건원 원년이라 하였다.

538년(법흥 25) 정월에 왕은 외관外官으로 부임할 때 가족들을 데리고 가는 것을 허락하였다.

540년(법흥 27) 7월에 왕이 돌아가시자 법흥이라 시호하고 애공사哀公寺 북쪽 봉우리에 장사하였다.

법흥왕 대의 사람들   구형왕 仇衡王

구형왕의 성은 김씨로서 가락국 제9대 겸지왕鉗知王과 각간 출충出忠의 딸 숙淑의 아들이다. 제10대 구형왕은 가락국 최후의 왕으로서 521년(법

• 이는 김대문의『계림잡전鷄林雜傳』에 기록된 글에 의거하여 적은 것인데, 한내마 김용행金用行이 찬한 아도화상비我道和尙碑에 기록한 것과는 아주 다르다.

흥 8)에 즉위하여 재위 42년만인 562년(진흥 23) 신라군의 공격을 받고 항복하였다. 왕비는 분질수이질分叱水爾叱의 딸 계화桂花로서 세종世宗, 무도茂刀, 무득茂得 세 아들을 낳았다. 『개황록開皇錄』·에 의하면 신라에 항복한 것은 이보다 30년 전인 532년(법흥 19)으로 되어 있다. 『삼국사기』에도 『개황록』과 마찬가지로 법흥왕 19년에

〈금관국 김구해 여비급 삼자 장일 노종 중일 무덕 계일 무도 이국탕보물내강金官國金仇亥與妃及三子長日奴宗仲日武德季日武刀以國帑寶物來降〉

이라 되어 있다. 해석하면 '금관국의 임금 김구해가 비 및 세 아들인 장남 노종, 중남 무덕, 계남 무력과 더불어 국탕과 보물을 가지고 내항하매' 라는 뜻이다. 또 『삼국사기』의 열전 제1 김유신 항에 보면 구형을 또는 구차휴仇次休라 하였고 김유신의 증조부라 하였다. 『삼국사기』와 『삼국유사』에 김유신의 증조부가 세 아들을 데리고 신라에 항복한 것으로 기록한 것은 결국 구형과 구해가 같은 인물임을 알 수 있다. 이때부터 김해 지방은 신라의 영토가 되어 금관군金官郡이라 하였다.

법흥왕 대의 사람들 김무력 金武力

김무력은 금관가야 구형왕의 셋째 아들로서 명장 김유신의 조부가 된다. 532년(법흥 19) 금관가야가 신라에 병합되자 신라에 들어가 각간에 이르렀으며 553년(진흥 14) 아찬으로서 신주新州(현 광주廣州)의 군주가 되었다. 이듬해에는 백제의 제26대 성왕과 관산성管山城에서 싸워 왕과 좌평 4명을 죽이고 승리를 이끌어 냈다.

• 『개황록開皇錄』: 찬자 미상의 책으로서 『개황력開皇曆』과 동일한 것으로 추정된다.

제24대 진흥왕眞興王   김씨 왕 9대

진흥왕의 휘는 맥종麥宗(또는 심맥부深麥夫)으로 이때 나이 7세이고, 법흥왕의 아우 갈문왕 입종立宗의 아들이다. 왕의 어머니는 김씨로 법흥왕의 딸이고 비는 박씨 사도思道 부인이었다. 그런데 왕은 어려서 즉위하였으므로 왕태후가 섭정하였다.

540년(진흥 원년) 8월에 왕은 죄수들을 대사하고 문무관의 관작을 한 급씩 올려주었다. 10월에 지진이 일어나고 복숭아와 오얏의 꽃이 피었다.

541년(진흥 2) 3월에 눈이 1척이나 쌓였다. 이사부를 병부령兵部令으로 삼고 내외 병마사를 맡겼다. 백제가 사신을 파견하여 화친을 청하자 왕이 이를 허락하였다.

544년(진흥 5) 2월에 흥륜사가 완공되었다. 3월에 왕은 사람들이 출가하여 승니僧尼가 되어 부처를 받드는 것을 허락하였다.

545년(진흥 6) 7월에 이찬 이사부는 왕에게 아뢰기를

"국가의 역사라는 것은 군신의 선악을 기록하여 잘하고 못한 일을 만대에 보이는 것이온데, 사기를 수찬하여 놓지 아니하오면 후대에 무엇으로 역사적 사실을 볼 수 있겠습니까."

하니, 왕은 수긍하고 하고 대아찬 거칠부居柒夫 등에게 명하여 널리 문사들을 모아『국사』를 수찬하였다.

548년(진흥 9) 2월에 고구려가 예인濊人들과 더불어 군사를 일으켜 백제의 독산성獨山城(현 충주忠州)을 공격하여 오자 백제에서 구원병을 청하였고, 왕은 장군 주영朱玲을 파견하였다. 주영은 날랜 군사 3천 명을 거느리고 나가서 적을 격파하고 무수히 참획하였다.

549년(진흥 10) 봄에 양나라에서 사신을 신라의 입학승入學僧 각덕覺德과 함께 파견해 왔는데 불사리佛舍利를 보내왔으므로, 왕은 백관으로 하여금 흥륜사의 앞길에 나가 이를 맞아들이게 하였다.

550년(진흥 11) 정월에 백제가 고구려의 도살성道薩城을 뺏자, 3월에 고구려는 백제의 금현성金峴城을 함락시켰다. 왕은 양국이 싸움에 피폐한 기회를 타서 이찬 이사부에게 군사를 거느리고 나가서 이 두 성을 공취하여 성을 증축하고 1천 명의 군사가 머물러 지키도록 하였다.

551년(진흥 12) 정월에 연호를 고쳐 개국開國이라 하였다. 3월에 왕은 국내를 순행하다가 낭성娘城(현 청주淸州)에 이르렀는데 우륵于勒과 그 제자 이문尼文이 음악에 능하다는 말을 듣고 그들을 불러 왔다. 왕은 하임궁河臨宮(가궁假宮)에 머물러 있으면서 그들에게 음악을 연주하게 하니, 우륵과 이문은 각각 새로운 노래를 지어 이를 연주하였다. 이보다 먼저 가야국 가실왕嘉悉王이 십이현금을 12월의 율려律呂를 본떠 만들고 우륵은 그 악기를 가지고서 우리에게로 왔는데 악기 이름을 가야금加耶琴이라 한다. 왕은 거칠부에게 명하여 고구려를 공격하였는데 크게 이겨 10개의 군을

차지하였다.

552년(진흥 13) 왕은 계고階古, 법지法知, 만덕萬德 세 사람에게 명하여 우륵에게 음악을 배우게 하였다. 우륵은 그 사람들의 재능에 따라서 계고에게는 가야금을 가르치고, 법지에게는 노래를, 만덕에게는 춤을 가르쳤다. 수업을 마치자 왕은 그들에게 이를 연주하게 하고 말하기를

"먼저 낭성에서 우륵에게 듣던 음악과 조금도 다름이 없다."

하며 그들에게 후한 상을 내렸다.

553년(진흥 14) 2월에 왕은 유사에게 명하여 월성 동쪽에 새로 궁전을 지었는데, 황룡이 그곳에 나타나자 이 궁전을 절로 고치게 하고 황룡사皇龍寺라는 이름을 주었다. 7월에 백제의 동북변을 공격하여 차지한 뒤 신주新州를 설치하고 아찬 무력武力을 그 군주로 삼았다. 10월에 왕은 백제의 왕녀를 아내로 맞았다.

554년(진흥 15) 7월에 명활성을 수축하였다. 이때 백제왕 명농明襛(성왕聖王)이 가야와 함께 관산성을 공격해 오자 관산성 군주인 각간 우덕于德과 이찬 탐지耽知 등이 나가 싸웠으나 전세가 불리하였다. 신주 군주 무력이 주병州兵을 거느리고 나가서 교전하였는데, 비장裨將인 삼년산군三年山郡의 고우도도高于都刀가 급히 적을 공격하여 백제의 왕을 죽였다. 이에 여러 군사들이 적을 격파하여 좌평佐平 4명과 군사 2만9천6백 명을 참살하고 크게 승리하니 적은 살아 돌아간 자가 없었다.

555년(진흥 16) 정월에 완산주完山州(현 전주全州)를 비사벌比斯伐(현 창녕)에 설치하였다. 10월에 왕은 북한산北漢山(경기도 고양군)에 순행하여 국토를 측정하고 순수비를 세웠으며 11월에 환궁할 때 지나는 길에 각 주와 군에 분부하여 1년 동안의 세금을 면제하고 죄수들을 특사하여 두 가지 죄를 제외하고는 모두 놓아주었다.

* 북한산신라진흥왕순수비北漢山新羅眞興王巡狩碑는 국보 제3호로 국립중앙박물관에 보존되어 있다.

556년(진흥 17) 7월에 비열홀주比列忽州를 설치하고 사찬 성종成宗을 그 군주로 삼았다.

557년(진흥 18) 국원國原(현 충주)을 소경小京으로 하였다. 사벌주를 폐하고 감문주甘文州(현 김천시 개령開寧)를 설치하여 사찬 기종起宗을 그 군주로 삼았으며, 신주를 폐하고 북한산주를 설치하였다.

558년(진흥 19) 2월에 귀족들의 자제와 6부의 부유한 백성들을 소경인 국원으로 옮겨 살게 하였다. 이때 내마 신득身得이 포노砲弩라는 무기를 제작하여 왕에게 바치자 이를 성곽 위에 비치하였다.

562년(진흥 23) 7월에 백제가 군사를 일으켜 변경에 침입하여 민가를 약탈하자 왕은 군사를 거느리고 나가서 이를 막고 적 1천여 명을 참획하였다. 9월에 가야가 모반하자 왕은 이사부에게 명하여 이를 평정하게 하고 사다함斯多含을 그 부장副將으로 삼았다. 이때 사다함이 기병 5천 명을 거느리고 먼저 진격하여 전단문栴檀門으로 달려들어 가 백기를 세워놓았다. 이를 보고 성 안에서 크게 두려워하여 어찌할 바를 모를 때 이사부가 군사를 이끌고 공격하니 모두 항복하였다. 가야의 반란을 평정하고 그 공을 논하는데 사다함이 최상이었으므로 왕은 그에게 기름진 밭과 포로 2백 명으로 내리니 사다함은 여러 차례 이를 사양하였으나 왕이 이를 강행하였다. 사다함은 하는 수 없이 그것을 받아 포로들은 놓아주어 양민으로 만들고 밭은 모두 군사들에게 나누어 주니 나라 사람들은 그의 의리와 덕을 칭찬하였다.

564년(진흥 25) 북제北齊에 사신을 파견하여 조공하였다.

565년(진흥 26) 2월에 북제의 무성武成 황제가 조서를 내려 왕에게 사지절동이교위낙랑군공신라왕使持節東夷校尉樂浪郡公新羅王이라는 관작을 주었다. 8월에 왕은 아찬 춘부春賦에게 국원으로 나가서 이를 지키게 하였다. 9월에 완산주를 폐하고 대야주大耶州(현 합천陝川)를 설치하였다. 이때 진나라에서 사신 유사劉思와 승려 명관明觀을 파견하여 수교하고 『불교석씨경론佛敎釋氏經論』 1천7백여 권을 보내왔다.

566년(진흥 27) 2월에 지원사祗園寺와 실제사實際寺 두 절이 완공되었다. 왕자 동륜銅輪을 세워 왕태자로 삼았다. 사신을 진나라에 파견하여 특산물을 보냈다. 이때 황룡사의 공사를 완료하였다.

567년(진흥 28) 3월에 진나라에 사신을 파견하여 특산물을 보냈다.

568년(진흥 29) 대창大昌으로 연호를 바꾸었다. 6월에 진에 사신을 파견하여 방물을 보냈다. 10월에 북한산주를 폐하고 남천주南川州(현 이천利川)를 설치하였고 또 비열홀주를 폐하고 달홀주達忽州(현 고성高城)를 설치하였다.

570년(진흥 31) 6월에 사신을 진나라에 파견하여 토산물을 보냈다.

571년(진흥 32) 사신을 파견하여 토산물을 보냈다.

572년(진흥 33) 정월에 홍제鴻濟로 연호를 바꾸었다. 3월에 왕태자 동륜이 죽자 사신을 북제로 파견하여 조공하였다. 10월 20일에 전사한 장병을 위하여 팔관연회八關筵會를 외시外寺에서 7일 동안 베풀었다.

574년(진흥 35) 3월에 황룡사의 장육상丈六像•을 주조하였는데 동 3만5천7근과 도금 1만198분의 중량이 들었다.

575년(진흥 36) 봄과 여름에 한재가 들었는데 황룡사의 장육상이 발꿈치가 잠길 정도로 눈물을 흘렸다.

576년(진흥 37) 봄에 처음으로 원화源花를 받들었다. 처음에 군신들이 인재를 알지 못하여 근심한 끝에 많은 사람들을 무리지어 놀게 하여 그들의 행실을 보아 등용하려고 하였다. 이에 아름다운 두 여자를 뽑았는데 하나는 남모南毛라 하였고 하나는 능정俊貞이라 하였다. 그들은 그 무리를 3백여 명이나 모았는데, 두 여자는 차츰 그 아름다움을 다투어 서로 질투하다가 능정이 남모를 자기 집으로 유인하여 놓고 독한 술을 권하여 취하게 한 다음 강물에 던져 죽여 버렸다. 이 사건은 발각되어 능정

• 신라 삼보三寶의 하나이다.

은 사형되고 그 무리들은 실망하여 뿔뿔이 흩어지고 말았다. 그 후에 다시 아름다운 남자들을 뽑아서 곱게 단장하고 화랑花郎이라 이름하여 이를 받들게 하였는데, 그 무리들이 구름같이 모여들었다. 그들은 서로 도의를 연마하고 혹은 가악을 즐기면서 산수를 찾아다니며 유람하는데 먼 곳이라도 다니지 않는 데가 없었다. 이로 인하여 그 사람의 옳고 그름을 알게 되고 그중에서 좋은 사람을 가려 뽑아 이를 조정에 추천하게 되었다.

김대문의 『화랑세기花郎世記』에서 말하기를

"어진 재상과 충성된 신하가 여기서 나오고 뛰어난 장사와 용감한 군사가 이로 인하여 생겨났다."

하였고, 최치원의 난랑비鸞郎碑 서문에서 말하기를

"우리나라에는 현묘한 도가 있다. 이를 풍류라 하는데 이 교敎를 설치한 낭원根源은 선사仙史에 상세히 실려 있거니와, 실로 이는 삼교三敎를 포함한 것으로 모든 민중과 접촉하여 이를 교화하였다. 또한 그들은 집에 들어와서는 부모에게 효도하고 나아가서는 나라에 충성을 다하니 이는 노魯나라 사구司寇의 취지이며 또한 모든 일을 거리낌 없이 처리하고, 말을 앞세우지 아니하면서 일을 실행하는 것은 주周나라 주사柱史의 종지宗旨였으며, 모든 악한 일을 하지 않고 모든 착한 행실만 신봉하여 행하는 것은 춘건竺乾 태자의 교화라."

하였고, 당나라 영호징令狐澄의 『신라국기新羅國記』에서 말하기를

"귀인의 자제로 아름다운 사람을 가려 뽑아서 분을 바르고 곱게 단장하여 화랑이라 이름하고는, 나라 사람들이 모두 존경하여 섬긴다."

하였다. 이때에 안홍 법사安弘法師가 수隋나라에 들어가서 불법을 구하다가 호승 비마라毗摩羅 등의 두 승려와 더불어 돌아왔는데, 그들은 『능가승만경楞伽勝鬘經』과 불사리를 왕에게 바쳤다. 8월에 왕이 돌아가시므로 시호를 진흥이라 하고 애공사 북쪽 봉우리에 장사하였다. 왕은 어린 나이로 즉위하여 일심으로 불교를 믿고 말년에는 머리를 깎고 승복을 입고

스스로 법운法雲이라 하며 그 평생을 마쳤는데, 왕비도 또한 이를 본받아 승려가 되어 영흥사永興寺에서 살다가 돌아가시자 나라 사람들이 예를 갖추어 장사하였다.

진흥왕 대의 사람들 　각덕 覺德

각덕은 신라 구법승求法僧의 선구자이다. 신라에서 처음으로 외국에 가서 신라 구법求法의 시초를 연 사람으로 540년(진흥 1) 양나라에 들어가 공부하고, 549년(진흥 10) 양나라 사신과 같이 불사리를 가지고 돌아왔다. 이것이 우리나라에 사리가 들어오게 된 시초이다. 이때 왕은 친히 백관을 거느리고 흥륜사까지 나가 영접하였다. 이때부터 불교는 성하게 되더니 565년(진흥 25) 진나라에서 사신 유사와 승려 명관이 불서 2천7백여 권을 보내어 불교 융성의 기틀이 마련되었다.

진흥왕 대의 사람들 　거칠부 居柒夫

거칠부의 성은 김씨金氏로서 제17대 내물 마립간의 5대손이다. 고구려에 가서 승려 혜량惠亮에게 불경을 전했고, 545년(진흥 6)에는 왕명으로 신라의 역사인 『국사』를 수찬하였으나 현재는 전하지 않고 있다. 551년(진흥 12)에는 고구려를 공격하여 죽령 이북 지방 10군을 빼앗고, 576년(진지 1)에 상대등이 되었다.

진흥왕 대의 사람들 　구진 仇珍

구진은 장군으로서 551년(진흥 12) 거칠부 등 여덟 장군과 함께 백제와 동맹하여 고구려에 쳐들어가 죽령과 고현高峴 사이의 10개 군을 함락시켰다.

진흥왕 대의 사람들 　구륜공 仇輪公

구륜공은 진흥왕의 셋째 아들로서 어머니는 백숭白䴐 부인이다. 후백제 왕 견훤의 고조라고도 전해진다.

진흥왕 대의 사람들 　이사부 異斯夫

이사부의 성은 김씨로서 제17대 내물 마립간의 4대손이다. 신라의 장수로서 505년(지증 6) 실직주 군주가 되고 512년 나주羅州 군주가 되어 우산국을 정복하였다. 550년(진흥 11) 고구려가 백제의 금현성을 공략할 때 왕명으로 양쪽의 군대가 피로한 틈을 타서 공격하여 그들의 전투지인 도살성과 금현성을 빼앗아 이를 증축하고 내침을 막았다. 또 545년(진흥 6) 이루어진 신라 최초의 『국사』 수찬은 그의 제의에 의한 것이다.

신
라
천
년
사

제25대 진지왕眞智王

김씨 왕 10대

576년에 즉위하였다. 왕의 이름은 사륜舍輪(또는 김륜金輪)으로 진흥왕의 차남이고 그 어머니는 사도思道 부인이며, 비는 지도知道 부인인데, 태자가 일찍 죽은 까닭으로 진지가 576년에 즉위하게 되었다.

576년(진지 원년) 이찬 거칠부를 상대등으로 삼아 국사를 맡겼다.

577년(진지 2) 2월에 왕은 친히 내을신궁에 제사를 지내고 죄수들을 대사하였다. 10월에 백제가 군사를 일으켜 서쪽 변경의 주군을 침범하자, 왕은 이찬 세종에게 명하여 군사를 내어 적을 일선군의 북쪽에서 격파하고 3천7백 명을 참획하였다. 이때 내이서성內利西城을 축조하였다.

578년(진지 3) 7월에 사신을 진나라에 파견하였다. 이때 백제의 알야산성궐야산성城闕也山城(현 여산礪山)을 공격하였다.

579(진지 4) 2월에 백제가 웅현성熊峴城과 송술성松述城을 축조하고 경산산성椋梜山城, 마지현성麻知峴城, 내이서성의 길을 막았다. 7월 17일에 왕이 돌아가시자 시호를 진지라 하고 영경사永敬寺의 북쪽에 장사하였다.

진지왕 대의 사람들　세종 世宗

세종은 이찬으로서 577년(진지 2) 10월에 백제가 군사를 일으켜 서쪽 변경의 주군을 침범하므로 왕의 명을 받들어 군사를 거느리고 나아가 일선군의 북쪽에서 적을 격파하고 적병 3천7백 명을 참획하였다.

제26대 진평왕眞平王

김씨 왕 11대

진평왕은 579년에 즉위하였다. 왕의 이름은 백정白淨으로 제24대 진흥왕의 태자 동륜銅輪의 아들이고 어머니는 김씨 만호萬呼(또는 만내萬內) 부인으로 갈문왕 입종의 딸이고, 비는 김씨 마야摩耶 부인으로 갈문왕 복승福勝의 딸이다. 왕은 나면서부터 기이한 용모를 가졌고, 신체가 장대하며 의지와 식견이 심원하고 명철하였다.

579년(진평 원년) 8월에 이찬 노리부弩里夫를 상대등으로 삼고 동복아우 백반伯飯을 봉하여 진정眞正 갈문왕으로 삼고 국반國飯은 진안眞安 갈문왕으로 삼았다.

580년(진평 2) 2월에 왕은 친히 내을신궁에 제사를 지내고 이찬 후직后

稷을 병부령으로 삼았다.

581년(진평 3) 1월에 처음으로 위화부位和府를 설치하였는데 이는 지금의 이부吏部와 같은 것이다.

583년(진평 4) 1월에 처음으로 선부서船府署를 설치하고, 대감大監과 제감弟監을 각각 한 명씩 두어 일을 보게 하였다.

584년(진평 6) 2월에 건복建福이라고 연호를 바꾸었다. 3월에 조부調府 영令을 1명씩 두어 조세의 일을 보게 하고 승부乘府 영을 1명씩 두어 거승車乘의 일을 맡아보게 하였다.

585년(진평 7) 3월에 한재가 들자 왕은 정전에 피하여 있으면서 식사를 감하고 남당에 직접 나가 친히 죄수들을 보살폈다. 7월에 고승 지명智明이 진나라로 들어가서 불법을 구하였다.

586년(진평 8) 1월에 예부禮部 영 2명을 두어 일을 보게 하였다. 5월에 우레가 울리고 벼락이 쳤으며 별이 비 오듯 떨어졌다.

587년(진평 9) 7월에 대세大世와 구칠仇柒 2명이 바다로 달아났다. 대세는 내물 이사금의 7세손으로 이찬 동대冬臺의 아들인데 그는 재능이 뛰어나 젊어서부터 해외에 뜻을 두고 승려 담수淡水와 더불어 사귀어 놀면서 말하기를

"이 신라의 산골짜기에 살고 있으면서 일평생을 마친다는 것은 이 어찌 연못에 든 고기나 장에 갇힌 새가 창해가 넓고 크며 산림이 넓고 한가로움을 알지 못하는 것과 다름이 있겠는가? 내 장차 떼를 타고 넓은 바다에 떠 오吳와 월越에 이르러서 훌륭한 스승을 찾고 또 명산을 찾아 도를 닦으려 한다. 이렇게 하여 만약 범인의 몸을 벗어나서 신선의 도를 배울 것 같으면 표연히 바람을 타고 혈요泬寥한 하늘 밖으로 날아갈 것이니 이것이야말로 천하의 기이한 유람이며 장관일 것이다. 그대는 능히 나의 뜻을 좇겠는가?"

하였다. 그러나 담수가 이를 좋아하지 않자 대세는 그를 물리치고 다른

벗을 구하였는데, 마침 구칠이란 사람을 만났다. 구칠은 사람됨이 지조가 있고 결백하며 기이한 절개가 있었는데 담수는 그와 더불어 남산의 절에서 놀았다. 그런데 갑자기 비바람이 몰아쳐서 나뭇잎이 떨어지고 빗물이 뜰에 가득히 고이자, 대세가 구칠에게 말하기를

"나는 그대와 함께 서쪽으로 유랑할 뜻이 있다. 우리들이 지금 저 나뭇잎을 가지고 배를 만들어서 띄워 놓고 먼저 가고 뒤에 가는 것을 점쳐 보자."

하여 이를 시험하니 대세가 만든 나뭇잎 배가 앞서 와서 닿았다. 대세는 웃으면서

"내가 먼저 가겠구나."

라고 하자 구칠이 발끈 일어나며 말하기를

"나 또한 사나이다. 어찌 내 홀로인들 못 갈까 보냐."

하였다. 대세는 그가 가히 벗이 될 것을 알고서 몰래 그 뜻을 말하니 구칠도 이에 동의하였다. 그리하여 둘은 서로 벗이 되어 남해로부터 배를 타고 가 버렸는데, 뒤에 그들의 간 곳을 알지 못하였다.

588년(진평 10) 12월에 상대등 노리부가 죽자 이찬 수을부首乙夫를 상대등으로 삼았다.

589년(진평 11) 3월에 원광 법사圓光法師가 진나라로 들어가서 불법을 구하였다. 7월에 서쪽 지방에 큰 홍수가 져서 민가 3만360호가 가라앉고 2백여 명이 죽자 왕은 사신을 파견하여 수재민을 구제하였다.

591년(진평 13) 2월에 영객부領客府 영을 2명 두었다. 7월에 남산성南山城(현 경주)을 축조하였는데, 성의 주위가 2천854보였다.

593년(진평 15) 7월에 명활성을 개축하였는데 그 주위가 3천 보였고 서형 산성西兄山城(현 경주)은 주위가 2천 보였다.

594년(진평 16) 수나라 황제가 조서를 내려 왕을 상개부락낭군공신라왕上開府樂浪郡公新羅王으로 삼았다.

596년(진평 18) 3월에 고승 담육曇育이 수나라로 들어가서 불법을 구하였다. 왕은 사신을 수나라로 파견하여 토산물을 보냈다. 10월에 영흥사에 불이 나서 350호가 연소되자 왕은 친히 재민을 위문하고 이를 구휼하였다.

597년(진평 19) 삼랑사三郎寺가 완공되었다.

600년(진평 23) 고승 원광圓光이 조빙사朝聘使인 내마 제문諸文과 대사 횡천橫川을 따라 환국하였다.

602년(진평 24) 왕은 대내마 상군上軍을 사신으로 수나라에 파견하여 토산물을 보냈다. 8월에 백제가 군사를 일으켜 이끌고 아막성阿莫城(현 운봉雲峰)에 쳐들어오자 왕은 장병들을 내보내어 이를 공격하여 크게 이겼으나 귀산貴山, 추항箒項 등이 전사하였다. 9월에 고승 지명이 수나라에 들어갔던 사신 상군을 따라 환국하였는데 왕은 지명의 계행戒行을 존경하여 넓고 큰 덕으로 삼았다.

603년(진평 25) 3월에 고구려가 군사를 일으켜 북한산성으로 쳐들어오자 왕이 친히 군사 1만 명을 거느리고 나가서 이를 막았다.

604년(진평 26) 7월에 대나마 만세萬世와 혜문惠文 등을 수나라로 파견하였다. 이때 남천주南川州(현 이천利川)를 폐하고 다시 북한산주를 설치하였다.

605년(진평 27) 3월에 고승 담육이 수나라에 들어갔던 사신 혜문과 함께 환국하였다. 8월에 군사를 내어 백제를 공격하였다.

608년(진평 30) 왕은 고구려가 빈번히 강토를 침범하자 수나라 군사를 청하여 고구려를 정벌하고자 하여 원광에게 걸사표乞師表를 지어 보내도록 명하였는데 원광이 말하기를

"자기가 살려고 하여 남을 멸망시키는 것은 사문이 할 행실이 아니옵니다. 그러나 소인이 대왕의 땅에 살고 대왕의 수초水草를 먹으면서 어찌 감히 이 명령을 좇지 아니하오리까."

하고 곧 걸사표를 지어 바쳤고 2월에 고구려의 북변으로 침입하여 8천 명을 노획하였으며 4월에 고구려 군사가 우명산성牛鳴山城을 공격하여 빼앗았다.

609년(진평 31) 정월에 모지악毛只嶽 밑의 땅이 타기 시작하여 넓이 4보, 길이 8척, 깊이 5척이나 태우고 10월 15일에야 그쳤다.

611년(진평 33) 왕이 수나라에 사신을 파견하여 걸사표를 보내자 수나라 양제가 이를 허락하여 군사를 일으켰으며 이 사실은 고구려의 기록에 적혀 있다. 10월에 백제가 군사를 일으켜 가잠성椵岑城을 공격하여 1백일 동안이나 포위하였다. 현령 찬덕讚德이 최선을 다하여 지켰으나 힘이 다하여 전사하고 성은 함락되었다.

613년(진평 35) 봄에 한재가 들었으며 4월에 서리가 내렸다. 7월에 수나라의 사신 왕세의王世儀가 와서 황룡사에 이르러 백고좌百高座를 설치하고 원광 등 법사를 맞아 불경을 강론하였다.

614년(진평 36) 2월에 사벌주를 폐하여 일선주를 설치하고, 일길찬 일부日夫를 군주로 삼았다. 영흥사의 작은 불상이 저절로 헐리더니 비구니가 된 진흥왕의 비가 돌아가셨다.

615년(진평 37) 2월에 왕은 군신들에게 3일 동안 술과 음식을 하사하였다. 10월에는 지진이 있었다.

616년(진평 38) 10월에 백제가 군사를 일으켜 모산성으로 쳐들어왔다.

618년(진평 40) 북한산주의 군주인 변품邊品이 가잠성의 회복을 위해 군사를 거느리고 나가 백제와 싸우는데, 해론奚論이 적진으로 달려들어 역전 고투하다가 전사하였다. 해론은 찬덕의 아들이다.

621년(진평 43) 7월에 왕은 사신을 당나라에 파견하여 토산물을 보냈다. 당의 고조高祖는 친히 신라의 사신을 위로하고 통직산기상시유문소通直散騎常侍庾文素를 사신으로 하여 국서와 화병풍畫屛風, 비단 3백 필을 보내왔다.

622년(진평 44) 정월에 왕은 친히 황룡사에 행차하였다. 2월에 이찬 용수龍樹를 내성사신內省私臣으로 삼았다. 왕은 585년(진흥 7)에 대궁大宮·양궁梁宮·사량궁沙梁宮의 3개 소에 각각 사신私臣을 두었는데, 이때에 내성사신 1명으로 3개의 궁을 경장하게 하였다.

623년(진평 45) 정월에 병부대감兵部大監 2명을 두었다. 10월 당나라에 사신을 파견하여 예물을 보냈다. 이때 백제가 군사를 일으켜 늑노현勒弩縣을 습격하였다.

624년(진평 46) 정월에 시위부侍衛府 대감 6명과 상사서賞賜署 대정大正 1명, 대도서대정大道署大正 1명을 두었다.

3월에 당의 고조가 사신을 파견하여 왕을 주국낙랑군공신라왕柱國樂浪郡公新羅王으로 책봉하였다. 10월에 백제가 군사를 일으켜 쳐들어와 속함速含(현 함양咸陽) 앵잠櫻岑, 기잠岐岑, 봉잠烽岑, 기현旗縣, 혈책穴柵 등 6개의 성을 포위하고 공격하였는데, 3개의 성이 함락되거나 항복하였다. 이때 급찬 눌지訥催는 봉잠, 앵잠, 기현 3개의 성에 있는 군사를 합하여 굳게 방어하였으나 결국 이기지 못하고 전사하였다.

625년(진평 47) 11월에 사신을 당나라에 파견하여 조공하면서 고구려가 당으로 통하는 길목을 막기 때문에 입조하지 못하며, 빈번히 침입한다고 호소하였다.

626년(진평 48) 7월에 사신을 당나라에 파견하여 예물을 보냈다. 당고조는 주자사朱子奢를 파견하여 고구려와 서로 화친하라고 조유하였다. 8월에 백제가 군사를 일으켜 주재성主在城으로 쳐들어오자 성주인 동소東所는 군사를 거느리고 적을 막아 싸우다 전사하였다. 이때 고허성高墟城을 축조하였다.

627년(진평 49) 3월에 큰 바람이 불고 흙비가 5일 동안이나 왔다. 6월에 사신을 당나라에 파견하여 예물을 보냈다. 7월에 백제의 장군 사걸沙乞이 군사를 이끌고 쳐들어와서 서쪽 변방 3개의 성을 빼앗고 남녀 3백여 명을 사로잡아 갔다. 8월에 서리가 내려 곡식이 상했다. 11월에 당나라에 사신을 파견하여 예물을 보냈다.

628년(진평 50) 2월에 백제가 군사를 일으켜 쳐들어와서 가잠성을 포위하자 왕은 군사를 내어 이를 격파하였다. 여름에 큰 한재가 들므로 시장을 옮기고, 용을 그려 놓고, 기우제를 지냈다. 가을과 겨울에는 기근이 심하여 백성들이 자녀를 팔았다.

629년(진평 51) 8월에 왕은 대장군 용춘龍春, 서현舒玄과 부장군 유신庾信을 파견하여 고구려의 낭비성娘臂城(현 청주)을 침공하였다. 이때, 고구려는 군사들을 성 밖에 세우고 진을 쳤는데 그 군세가 매우 성하여 이를 바라본 아군이 두려움에 싸우려 하지 않자 유신이 말하기를

"내 듣건대 옷깃을 떨쳐야 옷이 바르고, 벼리를 들어야 그물이 퍼진다고 하니 내가 그 벼리와 옷깃이 될 것이다."

하고는 곧 말에 올라타 칼을 빼어들고 적진으로 뛰어 들어가서 싸우기를 3번이나 하였다. 유신이 한번 들어갈 때마다 혹은 적장의 목을 자르고 혹은 적의 깃발을 빼앗아 가지고 나오자 이를 바라본 모든 장병들은 북을 울리고 함성을 지르며 진격하여 5천여 명을 참살하고 성을 함락시켰다. 9월에 사신을 당나라에 파견하여 예물을 보냈다.

630년(진평 52) 대궁大宮 마당의 땅이 갈라졌다.

631년(진평 53) 2월에 흰 개가 궁궐의 담장 위에 올라갔다. 5월에 이찬 칠숙柒宿이 아찬 석품石品과 더불어 모반하다가 왕에게 발각되자, 칠숙을 잡아 동시東市에서 참형하고 아울러 그의 구족九族을 없애버렸다. 아찬 석품은 도망하여 백제의 국경에 이르렀으나, 그 처자가 그리워 낮에는 숨고 밤이면 걸어서 총산叢山으로 돌아와 한 초부樵夫(나무꾼)를 만나 자기의 옷을 초부의 옷과 바꾸어 입고 나무꾼으로 가장하여 나무짐을 지고 몰래 집으로 돌아왔다가 붙들려 참형되었다. 7월에 당나라로 사신을 파견하고

• 김유신의 아버지

아름다운 여자 두 사람을 바쳤는데 위징魏徵은 당 태종에게 받지 않는 것이 옳다고 하였다. 이때 당의 태종이 기뻐하여 말하기를

"저 임읍林邑에서 바친 앵무鸚鵡도 오히려 고한苦寒을 부르짖으면서 자기의 나라를 그리워하거늘, 항차 두 여자가 멀리 친척을 이별하여서야 더 말하여 무엇하겠는가."

하며 사자들과 함께 돌려보냈다. 이때 흰 무지개가 궁궐의 우물에 들어가고 토성이 달을 범하였다.

632년(진평 54) 정월에 왕이 돌아가시자 시호를 진평이라 하고 한지漢只에 장사하였다. 이때 당 태종이 조서를 내려 좌광록대부左光祿大夫를 추증하고 비단 2백 필을 부의로 보내왔다.*

122
신
라
천
년
사

진평왕 대의 사람들　가실 嘉實

가실은 사량부 출신으로서 이웃 율리栗里에 사는 설씨薛氏의 딸에게 연정을 품고 있던 중 늙고 병든 설씨가 군역을 지게 되자 대신 갈 것을 자청하여 이에 감격한 설씨로부터 그의 딸과 약혼을 허락받았다. 3년 후 돌아와 결혼할 것을 약속하고 떠났으나 6년이 지나도 가실이 돌아오지 않으므로 설씨가 다른 사람과 약혼을 시키자 그의 딸은 언약을 어김은 도리에 어긋난 일이라며 이를 완강히 거부하였다. 강제로 결혼을 성립시키려는 아버지 몰래 도망하려던 때에 가실이 돌아와서 결혼을 하게 되었다.

---

* 옛 기록에서 말하기를 정관貞觀 6년(632) 임진壬辰 정월에 왕이 돌아가셨다고 하였는데, 『신당서新唐書』나 『자이통감資理通鑑』에는 모두 정관 5년(631) 행묘幸卯에 신라왕 진평이 하서하였다고 하였다.

건품은 장군으로서 602년(진평 24) 백제의 좌평 해수解讐가 4만 명의 군사를 이끌고 신라의 아막성을 공격하자 파진찬으로서 무은武殷과 함께 출전하여 격퇴하였다.

귀산은 사량부 출신 소년 장수로서 무은의 아들이다. 태어난 해는 정확하지 않으며 602년(진평 24) 사망하였다. 친구 추항箒項과 함께 원광 법사에게 세속오계世俗五戒를 배워 그대로 실천하였다. 602년(진평 24) 백제군이 아막성을 에워싸고 공격하자 소감의 관직을 띠고 출전하였다. 이 싸움에서, 패한 백제군의 복병을 만나 불리해졌을 때 문득 세속오계 중 '임전무퇴臨戰無退'를 깨달은 귀산은 추항과 함께 끝까지 싸워 크게 이기고, 만신창이가 되어 돌아오다가 죽었다. 왕은 아나阿那벌에까지 마중 나왔다가 애도하고 내마의 직품을 추증하였다.

김서현은 장군으로서 소연逍衍이라고도 불렀다. 또한 가야국 김수로왕의 11대손이자 무력武力의 아들이며 김유신의 아버지이다. 만노군萬弩郡의 태수로 있을 때 갈문왕 입종立宗의 손녀 만명萬明과의 사이에서 김유신을 낳았다. 이후 양주良州 총관이 되어 여러 번 백제와 싸워 공을 세우고 소판, 대량주大梁州 도독, 안무대량주제군사安撫大梁州諸軍事 등을 역임하였으며, 629년(진평 51) 고구려의 낭비성娘臂城을 함락시켰다. 그의 딸 문희文姬는 후에 제29대 태종 무열왕의 비 문명文明 부인이 되었다.

김유신은 삼국 통일을 이룩한 장군으로서 가야국 김수로왕의 12대 손이자 신라 명장 서현의 아들로서 595년(진평 17) 태어났다. 어머니는 만명이며 그의 증조부는 금관국 마지막 왕인 구형仇衡으로서, 할아버지인 무력武力 때부터 신라에서 군인으로 벼슬하였다.

15세 때에 화랑이 되어 낭도들과 더불어 몸과 마음을 닦은 후, 낭벽성娘臂城 싸움에서 처음으로 고구려 군사를 쳐부수었으며, 그 후 백제 및 고구려와 여러 차례 싸워 공을 세운 후 김춘추金春秋를 임금으로 세우고 삼국 통일의 위업을 이룩할 준비를 하였다. 660년(태종 7)에 소정방蘇定方이 거느린 당나라 13만 군과 연합하여, 김유신은 정병 5만을 이끌고 백제와 싸워 이를 멸망시켰다. 그러나 백제의 국권을 회복하려는 독립군들의 유격전이 도처에서 벌어졌으며 고구려는 이들과 연합하여 북한산주에서 기세를 올렸다. 661년(문무 1) 김유신의 총지휘 아래 고구려 공격 작전이 개시되어 여러 차례 공격을 감행하였으나 성공하지 못하고, 668년(문무 8)에 나당羅唐 연합군을 편성하여 김유신은 총사령으로 서울에 남고 김인문金仁問, 김흠순金欽純 등을 주 장수로 하여 고구려를 공격하여 멸망시켰다. 그러나 백제와 고구려의 영토는 전부 당의 지배 아래 들어갔을 뿐만 아니라, 신라까지도 당의 지배하에 두려고 하였으므로 이 뒤부터 김유신은 총력을 발휘하여 당과 대항하였다. 당나라 군사와 여러 차례 싸워서 승리를 거듭하여 백제의 옛터를 전부 탈환하고 대동강大同江 이남의 땅을 도로 찾았으나 고구려 영토의 대부분을 영영 잃고 말았다. 왕은 그의 공적을 치하하여 태대각간太大角干의 작위를 주었고, 673(문무 13) 사망한 후에는 흥무興武 대왕이라 추봉하였다.

추항은 화랑으로서 태어난 해는 정확하지 않으며 602년(진평 24) 세상을 떠났다. 추항은 사량부 사람으로 귀산과 더불어 원광 법사에게 나아가 세속오계를 배웠으며, 602년 백제에서 신라의 아막성을 치니 신라에서 장군 무은과 건품을 보내어 백제군을 막게 하자, 귀산과 더불어 종군하였다. 이때 백제의 복병을 만나 신라군이 포위되고 장군 무은이 말에서 떨어지는 등의 위태한 형편에 봉착하였으나 추항과 귀산은 4계戒 중에 있는 '임전무퇴'라는 구절을 부르면서 격전하다가 함께 전사하였다. 그러나 백제군은 크게 패하고 돌아갔다. 후에 귀산은 내마, 추항은 대사의 벼슬을 추증 받았다.

진평왕 대의 사람들 찬덕 讚德

찬덕은 모량부牟梁部 출신의 지방관으로서 해론奚論의 아버지이다. 태어난 해는 알려지지 않았으며 611년(진평 33) 사망하였다. 610년 가잠성枷岑城 현령이 되고, 이듬해 백제의 공격을 받고 상주上州(현 상주), 하주下州(현 창녕), 신주新州(현 광주廣州)의 군대를 지원받아 1백여 일간이나 분전 끝에 패하고 자살하였다.

진평왕 대의 사람들 해론 奚論

해론은 모량부 출신으로서 찬덕의 아들이자 무장이었다. 그의 태어난 해 또한 알려지지 않았으며 618(진평 40) 사망하였다. 612년(진평 34) 가잠성 현령이던 아버지가 백제군의 공격을 받고 분전하다가 자결하자, 아버지의 공으로 20여 세에 대나마가 되었다. 618년(진평 40) 금산 당주金山幢主가 되어 한산주군漢山州軍 도독 변품邊品과 함께 가잠성을 탈환했다. 다시 백제의 역습을 받자 장졸들을 격려하며 홀로 적진에 들어가 수 명의 적을 죽이고 전사하였다. 왕은 유족에게 후한 상을 내리고 애도의 뜻을 표했으며, 백성들은 그의 충절을 애도하는 장가長歌를 지어 불렀다.

제27대 선덕 여왕善德女王

김씨 왕 12대

왕의 이름은 덕만德曼으로 진평왕의 장녀이고, 그 어머니는 김씨 마야摩耶 부인이다. 덕만은 성품이 어질고 너그러우며 사리에 밝고 민첩하였다. 그런데 진평왕이 아들 없이 하세하자 나라 사람들이 덕만을 임금으로 세워 632년에 즉위하였고 성조황고聖祖皇姑라는 호를 올렸다. 진평왕 때에 당나라로부터 모단화牡丹花의 그림과 그 꽃에 종자를 얻어 와 왕이 이를 덕만에게 보이니, 덕만은 이를 보고 말하기를

"이 꽃은 비록 아름다우나 반드시 향기가 없겠나이다."

하였다. 왕이 웃으면서

"너는 어떻게 이를 아느냐?"

하고 묻자, 덕만이 대답하기를

"이 꽃의 그림을 보니 꽃에 벌과 나비가 없는 까닭으로 이를 알겠나이다. 대저 여자로서 미인이라면 남자들이 이를 기뻐하여 따르고, 꽃에 향기가 있으면 벌과 나비가 따르는 법이 아닙니까. 이 꽃은 아주 아름다우나 그림에 벌과 나비가 없사오니 반드시 향기가 없겠나이다."

하였는데, 이 종자를 심었더니 과연 덕만이 말한 바와 같았다. 이처럼 덕만은 모든 일을 판단하는 식견이 명석하였다.

632년(선덕 원년) 2월 대신 을제乙祭에게 국정을 모두 관리하게 하였다. 5월에 한재가 들었는데 6월이 되서야 비가 왔다. 10월에 왕은 사자를 파견하여 국내의 늙어서 의지할 데 없는 사람들과 스스로 생활할 수 없는 사람들을 위문하게 하고 이들을 구제함으로써 민심을 안정시켰다. 12월에 사신을 당나라로 파견하여 예물을 보냈다.

633년(선덕 2) 정월에 왕은 친히 내을신궁에 제사를 지내고 죄수들을 대사하였다. 그리고 모든 주와 군에 1년 동안의 세금을 면제시켰다. 2월에 서울에 지진이 일어났다. 7월에 사신을 당나라에 파견하여 예물을 보냈다. 8월에는 백제가 군사를 일으켜 서족 변경을 침범하였다.

634년(선덕 3) 정월, 인평仁平이라 연호를 바꾸었다. 이때 분황사芬皇寺(현 경주)가 이룩되었다. 3월에 큰 밤과 같은 우박이 내렸다.

635년(선덕 4)에 당나라가 부절사符節使를 파견하여 왕을 주국낙랑군공신라왕柱國樂浪郡公新羅王으로 책봉하였고, 부왕의 봉작을 그대로 이어받게 하였다. 영묘사靈廟寺가 완공되었다. 10월에 왕은 이찬 수품水品과 용수龍樹(또는 용춘龍春)를 각 주와 현으로 파견하여 민심을 안정시키게 하였다.

636년(선덕 5) 정월에 이찬 수품을 상대등으로 삼았다. 3월에 왕이 병들어서 의원을 불러 약을 쓰고 기도를 하였으나 효력이 없으므로, 황룡사에 백고좌를 베풀고 승려들을 모아서 인왕경仁王經을 강독하였으며, 1백 명이 승려가 되는 것을 허락하였다. 5월에 두꺼비와 개구리가 떼를 지어 궁성의 서쪽 옥문지玉門池로 모여들었다. 왕은 이 말을 듣고 군신들

에게 말하기를

"두꺼비와 개구리는 성난 눈이니 이는 군사의 상이다. 내가 일찍이 서남변에 옥문곡玉門谷이라는 곳이 있다고 들었는데, 이들의 징조로 미루어 반드시 백제의 군사들이 몰래 그곳에 침입하여 있는 것 같다."

하고 곧 장군 알천閼川, 필곡弼谷에게 명하여 이를 수색하여 토벌케 하였다. 알천 등이 군사를 거느리고 나가니 왕의 말과 같이 과연 백제 장군 우소于召가 독산성獨山城을 습격하려고 군사 5백 명을 거느리고 옥문곡에 와서 복병을 설치하고 있는 것을 발견하고 적을 엄습하여 이를 격살하였다. 이때 자장 법사慈藏法師가 당나라로 들어가 불법을 구하였다.

637년(선덕 6) 정월에 이찬 사진思眞을 서불감으로 삼았으며 7월에는 알천을 대장군으로 삼았다.

638년(선덕 7) 3월에 칠중성七重城(현 경기도 적성)의 남쪽에 있는 큰 돌이 저절로 서른다섯 보나 옮겨 갔으며 9월에는 누런 꽃과 같은 비가 왔다. 10월에 고구려가 군사를 일으켜 북쪽 변방의 칠중성으로 쳐들어오자 백성들은 크게 놀라서 산골짜기로 도망하느라고 요란하였다. 왕은 알천에게 명하여 민심을 안정시키고 이들이 모여 살도록 하였다. 11월에 알천은 군사를 거느리고 고구려 군사와 칠중성 밖에서 싸워 이를 격파하여 많은 무리를 참획하고 승리하였다.

639년(선덕 8) 2월에 하슬라주를 소경小京으로 하고 사찬 진주眞珠로 하여금 이를 진수하도록 명하였다. 7월에 동해 물이 붉게 되어 끓어오르고 고기들이 죽어 나왔다.

640년(선덕 9) 5월에 왕은 자제들을 당나라에 파견하여 국학國學에 입학하기를 청하였다. 이때 당 태종은 천하의 이름난 선비들을 학관學官으로 삼고 빈번히 국자감國子監·에 행차하여 그들로 하여금 학문을 강론케 하고, 학생으로서 능히 하나의 대경大經 이상을 밝게 통달한 사람은 관리

· 국자감에서 수업하는 경經은 대경大經, 중경中經, 소경小經으로 분류되어 있다.

에 등용할 수 있도록 하였으며, 학사學舍 1천2백 간을 증축하여 학생 3천 260명이 들어올 수 있도록 만드니, 사방에서 학자들이 구름과 같이 서울로 모여들었다. 이때에 고구려, 백제, 고창高昌, 토번吐蕃 등도 자제들을 파견하여 입학시켰다.

642년(선덕 11) 정월에 사신을 당나라로 파견하여 토산물을 보냈다. 7월에 백제 의자왕義慈王이 크게 군사를 일으켜 쳐들어와 나라 서쪽 지방의 40여 개의 성을 공취하였다. 8월에 백제는 또 다시 고구려와 군사를 일으켜 이끌고 당항성黨項城(현 화성시 남양南陽)을 공취하여 신라가 당나라로 통하는 길을 끊어버리려 하므로 왕은 사신을 당 태종에게 파견하여 위급한 사실을 알렸다. 이달에 백제 장군 윤충允忠이 군사를 거느리고 대야성大耶城을 공격하여 성이 함락되었는데 이 싸움에 도독 이찬 품석品釋과 사지舍知 죽죽竹竹과 용석龍石 등이 전사하였다. 겨울에 왕은 장차 백제를 정벌함으로써 대야성 전쟁의 원한을 갚으려고 하여 이찬 김춘추를 고구려로 파견하여 구원병을 청하였다. 그런데 처음 대야성 싸움에 패할 때 도독 품석의 아내도 함께 죽음을 당하였는데 이는 김춘추의 딸이었다. 이때 김춘추는 이 비보를 듣고 기둥에 의지하여 서서 종일토록 눈도 깜짝하지 않고 사람들이나 어떤 것이 그 앞으로 지나가도 알지 못하더니 얼마 후에 말하기를

"슬프도다. 사나이 대장부로서 어찌 백제를 능히 멸망시키지 못할까 보냐."

하고 곧 왕을 배알하여 말하기를

"신이 원하옵기를 고구려에 원병을 청하여 백제의 원수를 갚을까 하나이다."

라고 하니 왕이 이를 허락하였다. 이에 김춘추는 고구려에 구원병을 청하게 되었는데 고구려의 보장왕寶藏王은 평소에 김춘추에 대하여 호의를 가지고 있어 군사들로 하여금 엄중히 호위한 뒤에 회견하였다. 이때 김

춘추가 말하기를

"지금 백제는 무모하여 징그러운 뱀이나 큰 돼지처럼 욕심을 가지고 우리나라의 강토를 침략하므로 우리 임금은 대국(고구려)의 구원병을 얻어 그 치욕을 씻으려 하여 신으로 하여금 이 일을 이루도록 하여 왔나이다."

하니, 보장왕은

"죽령竹嶺은 본시 우리의 땅이니 너희들이 만약에 죽령 서북 지방을 돌려보낸다면 가히 군사를 내어 돕겠다."

라고 하였다. 김춘추가 대답하기를

"신은 군명을 받들고 구원병을 빌리러 왔는데 대왕께서는 우리의 환난을 구원하며 서로 친선할 뜻은 없으시고 다만 사절로 온 사람을 위협하여 강토의 귀속 문제를 요구하나이까? 신은 죽음이 있을지언정 구원병을 청하는 이외의 일을 알지 못하겠나이다."

하자, 보장왕은 그의 말에 크게 노하여 그를 별관에 가두었다. 이에 김춘추는 남몰래 사람을 본국으로 보내어 이 사실을 알렸으며, 왕은 대장군 김유신에게 명하여 결사대 1만 명을 거느리고 나가서 이를 구원하게 하였다. 김유신은 결사대를 거느리고 곧 진격하여 한강을 지나 고구려의 남쪽 경계에 들어가니 고구려 보장왕은 이 말을 듣고 김춘추를 놓아 돌려보냈다. 이때 왕은 김유신을 압량주押梁州(현 경산) 군주로 삼았다.

643년(선덕 12) 정월에 사신을 당나라에 파견하여 예물을 보냈으며 3월에는 당나라에 들어가 불법을 구하던 고승 자장이 귀국하였다. 9월에 왕은 당나라에 사신을 파견하여 말하기를

"고구려와 백제가 우리나라를 침략하므로 수십 개의 성이 번번히 그들의 공습을 당하였으며 그들은 군사를 연합하여 기어코 우리나라를 공취하려고 합니다. 이달 그들이 군사를 크게 일으켜 이끌고 쳐들어 올 것 같사오니 반드시 우리나라는 사직을 보전하지 못할 것 같습니다. 삼가 사신을 파견하여 대국의 군사를 청원하오니 구원이 있기를 바랍니다."

하였다. 당의 태종은 사신에게 말하기를

"내 실로 그대 나라가 고구려와 백제에 침해되는 것을 슬퍼하여 번번히 사자를 보내어 그대들 삼국이 서로 화친하도록 하였으나, 그들은 이리저리 핑계하면서 그대 나라의 땅을 삼켜 버리려는 뜻을 가지고 있으니, 그대 나라에서는 어떠한 모책으로써 그들의 침해를 모면하려고 하는가?"

하므로, 사신이 대답하기를

"우리 임금은 사세가 궁박하고 계책이 다하였으므로 오직 위급함을 대국에 알려서 구원을 받음으로써 나라를 보전할까 할 따름입니다."

하자, 당 태종은

"내가 조금 변방의 군사를 내어 거란과 말갈의 군사를 거느리고 곧 요동으로 쳐들어가면 그대 나라의 위급은 스스로 풀려져서 가히 1년쯤은 주위의 환난을 완화할 수 있겠는데, 그 후에 우리 군사가 계속하여 머물지 않으면 그들은 도리어 침략을 마음대로 하여 네 나라가 모두 함께 소란할 것이고 그대 나라도 평안치 않을 것이니 이것이 첫째의 계책이요, 우리가 또한 그대 나라에 수천의 군복과 깃발을 주면 고구려와 백제의 군사가 쳐들어와도 이 깃발을 꽂고 군사를 벌려 세우고 있으면 그들은 이것을 보고 우리 군사가 온 줄 알고 반드시 도망하여 버릴 것이니 이것이 두 번째의 계책이요, 백제는 해성海城의 험한 지형만을 믿고 병기구를 수리하지 않으며 남녀가 뒤섞여 서로 연회만 베풀고 놀고 있으니, 우리 나라가 수백 개의 전선에 군사를 싣고 가만히 바다를 건너서 백제로 쳐들어가고 싶으나 그대 나라는 여자로서 임금을 삼아 이웃 나라의 업신여김을 받는 터이므로, 잘못하면 임금을 잃고 적구를 펴놓는 격이므로 해마다 편안할 날이 없을 것인 즉, 나의 친척 한 사람을 보내 그대 나라의 임금으로 삼되 홀로 가서 있을 수는 없으므로 군사를 파견하여 임금을 호위하게 하고 그대 나라의 안정되는 것을 기다려 그대들이 스스로 지키도록 맡기는 것이 세 번째 계책이다. 그대는 어느 것이 좋은가 잘 생각하여 보라. 어느 것을 좇을 것인가?"

하였다. 이때 사신이 머뭇거리고 대답을 못하자, 당 태종은 그를 용렬한 사람이며 위급할 때 구원병을 청할 재능이 없다고 탄식하였다.

644년(선덕 13) 정월에 왕은 당나라에 사신을 파견하여 예물을 보냈다. 이때 당 태종은 사농 승상司農丞相 이현장里玄奬에게 국서를 주어 고구려로 보내며 말하기를

"신라는 우리나라에 의지하는 나라로서 조공을 게을리 하지 않는 터이니, 그대 나라는 백제와 함께 곧 군사를 거두고 싸움을 그만두라. 그리고 만약 다시 신라를 공격하면 다음 해에는 반드시 군사를 내어 그대 나라를 칠 것이다."

하니, 연개소문淵蓋蘇文이 이현장에게 말하기를

"고구려는 신라와 원한으로 틈이 생긴 지가 이미 오래되었다. 지난날에 수隋나라가 우리나라에 침입하였을 때에 신라가 그 틈을 타서 고구려의 땅 5백 리를 침략하여 이 고을을 점거하고 있는 것이니, 이 땅을 돌려보내지 않으면 우리는 군사를 거두고 싸움을 그만두지 않을 것이다."

하였다. 이현장이 말하기를

"이왕 지난 일을 논하여서 무엇하는가."

라고 하였으나, 연개소문은 끝내 그 말을 듣지 아니하였다. 9월에 왕은 김유신을 대장군으로 삼아 군사를 거느리고 나가서 백제를 정벌하게 하니 그는 백제로 쳐들어가서 크게 승리하고 일곱 개의 성・을 공취하였다.

645년(선덕 14) 정월에 당나라에 사신을 파견하여 예물을 보냈다. 이때 김유신이 백제 정벌에서 개선하여 돌아왔는데, 백제에서 대군을 일으켜 다시 변방을 침범하자 왕은 김유신에게 이를 막으라고 명하였다. 이에 그는 집에 들르지도 못하고 다시 군사를 거느리고 나가서 이를 격파하여 적 2천 명을 참살하고 3월에야 돌아와서 왕에게 복명하였다. 그런데 집

・ 가혜성加兮城, 성열성省熱城, 동화성同火城, 석토성石吐城 등 7개의 성.

에 돌아가기도 전에 또다시 백제가 변방으로 침범하였다는 급보가 있어 형세가 위급하자 왕은 김유신에게 말하기를

"나라의 존망이 공의 한 몸에 달렸으니, 모든 노고를 생각지 말고 나가서 적을 막도록 도모하라."

하였다. 이에 김유신은 또 집으로 돌아갈 사이도 없이 밤낮으로 군사를 훈련시켜 이끌고 서쪽 변방의 전쟁터로 나가는데, 집 앞을 지날 때 집안의 남녀들이 그의 떠나는 것을 보고 눈물을 흘렸으나 공은 이를 돌아보지도 않고 떠났다. 3월에 황룡사 탑이 이룩되었는데 이는 자장 법사의 청을 좇아 창건한 것이었다. 5월에 당 태종이 친히 군사를 이끌고 고구려를 공격하자 왕은 군사 3만을 내어 이를 원조하였다. 이 기회를 타서 백제가 군사를 일으켜 나라의 서쪽 변경의 7개 성을 공취하였다. 11월에 이찬 비담毗曇을 상대등으로 삼았다.

647년(선덕 16) 정월에 비담, 염종廉宗 등이 '여왕은 능히 선정을 베풀지 못한다' 말하며 반란을 도모하여 군사를 일으켰으나, 이기지 못하고 패하였다. 8월에 왕이 돌아가시자 시호를 선덕이라 하고 낭산狼山에 장사하였다.

『당서唐書』에는 진관眞觀 31년(647)에 돌아갔다고 하고 『통감通鑑』에는 25년(651)에 돌아갔다고 하나, 본사로써 이를 고찰하면 『통감』의 역사 기록은 잘못되었다. 논컨대 내가 듣기에는 옛날에 여왜씨女媧氏가 있었으나 이는 바로 천자가 아니고 복희伏羲를 보좌하여 9개의 주를 다스렸을 따름이고 여치呂雉, 무조武瞾와 같은 사람에 이르러서는 유약한 임금을 맞아 조정에 임하여 정사를 통제한다 말하였으나 공공연하게 왕이라 칭하지는 아니하였고, 다만 고황후高皇后 여씨呂氏니, 측천 왕후則天王后 무씨武氏니 하고 기록한 것인데, 이를 천리로써 말하면 곧 양陽은 강하고 음陰은 유하고 사람으로서 말하면 곧 남자는 높고 여자는 낮은 것이니, 어찌 가히 모구姥嫗로서 규방을 나와서 국가의 정사를 결단하랴. 신라는 여자

를 모셔 세우고 왕위에 처하게 하였으니, 이를 살펴보면 이는 참말로 난세의 일이며 나라가 망하지 않은 것이 다행이다. 『서경』에 말하기를 '암탉이 새벽을 알린다' 하고, 역경에 말하기를 '약한 암퇘지가 지쳐 잘못 걸어간다' 했으니, 그를 가히 경계하지 않을 일이겠는가.

선덕 여왕 대의 사람들   고타소랑 古陀炤娘

고타소랑은 김춘추의 딸이자 이찬 김품석金品釋의 아내이다. 642년(선덕 11) 신라의 대야성이 백제군에 의하여 함락당할 때 성주인 남편 품석과 함께 일가가 자살하였다.

선덕 여왕 대의 사람들   관창 官昌

관창은 관장官狀이라고도 불렸으며 좌장군 품일品日의 아들이다. 645년(선덕 14)에 태어나 어려서 화랑이 되었으며, 16세 때 제29대 태종 무열왕에게 천거되어 백제 공격에 부장으로 출전했다. 황산黃山벌에서 백제군과 싸우다가 생포되었으나, 어린 나이로 용전한 데 감동한 백제 장군계백階伯에 의해 살아 돌아왔다. 그러나 이어 다시 싸우다가 붙잡혀 계백에게 목을 잘리었고, 말 안장에 묶여 온 그의 머리는 신라군의 사기를 돋우어 그 싸움에 승리를 가져오게 하였다. 660년(태종 7) 사망하였으며 급찬에 추증되었다.

선덕 여왕 대의 사람들   김무림 金武林

김무림은 자장 법사의 아버지이다. 진골眞骨 출신으로서 관등은 소판蘇判에 이르렀다. 자식이 없자 불법에 의지하여 전심으로 불공을 드려 마침내 그 아내가 별이 품속에 들어오는 꿈을 꾸고 잉태하였으며 석가釋迦의 생일날 자장 법사를 낳았다.

명랑은 신라 시대 승려로서 사간 재량才良의 아들이다. 632년(선덕 1) 당나라에 건너갔다가 3년 후 귀국하였으며 668년(문무 8) 나당 연합으로 고구려를 멸한 당군이 신라를 치려고 할 때 왕에게 사천왕사四天王寺를 지어 도장道場을 열면 적을 방어할 수 있다고 건의했으나 이미 적이 국경에 다다랐다는 급보를 받고 유가瑜伽의 명승 12명을 불러 함께 문두루 비법 文豆婁祕法으로 태풍을 일으켜 당나라 병선을 침몰시켰다고 한다. 후에 당나라 병사 5만이 다시 침략했을 때도 다시 이 방법으로 침몰시켜, 이때부터 진언종眞言宗의 별파別派인 신인종神印宗의 조사祖師가 되었다. 앞서 당나라에 가서 도를 닦고 돌아올 때에 해룡海龍의 청으로 용궁에 들어가 비법을 전했으며, 용왕으로부터 황금 1천 냥을 시주 받고 돌아와 그의 집을 헐어 절을 짓고, 용왕이 시주한 황금으로 탑상塔像을 장식했더니 광채가 찬란했으므로 금광사金光寺라 했다고 한다. 자는 국육國育이다.

135

심나 또는 황천煌川은 백성군白城郡 출신으로서 신라의 장군이었다. 선덕 여왕 때의 무장으로서 백제군이 백성군에 침입할 때마다 이를 무찔러 비장飛將이라는 별명으로 불렸다.

용석의 태어난 해는 확실하지 않다. 642년 신라에 쳐들어온 백제 장군 윤충에게 대야성이 함락되고 성주 품석이 자결하자, 죽죽竹竹과 함께 흩어진 군사를 모아 항전하다가 전사했다. 신라의 용병으로서 642년(선덕 11) 사망하였으며, 대내마에 추증되었다.

 자장의 성은 김金, 이름은 선종善宗으로서 소판 무림武林의 아들이다. 진골眞骨 출신으로 일찍 부모를 여의자 처자를 버리고 승려가 되어 원녕사元寧寺를 짓고 고골관古骨觀을 닦았다. 이때 선덕 여왕이 대보臺輔에 임명하였으나 불응하였으며, 636년(선덕 5) 왕명으로 제자 승실僧實 등 10여 명과 당나라 오대산五臺山에 가서 문수 보살을 참알하고 가사袈裟와 사리舍利를 받았다. 종남산終南山 운제사雲際寺에서 도를 닦고 화엄종華嚴宗의 두순杜順과 계율종戒律宗의 도선道宣에게 배운 뒤 643년 장경藏經 1부와 불구佛具를 가지고 귀국하여, 분황사 주지로 있으면서 궁중과 황룡사에서 대승론大乘論과 보살계본菩薩戒本 등을 강론하였다. 대국통大國統이 되어 승니僧尼의 규범과 승통僧統의 일체를 주관하였으며 황룡사 9층 탑의 창건을 건의하여 645년 완성하고 통도사通度寺를 세웠으며, 이듬해 금강계단金剛戒壇을 완성하였다. 전국 각처에 10여 개의 사탑을 건조하고, 중국의 제도를 따라 신라에서 처음으로 관복을 입게 했으며, 650년(진덕 4) 당나라의 연호 사용을 건의하여 실시케 했다. 만년에는 서울을 떠나 강릉군江陵郡에 수다사水多寺를 짓고, 뒤에 태백산太白山에 석남원石南院(정암사淨巖寺)을 세워 그곳에서 죽었다. 저서로『아미타경의기阿彌陀經義記』,『사분율갈마사기四分律羯磨私記』,『관행법觀行法』,『제경계소諸經戒疏』,『십송율목차기十誦律目次記』등의 저서가 있으나 현존하지 않는다.

 죽죽은 대야주 출신 장군으로서 찬간 학열郝熱의 아들이다. 선덕 여왕 때 사지舍知에 올라 대야성 도독 품석의 휘하에 있었다. 642년 백제의 윤충이 대야성을 공격해 오자 품석이 죽은 뒤 성을 지키다가 전사하고 대야성은 함락되었다. 그의 태어난 해는 알려지지 않았으며 642년(선덕 11) 사망 후 급찬에 추증되었다.

선덕 여왕 대의 사람들 **김품석** 金品釋

김품석은 무장으로서 김춘추(제29대 태종 무열왕)의 사위이다. 벼슬은 이찬으로 대야성 도독이 되어, 사지 검일黔日의 아내를 빼앗았다. 642년(선덕 11) 윤충이 거느린 백제군이 대야성을 공격해 오자 원한을 품고 있던 검일이 적에 내응하여 성 내의 창고에 불을 질러, 성이 함락의 위기에 처하게 되었다. 이에 항복하면 죽이지 않겠다는 윤충의 약속을 믿고 먼저 군사들을 성 밖으로 내보냈으나 복병에 의해서 전멸되자, 윤충의 약속이 거짓임을 알고 성 내에서 처자를 죽이고 자결하였다. 김품석의 태어난 해는 정확하지 않으며 642년(선덕 11) 자결 이후, 647년(진덕 1)에 김유신이 대야성의 설욕전에서 얻은 백제의 포로 8백 명과 교환되어 그 처자의 백골과 함께 신라로 돌아와 다시 장사를 지냈다.

선덕 여왕 대의 사람들 **학열** 郝熱

학열은 대야주의 찬간撰干으로서 신라의 용사인 죽죽의 부친이다.

제28대 진덕 여왕眞德女王

김씨 왕 13대

진덕 여왕은 647년에 즉위하였다. 왕의 이름은 승만勝曼으로 진평왕의
동복 아우인 국반(또는 국분國芬) 갈문왕의 딸이고, 어머니는 박씨 월명月明
부인이다. 승만은 용모와 자질이 아름답고 키가 7척이며 손이 무릎까지
드리웠다.

647년(진덕 원년) 정월 17일에 비담을 잡아 죽이고 그 종당從黨 30명을
죽임으로써 반란이 토평되었다. 2월에 이찬 알천을 상대등으로 삼고 대
아찬 수승守勝을 우두주의 군주로 삼았다. 이때 당 태종은 지절사持節使를
파견하여 전왕인 선덕 여왕을 광록대부光祿大夫로 추증하고, 아울러 진덕
여왕을 주국柱國 낙랑군왕樂浪郡王으로 봉하였으며 7월에 왕은 당나라에
사신을 파견하여 그 은혜를 베풀고자 하는 뜻에 사례하고 연호를 태화太

和라고 바꾸었다. 8월에 혜성이 남쪽 방향에 나타나고 또 뭇별이 북쪽으로 흘렀다. 10월에 백제가 군사를 일으켜 쳐들어가서 무산성茂山城, 감물성甘勿城, 동잠성桐岑城(세 성 모두 충주 부근)을 포위하자 왕은 김유신에게 군사 일만 명을 거느리고 이를 막게 하였다. 김유신은 군사를 거느리고 나가서 역전 고투하였으나 기세가 다하여 위급하게 되었는데, 김유신 휘하 비령자丕寧子와 그 아들 거진擧眞이 적진으로 달려 들어가서 용감히 싸우다가 전사하니, 모든 장병들이 이를 보고 분격하여 적을 격파하고 3천여 명을 참살하였다. 11월에 왕은 친히 내을신궁에 제사를 지냈다.

648년(진덕 2) 정월에 당나라에 사신을 파견하여 예물을 보냈다. 3월에 백제 장군 의직義直이 군사를 이끌고 서쪽 변방으로 쳐들어와서 요차성腰車城(현 상주 부근) 등 10여 개의 성을 함락시켰다. 이에 왕은 크게 근심하여 압독주 도독 김유신으로 하여금 이를 막도록 도모하게 하였다. 김유신은 장병들을 훈련시켜 거느리고 진군하였는데, 백제 장군 의직이 앞을 가로막았다. 김유신은 군사를 3개 도로 나누어 의직을 협공하니 백제 군사들은 대패하여 도망하였다. 김유신은 적을 추격하여 이를 거의 섬멸시킨 다음 개선하였고, 왕은 크게 기뻐하여 모든 장병들에게 고루 상을 내렸다. 겨울에 감질허邯帙許로 하여금 당나라에 입조하게 하였는데 당 태종이 어사御使에게 분부하여 묻기를

"신라는 우리나라를 섬기면서 어찌하여 따로 연호를 정하는가?"
하자 질허가 말하기를

"일찍이 중국 조정에서 정삭正朔을 나누어 주지 않은 까닭입니다. 그러므로 선조 법흥왕 이래로 우리 사사로이 연호를 쓰게 되었는데, 당나라에서 못쓰게 하면 우리나라에서 어찌 감히 그렇게 하리요."
하니, 당 태종은 그럴 것이라 하였다. 이때 왕은 이찬 김춘추와 그 아들 문왕文王을 당나라에 입조하게 하니 당 태종은 광록경光祿卿 유형柳亨을 교외까지 내보내어 영접하며 위로하게 하고, 김춘추가 이르자 태종은 그

의 몸가짐이 뛰어남을 보고 후하게 대접하였다. 이때에 김춘추는 국학에 가서 석전釋奠 및 그 강론하는 것을 보자고 청하니, 태종이 이를 허락하고 자기 스스로 지은 온탕溫湯 및 진사비晉祠碑와 아울러 새로 찬수한 『진서晉書』를 주었다. 당의 태종은 늘 김춘추를 불러 금과 비단을 하사하는 등 더욱 후하게 대접하면서

"경은 마음 속에 어떠한 뜻이 있는가?"

하고 물었다. 김춘추는 꿇어앉아 말하기를

"신의 본국은 궁벽한 바닷가에 위치하고 있사오나 천조天朝를 섬겨오는 지가 오래 되었는데, 백제가 굳세고 교활하여 빈번히 국토를 침략하고 지난해에는 대군을 이끌고 깊이 쳐들어와서 수십 개의 성을 공격하여 함락함으로써 입조할 길이 막혔습니다. 만약에 폐하께서 천자의 군사를 빌려주어 흉악한 적의 피해를 없애주지 않으면 우리나라의 인민들은 모조리 그들에게 사로잡혀 앞으로 바다를 건너 조공을 할 것 같지 않사옵니다."

하니, 태종은 이를 깊이 생각하여 그럴 것이라 하고 군사를 내어 도울 것을 허락하였다. 또한 김춘추는 장복章服을 중국의 제도로 고칠 것을 청하니 태종은 곧 안으로부터 진귀한 의복을 꺼내어 김춘추와 그 종자에게 주고 조서로 김춘추에게는 특진 벼슬을 주었으며, 문왕에게는 좌위장군左衛將軍의 벼슬을 주고 그들이 귀국할 때는 3품 이상의 벼슬아치들을 모아 크게 전별의 잔치를 베푸는 등 극진한 예의를 갖추었다. 김춘추는 당 태종에게

"신에게는 7명의 아들이 있으니 원컨대 한 아들로 하여금 상의 곁에서 떨어지지 않고 숙위하도록 하여 주십시오."

말하고 곧 그 아들 문주와 대감大監을 남겨 두었다. 이후 김춘추는 돌아오다가 바다 위에서 고구려의 군사를 만났다. 이때 김춘추를 모시고 오던 온군해溫君解는 고관高冠을 쓰고 대의大衣를 입고 배 위에 앉아 있었다.

고구려 군사들은 그를 김춘추로 알고서 잡아 죽였고, 김춘추는 작은 배를 타고 본국에 돌아올 수 있었다. 왕은 이 말을 듣고 온군해의 죽음을 슬퍼하여 온군해에게는 대아찬의 벼슬을 추증하고 그의 자손들에게는 넉넉한 상을 내렸다.

649년(진덕 3) 정월에 처음으로 중국의 의관을 쓰도록 하였다. 8월에 백제 장군 은상殷相이 군사를 거느리고 쳐들어와서 석토성石吐城 등 일곱 성을 함락시키자 왕은 대장군 김유신과 장군 진춘陳春, 죽지竹旨, 천존天存 등에게 명령하여 적을 막게 하였다. 이에 김유신 등은 군사를 거느리고 나가 열흘 동안이나 여기저기서 적과 싸웠으나 물러가지 않았다. 도살성道薩城 밑에 주둔하고 김유신은 모든 장병들에게 말하기를

"오늘은 반드시 백제의 첩자가 올 것이니, 너희들은 거짓으로 알지 못하는 체 하면서 감히 누구냐고 묻지 말라."

하였다. 과연 그 말대로 백제의 첩자가 오자 김유신은 군대 안으로 사람을 파견하여 말하기를

"성벽을 굳게 지키며 조금도 움직이지 말라. 내일 구원군이 온 연후에는 결전을 할 것이다."

하니, 첩자는 돌아가서 은상에게 이를 보고하였다. 은상 등이 신라군이 증가된다는 말에 큰 두려움을 품고 있을 때, 김유신 등은 진격하여 적을 크게 격파한 후 장사 1백 명을 사로잡고 군졸 8천980명을 참살하고 말 1만 필을 노획하였으며 병기구 같은 것은 그 수를 헤아릴 수 없을 만큼 많이 얻었다.

650년(진덕 4) 4월에 왕은 진골 벼슬을 가진 사람은 아홀牙笏을 지니도록 분부하였다. 6월에 왕은 사신을 당나라로 파견하여 백제 군사를 격파한 것을 알렸으며 또한 비단을 짜서 거기에 오언시의 태평송太平頌을 지어 써넣은 다음 김춘추의 아들 법민法敏으로 하여금 당나라에 가서 고종高宗에게 바치게 하였는데, 그 글에 말하기를

"대당大唐이 나라를 세우는 큰 일을 시작하니, 드높은 임금의 모책은 창성하도다. 전쟁이 끝나니 군사들은 안정되고, 문치文治를 닦으며 백왕이 뒤를 잇는도다. 하늘을 거느림에 귀한 비 내려오고, 만물을 다스림에 물체도 빛을 머금었도다. 깊은 인덕은 일월과 짝을 짓고 순환하는 운수는 태평시太平時로 향하도다. 나부끼는 깃발은 어찌 그리 혁혁하고, 징소리 북소리는 어찌 그리 굉굉한가. 오랑캐로서 명령을 어기는 자는 칼날에 엎어져서 하늘의 재앙을 입는도다. 순박한 풍속은 유현幽顯히 응결되어, 먼 곳 가까운 곳 다투어 상서로움 드리도다. 사시四時는 옥촉玉燭과 같이 조화되고, 칠요七曜는 만방에 순행을 하는도다. 오직 이 땅에는 재보만을 내리우고, 황제는 정사를 충신들에게 맡기었다. 오삼성덕五三聖德을 한가지로 이루어서 당나라의 황실을 밝게 하였도다."

하였다. 당의 고종은 이 글을 보고 크게 기뻐하면서 법민에게 대부경大府卿의 벼슬을 주어 돌려보냈다. 이 해에 처음으로 중국의 연호 빙휘氷徽를 시행하게 되었다.

논하건대, 3대(하夏, 은殷, 주周)의 정삭正朔을 고치고 후대에 연호를 칭한 것은, 다 통일을 중대시하고 백성들의 이목을 새롭게 하려는 까닭이었다. 이런 때문으로 시기를 타서 서로 아울러 일어나 천하를 다투던지 또는 간웅姦雄들이 틈을 타서 신기神器를 엿보지 아니하면 편방偏方의 소국으로서 천자의 나라에 신하로 예속된 나라는 본래 사사로이 연호를 지어 쓰지 못하는 것이다. 신라 같은 나라는 한뜻으로 중국을 섬겨 입조와 조공의 길을 그치지 않으면서도 법흥왕이 스스로 연호를 칭하였으니, 이는 잘못한 일이다. 그 뒤에도 그 허물을 이어 이를 되풀이하여 여러 해를 지냈고, 당 태종의 꾸지람을 듣고서도 오히려 이를 고치지 아니하고 머뭇거리다가 지금에 이르러서야 당의 연호를 받들어 행하게 되니, 이는 비록 부득이한 데서 나온 것이라 해도 또한 과실을 능히 고친 것이라고 말할 것이다.

651년(진덕 5) 정월에 왕은 조원전朝元殿에 나와서 백관들의 신정 하례를 받았는데, 하정賀正의 예가 이때에 시작되었다. 2월에 품주稟主를 고쳐 집사부執事部로 하고 파진찬 죽지를 집사중시執事中侍로 삼아 기밀 사무를 맡게 하였다. 이때에 왕은 파진찬 김인문을 당나라로 파견하여 예물을 전하고 그대로 머물러 숙위하게 하였다.

652년(진덕 6) 정월에 파진찬 천효天曉를 좌리방부左理方府 영슈으로 삼았으며 사신을 당나라에 파견하여 예물을 전하였다. 3월에 서울에 큰 눈이 오고 궁성의 남문이 저절로 헐렸다.

653년(진덕 7) 11월에 당나라에 사신을 파견하여 금총포金摠布를 예물로 전하였다.

654년(진덕 8) 3월에 왕이 돌아가시자 시호를 진덕이라 하고 사량부에 장사하였다. 당의 고종은 이 말을 듣고 영광문永光門에서 애도의 뜻을 표하고, 대상승大常丞 장문수張文收를 지절사로 파견하여 조제弔祭하게 하였으며, 왕에게 개부의동삼사開府儀同三司를 추증하고 비단 3백 필을 보냈다. 나라 사람들은 신라의 시조왕 혁거세부터 진덕왕까지의 스물여덟 왕은 성골聖骨이라 말하고, 태종 무열왕부터는 진골眞骨이라 한다. 당나라 영호징令狐澄의 『신라기新羅記』에서 말하기를 〈그 나라의 왕족은 제1골이라 하고 그 나머지의 귀족들은 제2골이라 한다〉 하였다.

진덕 여왕 대의 사람들   거진擧眞

거진은 신라의 용사勇士로서 비령자丕寧子의 아들이다. 647년(진덕 1) 백제 군사가 무산茂山, 감물甘勿, 동잠성桐岑城 등 세 성을 포위하므로 왕은 김유신으로 하여금 군사 1만 명을 거느리고 대전케 하였다. 그러나 기세가 위급하게 되자 김유신의 막하로 출전했던 그는 적진으로 달려들어 용감히 싸우다가 전사하였다. 모든 장병들은 이를 보고 분격하여 적을 격파하고 3천여 명을 참살하였다.

죽지는 일명 죽만竹曼 또는 지관智官으로도 불리었으며 삭주朔州 도독사 술종述宗의 아들이다. 화랑 출신으로서 장군이 되어 649년(진덕 3) 김유신과 함께 도살성에서 백제군을 격파하고 파진찬을 거쳐 651년 중시가 되어 기밀 사무를 관장하였다. 661년(태종 8) 백제의 잔병 소탕전에 참전하였으며, 이해에 문무왕이 즉위하자 귀당貴幢 총관이 되었다. 668년 나당 연합군의 고구려 정벌 때는 경정京停 총관으로 참전했고, 670년 백제의 잔적 토벌에 참가하여 일곱 성을 공취하여 2천여 명을 죽였다. 이듬해에는 석성石城에서 당나라 군사와 결전하여 당병 5천3백 명을 베고 백제 유장遺將 2명과 당나라의 날랜 용사 6명을 포로로 하는 등 공을 세웠다. 화랑 득오곡得烏谷이 그를 흠모하여 지은 향가鄕歌 「모죽지랑가慕竹旨郎歌」가 전해 온다.

제29대 태종 무열왕太宗武烈王 김씨 왕 14대

태종 무열왕의 이름은 춘추春秋로 제25대 진지왕의 손자이며, 아버지는 이찬 용춘龍春(또는 용수龍樹)·이다. 그 어머니 천명天明 부인은 진평왕의 딸이며, 비 문명文明 부인은 각찬 서현舒玄의 딸이다. 왕은 몸가짐이 영위하고 어려서부터 제세濟世의 웅대한 뜻이 있었는데, 진덕 여왕을 섬겨 이찬직을 역임하고 당나라 황제로부터 특진特進의 벼슬을 받았다.

그런데 진덕 여왕이 서거하자 군신들은 이찬 알천에게 섭정을 청하였으나, 알천은 굳게 이를 사양하며 말하기를

"나는 이미 늙었고 덕행도 이렇다 할 것이 없다. 임금 될 덕망이 높기는 춘추공 만한 사람이 없으니, 그는 실로 제세의 영걸이라 할 것이다."

• 『당서唐書』에 태종 무열왕이 진덕眞德의 아우라고 되어 있는데 이는 잘못이다.

하고, 드디어 왕으로 받들게 하였다. 춘추는 세 번 사양하였으나 마지못해 왕위에 오르게 되었다.

654년(태종 원년) 4월에 태종 무열왕은 아버지를 문흥文興 대왕으로 추봉하고, 어머니를 문정文貞 태후로 삼았으며 죄수들은 대사하였다. 이어 5월에는 이방부령理方府令 양수良首 등에게 명하여 종래의 율령을 상세하게 살펴 이방부격理方府格 60여 조를 수정하게 하였다.

또한 당나라에서 지절사를 파견하여 예의를 갖추고 왕을 개부의동삼사 신라왕으로 책봉하였다. 이에 왕은 당나라에 사신을 파견하여 사례의 뜻을 표하였다.

즉위 이듬해 정월에는 이찬 김강金剛을 상대등으로 삼고 파진찬 문충文忠을 중시로 삼았다. 이때 고구려, 백제, 말갈 등과 군사를 연합해 쳐들어와 북쪽 변경의 33개 성을 공취하였으므로, 왕은 당나라에 사신을 파견하여 구원병을 청하였다.

이에 당나라는 3월에 영주營州(중국 하북성河北省 북부의 역주易州) 도독 정명진程名振과 좌우위 중랑장 소정방蘇定方으로 하여금 군사를 거느리고 고구려를 공격하게 하였다. 태종 무열왕은 원자 법민法敏을 세워 태자로 삼고, 서자 문왕文王을 이찬으로 삼고, 노차老且를 해찬海湌으로 삼고, 인태仁泰를 각찬角湌으로 삼고, 지경智鏡과 개원愷元을 각각 이찬으로 삼았다.

이해에 왕은 왕녀 지조智照를 대각찬 김유신에게 시집보냈으며, 이때 고루鼓樓를 현 경주의 월성 안에 건립하였다.

656년(태종 3) 왕자 김인문이 당나라로부터 돌아와서 드디어 군주로 임명되고, 장산성獐山城의 축조를 감독하였다. 7월에는 왕자 우무위右武衛 장군 문왕文王을 당나라로 파견하였다.

657년(태종 4) 7월, 일선군에 큰 홍수가 나서 3백여 명이 물에 빠져 죽었으며, 얼마 안 되어 경주에 있는 동쪽 토함산에 불이 나서 3년이 지나서야 꺼졌다. 또한 흥륜사의 문이 저절로 헐렸는데 북쪽에 있는 바위가 무너지고 부서져서 쌀알 같이 되어 이를 먹어 보니, 오래 묵은 창고의 쌀과 같았다고 한다.

658년(태종 5) 정월에는 중시 문충을 이찬으로 삼고 이찬 문왕을 중시로 삼았다. 3월에 왕은 하슬라의 땅이 말갈에 인접하여 백성들이 편안하지 못하므로, 소경을 파하여 주州로 하고 도독을 두어 이를 지키게 하고 또 실직을 북진北鎭·으로 하였다.

4월에는 백제가 빈번히 군사를 일으켜 변경을 침범하자 왕은 장차 이를 정벌할 것을 결심하고 당나라에 사신을 파견하여 구원병을 청하였다. 또 8월에는 아찬 진주眞珠를 병부령으로 삼았다. 그러나 10월이 되어도 당에 구원병을 청하러 간 회보가 없자 태종 무열왕의 얼굴에는 근심하는 빛이 나타나기 시작했다. 그런데 어느 날 홀연히 선신先臣인 장춘長春과 파랑罷郎 같은 사람이 왕의 앞에 나타나서

"신은 비록 백골이 되었사오나 오히려 보국하려는 마음이 있사와 이제 당나라에 들어가 보니, 황제가 대장군 소정방 등에게 명하여 군사를 거느리고 내년 5월에 백제로 쳐들어온다는 것을 알았습니다. 지금 대왕께서 이와 같이 근심하시는 까닭으로 이를 알려드리는 것이올시다."

하며 말을 마치고는 없어져 버렸다고 한다. 왕은 크게 놀라고 기이하게 생각하여 곧 장춘과 파랑 두 집 자손들에게 후한 상을 내리고, 유사에게 명하여 한산주에 장의사壯義寺를 창건하고 그들의 명복을 빌게 하였다.

660년(태종 7) 정월에 상대등 김강金剛이 죽으므로 이찬 김유신을 상대등으로 삼았으며, 드디어 3월 당나라 고종은 좌무위대장군左武衛大將軍 소정방을 신구도행군대총관神丘道行軍大摠管으로 삼고, 김인문을 부대총관副大摠管으로 삼고, 좌효위장군左驍衛將軍 유백영劉伯英 등 13만 군으로써 백제를 정벌하도록 명령하고 또 왕을 우이도행군총관嵎夷道行軍摠管으로 삼아 군사를 거느리고 이에 성원하도록 하였다.

<hr/>

• 북진北鎭 : 함경북도의 육진六鎭 지방을 이르던 이름.

태종 무열왕은 5월 26일에 김유신, 진주, 천존天存 등의 장병을 거느리고 서울을 출발하여 6월 18일에 한산주에 있는 남천정南川停에 행차하고, 소정방은 내주萊州를 출발하였는데, 전선이 천리에 뻗쳐 바다를 건너왔다.

드디어 6월 21일, 왕은 태자 법민으로 하여금 당나라의 군사를 맞게 하니, 그는 전선 1백 척에 군사를 거느리고 나가서 소정방을 덕물도德物島(현 덕적도德積島)에서 맞았다. 소정방이 법민에게 말하기를

"나는 7월 10일에 백제의 남쪽에 이르러 대왕의 군사와 만나 백제 의자왕의 도성을 격파하고자 한다."

하므로, 법민은 말하기를

"대왕은 지금 대군이 오는 것을 서서 기다리고 있는 터이므로, 대장군이 왔다는 것을 들으면 반드시 음식을 만들어 가지고 올 것이다."

하니, 소정방은 크게 기뻐하며 법민을 돌려보내어 신라의 병마를 징발하게 하였다. 법민이 돌아와서 왕에게 소정방의 군세가 매우 강성한 것을 말하자, 왕은 기쁨을 이기지 못하였고 곧 태자에게 명하여 대장군 김유신, 장군 품일과 흠춘欽春(또는 흠순欽純) 등과 더불어 정병 5만 명을 거느리고 나가서 당나라군과 호응하도록 하였으며, 왕은 상주 금돌성今突城으로 행차하였다.

이어 7월 9일에 김유신 등은 황산벌로 진격하였는데, 백제의 장군 계백은 군사를 거느리고 와서 먼저 험한 곳을 의지하여 삼영三營을 설치하고 기다리고 있었다. 김유신 등은 군사를 삼도三道로 나누어 백제의 군사와 4번 싸웠으나 싸움마다 불리하여 군사들의 기력이 다하였다. 이때 장군 흠순은 아들 반굴盤屈에게 말하기를

"신하된 도리로서는 충성만 한 것이 없고, 자식된 도리로서는 효성만한 것이 없는데, 이러한 위급함을 보고 목숨을 내어던지면 충효를 둘 다 완전히 이룰 수 있는 것이다."

하고는, 곧 적진으로 뛰어 들어 힘차게 싸우다가 전사하였다.

이때 좌장군 품일은 아들 관창을 불러 말 앞에 세우고 모든 장병을 가리키며 말하기를

"나의 아들은 나이가 겨우 16세이나 의지와 기개가 자못 용감하다. 너는 오늘의 전쟁에 능히 삼군三軍의 표적이 되겠느냐?"

하니, 관창은 "예" 하고 대답한 다음 갑옷을 입고 창을 들고 말을 달려 적진으로 달려 들어갔다가 적에게 사로잡혀 계백에게로 끌려갔다. 계백은 그의 갑옷을 벗겨 보고, 그가 아직 어린 소년임에도 그토록 용감한 것을 어여삐 여겨 차마 죽이지 못하고 감탄하기를

"신라와는 능히 대적할 수 없겠구나. 소년도 이와 같은데, 하물며 장사들이야."

하고 그를 살려 돌려보내도록 하였다. 관창은 돌아와서 아버지에게 말하기를

"소자가 적진으로 들어가기는 하였으나 능히 적장을 베고 깃발을 빼앗아오지 못하였음은, 죽음을 두려워한 것이 아닙니다."

하고는, 손으로 우물물을 움켜 마시고 또다시 적진으로 달려 들어가 용감히 싸우다가 다시 계백에게 사로잡혔다. 이에 계백은 그 머리를 잘라서 말 안장에 달아 매어 돌려보내니, 품일은 아들의 머리를 안고 흐르는 피를 옷깃에 적시면서 말하기를

"내 아들의 면목은 산 것 같다. 능히 국사를 위하여 죽은 것은 다행한 일이다."

하자, 삼군은 이를 보고 강개하여 모두 결사의 뜻을 가지고 북을 울리고 함성을 지르며 진격하여 적을 격파하니, 백제군은 대패하여 계백은 전사하고 좌평 충상忠常과 상영常永 등 20여 명은 포로가 되었다.

이날 소정방은 부총관 김인문 등과 더불어 기벌포伎伐浦(금강 하류)에 이르러 백제 군사를 만나서 이를 대파하고 쳐들어왔다. 그런데 소정방은

김유신 등이 백제 군사를 격파하고 당나라의 병영에 이르자, 약속한 기일에 늦었다 하여 신라 독군督軍 김문영金文穎(또는 金文永)을 군문軍門에 참형하려고 하였다. 이에 김유신은 그들에게 말하기를

"대장군은 황산의 전역을 보지 못하고 기일에 늦었다 하여 죄를 논하려 하나, 나는 죄 없이 욕을 받지 않을 것이다. 나는 먼저 당나라군과 결전한 연후에 백제를 격파할 것이다."

하고 곧 군문 철월鐵鉞을 잡고 섰는데, 크게 노하여 털은 꼿꼿이 일어나 심어 놓은 것 같고 허리에 찬 보검은 저절로 칼집에서 튀어나오는 것 같았다. 이때 소정방의 우장군 동보량董寶亮이 발을 구르며 말하기를

"신라 군사들의 변고가 있을까 두렵습니다."

하자, 소정방은 결국 김문영의 죄를 묻지 않았다.

이때 백제 왕자는 좌평 각가覺伽로 하여금 글을 지어 당나라 장군에게 보내어 퇴병할 것을 애걸하였다. 그러나 7월 12일에 나당 연합군이 합세하여 백제의 도성으로 쳐들어가 성을 포위하기 위해 소부리所夫里(부여읍)의 벌판에 진격하였다.

그런데 소정방이 두려워하며 앞으로 나가지 않으려 하여, 김유신은 이를 설복시켜 양군 합세로 용감히 사기를 떨치며 군사를 정제하여 사도四道로 쳐들어갔다. 이에 백제 왕자는 상좌평으로 하여금 많은 음식을 갖추어 보냈으나 소정방은 이를 거절하여 물리쳤고, 또 왕의 서자가 몸소 좌평 6명과 더불어 앞으로 나와서 죄를 빌었으나 이 또한 물리쳤다.

다음날 의자왕은 좌우 신하들을 거느리고 밤에 도망쳐 웅진성熊津城(현공주公州)으로 피하였으며, 의자왕의 아들 부여융扶餘隆은 대좌평 천복千福 등과 함께 나와 항복하였다. 이때 법민은 융을 말 앞에 꿇어앉히고 낯에 침을 뱉으며 꾸짖기를

"먼저 너의 아비는 나의 누이동생을 참혹하게 죽여 옥중에 묻어놓아 나로 하여금 20년 동안 마음을 아프게 하고 고민하게 하였다. 오늘 너의

목숨은 나의 손에 있다.”

하였으나, 융은 땅에 엎드려 아무런 말도 하지 못하였다.

결국 7월 18일에 이르러 의자왕은 태자와 웅진 방면으로 군사를 거느리고 웅진성에서 돌아와 항복하였다. 태종 무열왕은 의자왕이 항복하였다는 말을 듣고 7월 29일에 금돌성으로부터 소부리성所夫里城(부여 사비성泗沘城)에 이르러서 제감 천복天福을 당나라로 파견하여 승전을 알렸다. 8월 2일에는 승전을 기념하기 위해 크게 잔치를 베풀고 모든 장병들을 위로하였는데, 왕은 소정방 및 여러 장수들과 더불어 당상에 앉아 의자왕 및 그 아들 융을 당하에 앉혀 놓고, 때로 의자왕에게 술을 부어 올리게 하니, 백제의 좌평 등 군신들이 울며 눈물을 흘리지 않는 이가 없었다.

이날에 신라에서는 모척毛尺을 잡아 처형하였다. 모척은 본래 신라 사람으로서 백제로 도망하였었는데, 그는 대야성의 검일과 더불어 공모하여 성을 함락시켰으므로 신라를 배반한 죄로 잡아 죽였다. 또 검일은 잡아서 죄를 들어 말하기를

“너는 대야성에 있으면서 모척과 더불어 공모하고 백제의 군사를 끌어들여 창고를 불태워 성 안의 식량을 궁핍하게 만들어 실패하게 한 것이 죄의 첫째요, 품석 부부를 죽도록 한 것이 죄의 둘째요, 백제와 더불어 본국으로 쳐들어온 것이 죄의 셋째이다.”

하고, 사지를 찢어 죽여 그 시체를 강물에 던져 버렸다.

그런데 백제의 도성이 함락되자 그 남아 있는 적들은 남잠성南岑城, 정현성貞峴城 등 성에 의지하고, 또 좌평 정무正武는 무리를 모아 두시원악豆尸原嶽에 진을 치고 나당군에 대항하였다. 8월 26일이 되자 나당군은 임존任存(현 대흥大興)의 대책大柵을 공격하였으나, 백제의 많은 군사들은 험한 지형에 의지하여 있으므로 이를 격파하지 못하고 다만 소책小柵만을 격파하였다.

9월 3일에 이르러 당의 낭장 유인원劉仁願은 군사 1만 명으로 사비성에

유진留鎭하고 신라 왕자 인태仁泰는 사찬 일원日原과 급찬 길나吉那와 더불어 군사 7천 명으로써 유인원과 함께 사비성에 머물렀다. 한편 소정방은 백제의 왕과 왕족 및 그 신료 93명과 백성 1만2천 명을 데리고 사비성에서 떠나 배를 타고 당나라로 돌아가는데, 이때 김인문은 소찬 유돈儒敦과 대내마 중지中知 등과 함께 당으로 들어갔다.

9월 23일에 백제의 남은 적들이 여사비성으로 쳐들어와서 이미 항복한 사람들을 도로 빼앗으려 하자, 유수留守 유인원劉仁願은 나당을 거느리고 나가 이를 격파 퇴주시켰다. 적들은 사비성 남령南嶺(금성산錦城山) 위로 물러서서 사·오책을 굳게 쌓아놓고 무리를 모아 진을 친 다음, 틈을 보아서는 성읍을 돌며 약탈하니, 백제 사람들은 반란을 일으켰으며 20여 성이 이에 호응하였다. 이렇게 되자 당 고종은 좌위중랑장左衛中郞將 왕문도王文度를 웅진 도독으로 삼아 파견하였다. 그는 9월 28일에 삼년산성에 이르러서 왕에게 전서를 전달하였다. 이때 왕문도는 동쪽에 면하여 서고 대왕은 서쪽에 면하여 서서 황제의 명을 전한 뒤에 왕문도가 예물을 왕에게 바치려 하는데, 갑자기 왕이 병이 나서 돌아가실 지경에 이르자, 종자가 대신 왕의 자리에 서서 모든 일을 끝마쳤다.

그러나 곧 건강을 회복한 왕은 10월 9일, 태자와 모든 장병을 거느리고 이예성尒禮城(부여 동남쪽)을 공격하여 10월 18일에 성을 공취하고 관리를 두어 이를 지키게 하니 백제의 모반한 20여 성이 크게 두려워하며 모두 항복하였고 이어 같은 달 30일에는 사비성 남령의 군책을 공격하여 1천5백 명을 참살하였다.

그런데 11월 1일에 고구려가 군사를 일으켜 칠중성에 침입하여, 군주 필부匹夫는 적을 막다가 전사하고 말았다. 11월 5일에 왕은 계탄雞灘(부여 서강西江)을 건너가서 왕흥사잠성王興寺岑城(부여군 울성산성蔚城山城)을 공격하여 7일에 적을 격파하여 이기고 7백 명을 참살하였다. 이어 22일, 왕은 백제로부터 돌아와 논공하는데, 계금졸罽衿卒 선복宣服을 급찬으로 삼고,

군사軍師 두질豆迭을 고간高干으로 삼았는데, 그들은 전사하였다.

유사지儒史知, 말지활末知活, 보홍이寶弘伊, 설유屑儒 등 4명에게 벼슬을 주되 차등을 두었고 백제인이라도 재능을 보아서 등용하는데 좌평 충상忠常, 상영常永과 달솔達率 자간自簡은 일길찬의 벼슬을 주어 총관으로 삼고, 무수武守 은솔恩率은 대내마의 벼슬을 주어 대감으로 삼고, 인수仁守 은솔恩率은 대내마의 벼슬을 주어 제감으로 삼았다.

661년(태종 8)이 되어서도 백제와의 싸움은 계속 이어졌다. 2월에 백제의 잔적들이 사비성을 침공하므로 왕은 이찬 품일을 대당 장군으로 삼고, 잡찬 문왕과 대아찬 양도良圖와 아찬 충상忠常 등을 부장으로 삼고 잡찬 문충文忠을 상주上州 장군으로 삼고 아찬 진왕眞王을 부장으로 아찬 의복義服을 하주下州 장군으로 삼고, 무훌武歘과 욱천旭川 등을 남천南川 대감으로, 문품文品을 서당誓幢 장군으로, 의광義光을 낭당郞幢 장군으로 삼아 사비성을 구원하였다. 이어 3월 5일에 중로中路에 이르러 품일은 거느린 군사들을 나누어 먼저 가도록 하여 두량윤豆良尹(또는 두량이豆良伊) 남성城南에 병영을 칠 곳을 살피게 하였는데, 백제인들은 진영이 정비되지 못한 것을 바라보고 갑자기 내달아서 급히 공격하므로 모든 군사들은 불의의 습격을 받고 크게 놀라 도망하였다. 같은 달 20일에 대군은 고사비성古沙比城 밖에 진을 쳤다가 두량윤성豆良尹城으로 쳐들어갔으나 한 달 엿새가 되도록 성을 뺐지 못하자, 4월 19일에 회군하기 시작했다. 먼저 대당大幢과 서당誓幢을 가게 하고, 하주(현 창녕)의 군사들을 뒤에 따르게 하여 돌아가다, 빈골양賓骨壤(현 고부古阜 동쪽)에 이르러서 백제군을 만나 서로 싸웠으나 패하여 물러섰다. 이때, 죽은 사람은 비록 적었으나 병기구와 군량 등을 잃은 것은 심히 많았다. 상주 낭당은 적을 각산角山(고부 부근)에서 만났으나 진격하여 이기고 드디어는 백제의 진영으로 쳐들어가서 그 보루를 격파하고 2천 명을 참획하였다.

왕은 군사들이 패하였다는 말을 듣고 크게 놀라서 장군 김순金純, 진흠

眞欽, 천존天存, 죽지竹旨 등을 파견하여 이를 구원하게 하였는데, 그들은 가시혜진加尸兮津에 이르러서 군사들이 가소천加召川(현 거창居昌 가천加川)으로 물러갔다는 말을 듣고 군사를 돌리고 말았다. 이에 왕은 모든 장수들의 패배한 죄를 논하여 벌을 주었다.

5월 9일(11일이라는 설도 있음)이 되자 고구려의 장군 뇌음신惱音信이 말갈의 생해生偕 장군과 더불어 군사를 연합하여 술천성述川城(현 여주驪州 오포梧浦)으로 쳐들어왔으나, 이기지 못하고 북한산성으로 옮겨서 포차를 벌려 세우고 돌을 쏘아 성옥城屋을 파괴하자, 성주 대사 동타천冬陀川은 사람들을 시켜 철질려鐵蒺藜를 성 밖으로 던졌고 인마人馬가 범접하지 못하였다. 또 안양사安養寺의 창고를 파괴하여 그 재목을 가져다가 성의 헐린 곳을 수리하고 누로를 만들며 굵은 밧줄로 얽고 소와 말의 가죽과 무명옷을 걸어 매고 그 안에 노포弩砲를 설비하여 놓고 굳게 지켰다. 이때에 성 안에는 남녀 2천8백 명이 있었는데, 성주 동타천은 외롭고 약한 성민들을 격려하여 강대한 적을 잘 막으며 20여 일을 싸웠다.

그러나 군량이 다 떨어지고 힘이 다하여 피로하게 되자 마지막 방법으로 지성으로 하늘에 축원을 하기 시작하였다. 그랬더니 갑자기 큰 별이 적진으로 떨어지고 또 우레가 울리고, 비가 쏟아지며 벼락이 떨어져 적들은 크게 두려워하며 포위를 풀고 돌아가 버렸다고 한다. 이 말을 들은 왕은 크게 기뻐하여 곧 동타천을 대내마로 진급시켰다. 이때 압독주를 대야에 옮기고 아찬 종정宗貞을 도독으로 삼았다.

6월에 대관사大官寺의 우물물이 피와 같이 붉게 되었고, 금마군金馬郡 (현 익산益山)에서는 땅에서 피가 흘러 5보나 넓게 퍼졌다. 그런데 왕이 돌아가시므로 무열이라 시호하고 영경사의 북쪽에 장사하고 태종太宗의 호를 올렸다. 당 고종은 왕의 부음을 듣고 당나라 서울에 있는 낙성문洛城門에 나와 애도의 뜻을 표하였다.

태종 무열왕 대의 사람들 검일 黔日

검일의 태어난 해는 확실하지 않다. 대야성 도독 김품석의 막객幕客으로 있다가 아내를 김품석에게 빼앗기고 원한을 품고 있던 중 642년(선덕 11) 백제군이 대야성을 공격하자 백제군과 내통하여 성을 함락케 하였다. 태종 무열왕이 660년(태종 7) 당나라 장수 소정방과 함께 백제를 평정하자 검일은 같이 모의하였던 모척과 함께 붙잡혀 죽었다.

태종 무열왕 대의 사람들 김주원 金周元

김주원은 태종 무열왕의 6세손으로서 강릉江陵 김씨의 시조이자 각간 유정惟靖의 아들이다. 777년(혜공 13) 이찬으로 시중이 되고, 785년(선덕 6) 왕이 죽고 후사가 없자 군신 회의를 통해 왕에 추대되었다. 그러나 큰 비로 알천이 범람하여 경주에 건너올 수 없게 되자 대신들이 이는 하늘의 뜻이라 하여 상대등 김경신을 왕으로 추대했다. 그 후 화를 입을까 두려워 명주溟州에 도피했다가 명주군왕溟州郡王에 봉해졌다.

태종 무열왕 대의 사람들 충상 忠常

충상은 660년(의자 20) 좌평으로 황산黃山 싸움에 출전했다가 신라군의 포로가 되어 귀순하였고, 신라왕에 의해서 일길찬이 되었다. 661년(문무 1) 아찬으로 부장이 되어 백제의 유민을 토벌하고 상주 총관이 되었다.

태종 무열왕 대의 사람들 품일 品日

품일의 벼슬은 장군으로 관창官昌의 아버지이다. 660년 나당 연합군이 백제를 공격할 때 김유신과 함께 출전하였는데 아들 관창의 용감한 전사로 신라군의 사기를 북돋아 승리하게 하였다. 그 뒤 이찬으로 대당 장군이 되고 661년 사비성의 백제 유민을 토평하다가 패했으나, 상주 총관이 되어 우술성雨述城將(회덕懷德)을 함락하고 백제의 유민을 소탕했다. 664년 (문무 4) 김인문, 김문영과 함께 고구려 돌사성을 치고, 668년(문무 8) 나 당 연합군이 고구려를 칠 때 귀당 총관으로 참전했다. 670년 문충文忠, 중신衆臣 등과 함께 백제 유민이 준동하는 63개 성을 공취하여 공을 세 웠다.

태종 무열왕 대의 사람들   필부匹夫

필부는 아찬 존대尊臺의 아들이다. 사량부 출신으로 660년에 칠중성의 현령이 되어 고구려와 말갈군의 침입에 20일 동안 방어했으나, 성내에 있는 대내마 비삽比歃이 적과 내통하여 성내의 기근과 탈진을 알려 고구 려군의 총공격을 받자 비삽을 죽이고 항거하다가 전사했다. 후에 급찬에 추증되었다.

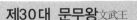

제30대 문무왕文武王   김씨 왕 15대

문무왕의 이름은 법민法敏으로 태종 무열왕의 원자이고, 그 어머니는 김씨 문명文明 왕후로 소판 서현舒玄의 막내딸이며 김유신의 누이동생이다. 그런데 문명 왕후가 왕후로 되기 전에 그 언니 보희寶姬가 서형산西兄山 꼭대기로 올라가 앉아서 오줌을 누니 그 오줌이 서울 안에 가득하게 차는 꿈을 꾸었다. 잠에서 깨어난 보희가 동생 문희文姬 곧 문명 왕후에게 꿈 이야기를 하니, 문희는 장난 같은 말로 말하기를

"나는 언니의 꿈을 사고 싶다."

고 하여 서로 사고팔기를 언약하고 그 꿈 값으로 비단 치마를 언니에게 주었다. 그런데 며칠 뒤 김유신은 춘추공과 함께 공을 차다가 옷끈을 밟아 떨어뜨렸다. 이에 김유신이 말하기를

"우리 집이 다행히 가까이 있으니 가서 옷끈을 달자."

청하고 함께 집으로 가서 주연을 베풀고 조용히 보희를 불러서 바늘과 실을 가져와 춘추공의 옷끈을 꿰매라고 하였다. 그러나 보희는 연고가 있다 하고 나오지 않고 동생 문희가 춘추공의 앞으로 나와서 이를 꿰매었는데, 깨끗한 단장과 경쾌한 의복을 입은 그 아름다운 자태는 눈을 부시게 하였다. 춘추는 그를 보고 크게 즐거워하여 혼인할 것을 청하였고, 결혼하여 곧 아들을 낳으니 이가 법민이다. 법민은 용모와 자질이 영민하고 총명과 지략이 많았다. 그는 영휘永徽 원년에 당나라에 가서 고종에게서 대부경大府卿의 벼슬을 받고, 654년(태종 1)에 파진찬 벼슬에 올라 병부령이 되었으며 얼마 되지 않아 태자로 책봉되었다. 660년(태종 7)에 태종 무열왕이 당의 장군 소정방과 백제를 평정할 때에 법민은 종군하여 큰 공을 세웠으며 왕이 서거하자 뒤를 이어 즉위하였다. 문무왕의 왕비는 자의慈儀 왕후로 파진찬 선품善品의 딸이다.

661년(문무 원년) 6월에 당나라에 들어가서 숙위하는 왕의 아우인 김인문(태종 무열왕의 둘째 아들)과 유돈儒敦 등이 돌아와서 문무왕에게 알리기를 "당나라 황제는 이미 소정방을 파견하여 수륙 35도병道兵을 거느리고 고구려를 정벌하게 하고, 드디어 대왕께서도 군사를 일으켜 당군과 서로 응하라 하니 비록 복상 중이나 당제의 칙명을 어기기는 어렵습니다." 하므로 왕은 김유신을 대장군으로 삼고 김인문, 진주, 흠돌欽突을 대당 장군으로 삼고 천존, 죽지, 천품을 귀당 총관으로 삼고 품일, 충상, 의복을 상주 총관으로 삼고 진흠, 중신, 자간을 하주 총관으로 삼고 군관軍官, 수세藪世, 고순高純을 남천주南川州(현 이천利川) 총관으로 삼고 술실述實, 달관達官, 문영文穎을 수약주首若州(현 춘천) 총관으로 삼고 문훈文訓, 진순眞純을 하서주河西州(현 강릉江陵) 총관으로 삼고 진복眞福을 서당 총관으로 삼

• 영휘永徽: 650년부터 655년까지 당나라에서 사용한 연호로서 650년인 제28대 진덕 여왕 즉위 4년부터 이 연호를 사용하여 사대事大의 예를 표하였다.

고, 의광을 낭당 총관으로 삼고, 위지慰知를 계금鬪衿 대감으로 삼았다.

드디어 8월에 문무왕이 모든 장병을 거느리고 시이곡정始飴谷停에 머무르는데 사자가 와서 알리기를

"백제의 잔적들이 옹산성甕山城(현 회덕)에 의거하여 싸우려 합니다." 하였다. 문무왕은 먼저 사자를 파견하여 이를 말로 타일러 보았으나 항복하지 않아, 9월 19일에 왕이 웅현정熊峴停(현 공주)에 진주하여 모든 총관과 대감을 모아 놓고 친히 그들을 훈계하였다.

이어 9월 25일에 왕은 군사를 거느리고 진군하여 옹산성을 포위하고 공격하여 이틀 뒤에는 대책大冊을 태워버린 다음 수천 명을 참살하고 드디어는 항복을 받아 내었다. 이에 문무왕은 그 공을 논하여 각간, 이찬으로서 총관이 된 자에게는 칼을 하사하고 잡찬, 파진찬, 대아찬으로서 총관이 된 자에게는 창을 하사하고 그 아래 있는 사람에게는 각각 일 품씩을 올려 주었다. 이때 웅현성을 축조하였다.

한편 상주 총관 품일은 일모산군一牟山郡(현 청주) 대수大守 대당大幢과 사시산군沙尸山郡 대수 철천哲川 등으로 더불어 군사를 거느리고 우술성을 공격하여 1천 명을 참살하니, 백제의 달솔達率 조복助服과 은솔恩率 파가波伽는 그 무리와 도모하여 항복하였다.

이에 왕은 조복에게는 급찬 벼슬을 주어 고타야군古陀耶郡(현 안동) 대수로 삼고 파가에게도 급찬 벼슬을 주고 겸하여 논밭과 집, 의복을 하사하였다.

10월 29일에 당나라 황제의 사자가 이르렀다는 말을 전해 들은 문무왕이 드디어 서울로 돌아오니 당나라의 사자는 조위를 겸하여 전왕인 태종 무열왕에게 제사하고 비단 등 5백 단을 부의로 증정하였다. 한편 김유신 등은 군사를 쉬게 하며 다음 명령을 기다렸는데 함자도含資道(현 황해도) 총관 유덕민劉德敏이 도착하여 평양으로 군량을 수송하라는 당제의 명령을 전하였다.

662년(문무 2) 정월에는 당나라의 사신이 객관客館에 머물러 있었는데 이때 왕을 책봉하여 개부의동삼사 상주국낙랑군왕신라왕上柱國樂浪郡王新羅王으로 삼았다. 이때 이찬 문훈文訓을 중시로 삼았으며 문무왕은 김유신에게 명하여 김인문, 양도 등 9명의 장군과 더불어 수레 2천여 채에 쌀 4천 석과 조 2만2천여 석을 싣고 평양으로 가서 당군을 돕게 하였다. 1월 18일에 김유신은 풍수촌風樹村에 이르러 유숙하게 되었는데 얼음이 얼어 미끄러운 데다가 길도 험하여 수레가 갈 수 없으므로 군량과 아울러 수레를 우마牛馬에 싣고 갔다.

닷새 뒤 칠중하七重河(임진강 하류)를 건너서 산양蒜壤에 이르렀는데 귀당 제감 성천星川과 군사 술천述川 등이 이현梨峴에서 고구려 병사를 만나서 이를 격살하였다. 2월 1일에 김유신 일행은 장새獐塞(현 수안遂安)에 이르렀는데 여기는 평양에 도착하기 3만6천 보 전이었으므로, 먼저 보기감步騎監 열기裂起 등 15명을 당영唐營으로 파견하여 이를 알리게 하였다. 안타깝게도 이날 눈바람이 몹시 불어 추위에 사람과 말들이 많이 얼어 죽었다.

2월 6일, 양오楊隩에 이르러서 김유신은 아찬 양도와 대감 인선仁仙 등으로 하여금 당나라 진영에 군량을 보내니, 소정방은 크게 기뻐하며 은 5천7백 분, 세마포細麻布 30필, 두발頭髮 30양, 우황牛黃 19양을 보내 주었다. 이렇게 소정방은 군량을 얻어 가지고는 싸움을 그만두고 돌아갔다. 김유신 등은 당나라 병사들이 돌아갔다는 말을 듣고 또한 군사를 돌려 과천瓢川을 건너오는데 고구려의 군사가 추격하므로 곧 군사를 돌려 대전하여 1만여 명을 참살하고 소형小兄 아달혜阿達兮 등을 사로잡고 병기구를 만으로 헤아릴 수 없게 노획하였다. 이에 문무왕은 전공을 논하는데 본피궁本彼宮의 재화와 전장田莊과 노복을 나누어서 김유신과 김인문 등에게 하사하였다.

또한 영묘사가 화재를 당하였다. 이때에 탐라국 주좌主佐 평도平徒 동음률冬音律(또는 동음진冬音津)이 내강하였는데 탐라는 무덕武德 이래로부터 백제에 신속臣屬하였던 까닭으로 존평佐平으로써 관호官號를 하였는데 이때 항복하여 속국으로 되었다.

3월에 왕은 죄수들을 대사하였으며 이미 백제를 평정하였으므로 유사들에게 명하여 큰 잔치를 베풀었다. 7월에는 이찬 김인문을 당나라에 파견하여 특산물을 바쳤다.

8월에 백제의 잔적들이 내사지성內斯只城에 집결하여 발악하므로 왕은 흠순 등 19명의 장군을 파견하여 이를 토평하게 하였는데, 대당 총관 진주와 남천주 총관 진흠이 거짓으로 병이라 칭하고 한가롭게 놀며 국사를 돌보지 않으므로 문무왕은 그들을 죽이고 아울러 그 일족을 멸하여 버렸다.

사찬 여동如冬은 그 어머니를 구타하였는데 하늘에서 우레와 비가 내리고 벼락이 떨어져 그를 죽이고 그의 몸 위에는 수악당須罣堂*이란 세 자가 쓰여 있었다. 이때 남천주에서 흰 까치를 왕에게 바쳤다.

663년(문무 3) 정월에는 긴 창고를 남산신성南山新城에 축조하였고 부산성富山城(현 부산釜山)을 쌓았다. 2월에는 흠순, 천존이 군사를 거느리고 백제 거열성居列城(현 진주晉州)을 공취하여 7백여 명을 참살하고 또 거물성居勿城을 공격하여 이를 항복 받고 또한 덕안성德安城(현 은진恩津)을 공격하여 1천7십 명을 참살하였다. 4월에는 당나라에서 우리나라를 계림대도독부鷄林大都督府로 하고 문무왕을 계림주鷄林州 대도독으로 삼는다 하였다. 5월에 영묘사의 문이 진동하였다. 이때 백제의 고장故將 복신福信과 부도浮圖 도침道琛은 옛 왕자 부여풍扶餘豊을 맞아 세우고는 유진留鎭 낭장 유인원이 있는 웅진성을 포위하고 공격하였다. 이에 당의 고종은 유인궤劉仁軌를 검교대방주자사檢校帶方州刺史로 하여 전도독前都督 왕문도王文度의 군사와 신라의 군사를 거느리고 백제의 병영으로 보냈는데, 유인궤는 각

* 수악당須罣堂: '악罣'자는 미상이다.

처에 옮겨 싸워 적진을 함락시켰으므로 향하는 곳마다 적이 쫓기게 되었다. 이에 복신 등은 유인원이 유진留鎭하는 웅진성의 포위를 풀고 임존성任存城(현 대흥大興)으로 물러서서 주둔하였다. 그러나 복신은 도침道琛을 죽이고 그 무리를 아우르고 배반하여 도망한 무리를 도로 불러 모으니 기세가 크게 확장되었다. 이때 유인궤는 유인원과 합세하여 무장을 풀어 군사를 휴양시키면서 본국에 증원군을 청하니, 당 고종은 우위위장군右威衛將軍에 손인사孫仁師를 파견하였다. 그는 군사 40만 명을 거느리고 덕물도에 이르러서 웅진부성熊津府城으로 향하는데 왕은 김유신 등 38명의 장군을(30명이라고도 함) 거느리고 당군과 합세하여 두릉豆陵(또는 두량豆良) 윤성尹城, 주류성周留城 등 모든 성을 공격하여 모두 함락시키니 부여풍은 몸을 빼어 도망하고 왕자 충승忠勝과 충지忠志 등은 그 무리를 거느리고 항복하였다. 그러나 홀로 지수신遲受信만은 임존성에 머물러 항복하지 않아 10월 21일부터 이를 공격하였으나 이기지 못하고, 11월 4일에 이르러 군사를 돌려 설리정舌利停(또는 후리정后利停)에 이르러서 전공을 논하여 상을 내리었고, 죄수들을 대사하고, 의상을 지어 유진하는 당군에게 보내 주었다.

김유신이 664년(문무 4) 정월에 퇴로退老를 청하였으나 왕은 이를 허락지 않고 궤장几杖을 하사하였다. 아찬 군관軍官을 한산주 도독으로 삼았다. 이때 문무왕은 부인들의 의복도 또한 중국의 의상으로 할 것을 분부하였으며 2월에는 유사有司에게 명하여 제왕능원諸王陵園에 각각 백성 20호씩을 옮겨 지키게 하였다. 또한 각간 김인문과 이찬 천존이 당나라의 칙사勅使 유인원과 더불어 백제의 부여 융扶餘隆과 웅진에서 동맹을 맺었다. 3월에 백제의 유민들이 사비산성泗沘山城(부여)에 의거하여 모반하므로 웅진 도독이 군사를 내어 이를 격파하였다. 이때 지진이 일어났다.

왕은 성천星川, 구일丘日 등 28명을 웅진부성으로 파견하여 당의 음악을 배우게 하였다. 7월에는 장군 김인문, 품일과 군관 김문영 등에게 명하여 일선과 한산 두 주의 군사를 거느리고 웅진부성의 군사와 더불어 고구려의 돌사성을 치게 하여 이를 격멸시켰다. 8월 14일에 지진이 일어나서 민가가 헐어졌는데 남방이 더욱 심하였다. 이때 왕은 백성들이 마음대로 재화와 논밭을 절에 시주하는 것을 금지하였다.

665년(문무 5) 2월에 중시 문훈이 벼슬에서 물러나자 이찬 진복을 중시로 삼았다. 이찬 문왕이 죽자 왕자의 예로써 장사하였으며 이때 당 고종은 사신을 파견하여 조위하고 겸하여 자의紫衣 한 벌과 요대腰帶 1조와 채능라彩綾羅 1백 필과 생초生綃 2백 필을 보내왔으므로, 왕은 당나라의 사신에게 금과 비단을 더욱 후하게 주어 보냈다.

8월에 왕은 칙사 유인원과 더불어 웅진 도독 부여 융과 웅진 취리산就利山(연미산鷰尾山)에서 화친을 맹약하였다. 그런데 처음에 백제는 부여장扶餘璋(무왕武王)이 고구려와 더불어 화친하면서부터 번번이 강토를 침범하므로 신라에서는 중국에 사신을 파견하여 구원을 청할 길이 끊이지 아니하였으며 소정방이 이미 백제를 평정하고 군사를 돌렸는데 백제의 남은 민중들이 또 반란을 일으키자 왕은 진수사鎭守使 유인원, 유인궤 등과 함께 수년 동안에 걸쳐 겨우 이를 평정하였다. 당 고종은 부여융에게 돌아가서 남은 무리들을 안정시키도록 분부하고 또 신라와 더불어 화친하라고 명령했다. 이에 흰 말을 잡아 화친을 맹약하는데 먼저 천지신명과 천곡川谷의 신에게 제사를 지내고 그 뒤에 서로 그 피를 입에 찍어 바름으로써 맹약하였다. 유인궤는 다음과 같은 맹약문을 지었다.

〈지난날에 백제의 선왕은 역순逆順의 이치에 어두워서 주변국과 우호를 돈독히 하지 아니하며 친족과 화목하지 않고, 고구려와 결탁하고 왜국과 교통하여 다함께 난폭하게도 신라를 침해하며 성읍을 약탈하여 대개 평안한 해가 없었다. 중국의 천자는 한 사람이라도 살 곳을 잃음을 민망히 여기고 죄 없는 백성을 불쌍하게 여기어서 번번이 사자를 파견하여 곧 화친할 것을 권하였다. 그러나 백제는 험한 지리와 중국과의 거리가 먼 것을 믿고 천경天經(중국)을 업신여기고 잘난 척 하였으므로, 황제가 노하여 군사를 내어 이를 정벌하게 되었는데, 깃발이 이르는 곳마다 한 번 싸우면 곧 평정되었다. 심하게 말하면 궁궐을 없애버려 연못을 만들어 후예를 훈계하게 하며 그 근원을 막고 뿌리를 뽑아버림으로써 후사들의 영원한 교훈을 삼을 것이나 유순한 자를 감싸주고 배반하는 자를 정벌하는 것은 전왕前王의 법이고, 망하는 것을 일으켜 주고 끊어지는 것을 이어주게 하는 것은 왕철往哲의 법이므로, 모든 일은 반드시 옛 일을 거울로 하여 모든 사기에 기록하여 전하게 하는 까닭으로, 전의 백제대사 가정경百濟大司稼正卿 부여를 웅진 도독으로 삼아 그 제사를 받들게 하고 그 옛 땅을 보전하게 하니, 신라와 서로 의지하며 오래도록 우국友國이 되어 각각 지난날의 원한을 없애고 우호를 맺고 서로 화친하며 각각 조명詔命을 받들어 영원히 번병藩屏으로 복속할 것이다. 또한 사인우위위장군로성현공使人右威衛將軍魯城縣公 유인원을 파견하여 친히 권유에 힘쓰게 하여 이 뜻을 이루게 하는 것이다. 이를 약정함에는 혼인으로써 하고 이를 말함에는 맹세로써 하며 희생된 흰말의 피를 서로 입에 찍어 바름으로써 함께 시종始終을 돈독히 하여, 서로 재해를 나누고 환난을 구원하고 은의를 형제같이 하여 윤언綸言(천자의 말)을 잘 받들고 감히 이를 잊지 말며 맹약한 후에는 함께 의리를 잘 지키어 만약에 맹약을 배반하여 여러 가지로 그 덕망을 버리고 군사를 일으켜서 변경을 침범하는 일이 있으면, 천지신명은 이를 밝게 살피어 온갖 재앙을 내려 그 자손을 기르지 못하게 하고 그 사직을 지키지 못하게 하고 제사조차 없어져서 그 남겨 놓은 것이 없도록 할 것이다. 그런 이유로 금서철권金書鐵券을 만들어서 종묘에 간직하게 하니, 자손만대에 감히 위반하는 일이 없도록 하라. 신神은 이 맹약을 듣고 이를 응감하고 이들에게 복되게 하여 달라.〉

이 맹약을 마치자 희생한 자신의 말을 제단의 북쪽에 묻고 그 글을 신라의 종묘에 장치藏置하였다. 유인궤는 신라의 사자와 백제, 탐라, 사국사四國使를 거느리고 배를 타고 본국으로 돌아가서 태산泰山(산동성山東省 태현북泰縣北)에 회사會祠하였으며, 왕은 왕자 정명政明을 태자로 세우고 죄수들을 대사하였다. 겨울에 일선, 거열居列의 두 곳 주민으로 하여금 군자軍資를 하서주로 수송하게 하였다. 당시 견포絹布의 계량은 옛날에 10심尋으로써 1필로 하였는데, 길이 7보, 넓이 2척으로써 1필로 하였다. 2월에 경도京都에 지진이 일어났으며 4월에는 영묘사에 화재가 있어 죄수들을 대사하였다.

666년(문무 6)에는 천존天存의 아들 한림漢林과 김유신의 아들 삼광三光이 모두 내마로서 당나라에 들어가서 숙위하는데 왕은 이미 백제를 평정하였으므로 고구려를 격멸시키고자 하여 당에 군사를 요청하였다. 12월에 당나라는 이이李勣을 요동도행군대총관遼東道行軍大摠管으로 삼고 사열소상백司列少常伯 안육安陸과 학처준郝處俊을 부장으로 삼아 고구려를 치게 하였다. 이때 고구려의 귀신貴臣 연정토淵淨土가 12성, 763호, 3천543명을 거느리고 와서 항복하였으므로, 왕은 연정토 및 그 종관 24명에게 의복과 양식과 집을 주어 도성 및 주, 부에 살게 하였는데, 그 8개 성이 완전히 복속하였으므로 군사들을 파견하여 이를 진수하였다.

왕은 667년(문무 7) 7월에는 큰 잔치를 3일 동안이나 베풀었다. 이때 당나라 황제는 칙령을 내려 지경智鏡과 개원愷元을 장군으로 삼아 요동 지역에 나가게 하였으므로, 문무왕은 곧 지경을 파진찬으로 삼고 개원을 대아찬으로 삼았으며, 또 당제는 칙령으로 대아찬 일원日原을 운휘雲麾 장군으로 삼았으므로 왕은 일원에게 명하여 궁정에서 칙령을 받도록 하고 대내마즙大奈麻汁 항세恒世를 당나라로 파견하여 조공하였다. 이때 당 고종은 유인원과 김인태金仁泰에게 명하여 비열도에 걸쳐 또 우리 군사를 징집하게 하고 다곡多谷과 해곡海谷의 두 도를 거쳐 평양으로 모이게 하였다. 8월에 왕은 대각간 김유신 등 30명의 장군을 거느리고 서울을 출발하여 9월에 한성정漢城停(현 광주廣州)에 이르러서 영공英公 이적李勣을 기다렸다. 10월 2일에 영공 이적이 평양성 2백 리 북쪽에 이르러서 이동혜촌 주소同今村主 대내마 강심江深을 파견하여 거란의 기병 80여 명을 거느리고 아진함성阿珍含城을 지나 한성漢城에 이르러 글을 보내어 병기를 독촉하므로 문무왕은 이를 좇기로 하였다. 11월 11일에 문무왕의 군사가 장새獐塞에 이르렀으나 영공 이적이 군사를 돌이켜 돌아갔다는 말을 듣고 문무왕의 군사도 또한 돌아왔다. 이에 왕은 강심江深에게 급찬 벼슬을 주고 오粟 5백 석을 하사하였다. 12월에 중시 문훈이 죽었다.

12월이 되자 당나라의 유진 장군 유인원이 당제의 칙령을 전하였는데 고구려 정벌을 원조하라는 것과 아울러 왕에게 대장군의 정절旌節을 주었다.

668년(문무 8) 봄에 아마阿麻가 와서 항복하였다. 이때 왕은 원기元器를 연정토와 함께 당나라로 파견하였는데, 연정토는 당나라에 머물러 돌아오지 아니하고 원기만 돌아왔으며, 이후에는 당제의 칙령으로 여자를 바치는 것을 금하도록 하였다. 3월에는 파진찬 지경智鏡을 중시로 삼았고, 비열홀주를 설치하고 파진찬 용문龍文을 총관으로 임명하였다. 4월에 혜성이 천선성天船星에 나타났다. 6월 12일에 요동도안무부대사요동행군부대총관 겸 웅진도안무대사 행군총관 우상 검교태자좌중호 상주국 낙성현개국남遼東道安撫副大使遼東行軍 副大摠管 兼 熊津道安撫大使 行軍摠管 右相 檢校太子左中護 上柱國 樂城縣開國男 유인궤가 당제의 칙명을 받들고 숙위 사찬 김삼광金三光과 더불어 당항진黨項津에 도착하였으므로, 왕은 각간 김인문으로 하여금 나가서 대례大禮로써 맞게 하였다. 이때에 우상 유인궤는 약속을 마친 후에 천강泉岡으로 향하였다.

6월 21일에 왕은 대각간 김유신을 대당 대총관大幢大摠管으로 삼고, 각간 김인문, 흠순, 천존, 문충과 잡찬 진복과 파진찬 지경과 대아찬 양도, 개원, 흠돌을 대당 총관으로 삼고, 이찬 진순陳純(또는 진춘陳春), 죽지를 경정京停 총관으로 삼고, 이찬 품일과 잡찬 문훈과 대아찬 천품을 귀당 총관으로 삼고, 이찬 인태仁泰를 비열도 총관으로 삼고, 잡찬 군관과 대아찬 도유都儒와 아찬 용장을 한성주 행군行軍 총관으로 삼고, 잡찬 숭신崇信과 대아찬 문영과 아찬 복세福世를 비열성주 행군 총관으로 삼고 파진찬 선광宜光과 아찬 장순長順, 순장純長을 하서주 행군 총관으로 삼고, 파진찬 의복宜福과 아찬 천광天光을 서당 총관으로 삼고, 아찬 일원日原, 흥원興元을 계금당罽衿幢 총관으로 삼았다.

다음날 웅진부성의 유인원은 귀간貴干 미힐未肹를 파견하여 고구려의 대곡, 한성 등 2군 12성이 항복하였음을 알려 왔으므로, 왕은 일길찬 진공眞功을 파견하여 하례하였다. 이때 김인문, 천존, 도유 등은 일선주 등 7군郡 및 한성주의 군사를 거느리고 당의 군영으로 들어갔다. 문무왕 또한 6월 27일, 서울을 출발하여 당의 군영으로 향하였으며 이틀 후에는 모든 도의 총관이 모두 출발하였다. 그런데 김유신에게는 풍병風病이 있었으므로 왕은 그를 서울에 머물러 있게 하였다. 그리고 김인문 등은 영공 이적을 만나서 영유산嬰留山(서경西京 북쪽 20리) 밑에 진군하고 있다가, 7월 16일에 왕은 한성주에 행차하여 모든 총관에게 나가서 당의 대군과 만나도록 분부하였다. 이때 김문영 등이 고구려 군사를 사천蛇川의 벌판에서 만나 대전하여 크게 격파하였으며, 9월 21일에 모든 군사들이 당의 대군과 합세하여 평양성을 포위하고 공격하니, 고구려의 마지막 왕인 제28대 보장왕寶藏王은 먼저 천남산泉男産(또는 연남산淵男産) 등을 파견하여 영공 이적에게 항복을 청하였다.

이에 영공 이적은 보장왕과 왕자 복남福男, 덕남德男과 대신 등 20만 명을 데리고 당나라로 돌아갔으며, 이때 각간 김인문과 대아찬 조주助州는 영공 이적을 따라가고 인태仁泰, 의복義福, 수세藪世, 천광天光, 흥원元이 수행하였다.

그런데 처음에 당의 대군이 고구려를 평정할 때, 왕은 한성을 출발하여 평양으로 향하는 도중에 힐차양肹次壤에 이르렀는데, 당나라의 모든 장수들이 이미 돌아갔다 하므로 왕은 한성으로 돌아왔다.

22일에 왕은 김유신에게 태대각간, 김인문에게는 대각간, 그 밖에 이찬 장군 등은 1등 관명인 각간으로, 3등 관명인 소판 이하는 모두 벼슬을 일 급씩 올려 주고, 대당 소감 본득本得은 사천 싸움의 제1공으로, 한성주 소감 박경한朴京漢은 평양성 내의 군주 술탈을 죽인 제1공으로, 흑악령黑嶽令 선극宣極은 평양성 대문大門 싸움의 제1공으로 하여 모두 일길찬의 벼슬과 조 1천 석씩을 주고, 서당 당주 금둔산金遁山은 평양 군영 싸움의 제1공으로 하여 사찬 벼슬과 조 7백 석을 주고, 남한산南漢山 군사 북거北渠는 평양성 북문 싸움의 제1공으로 술간 벼슬과 일속一粟 1천 석을 주고, 부양斧壤 군사 구기仇杞는 평양 남교南橋 싸움의 제1공으로 하여 술간 벼슬과 속粟 7백 석을 주고, 비열홀 가군사假軍師 세활世活은 평양소성平壤少城 싸움의 제1공으로 하여 고간 벼슬과 속 5백 석을 주고, 한산주 소감 김상경金相京은 사천 싸움에 전사한 제1공으로 하여 일길찬 벼슬을 추증하고 조租 1천 석을 주고, 아술牙述 사찬 구율求律은 사천 싸움에서 다리 밑으로 들어가 물을 건너 적과 싸워 크게 이겼으나 군령 없이 스스로 위험한 곳으로 들어갔으므로 비록 그 공은 제일이나 녹錄에 오르지 못하였다. 이에 구율이 분격하여 목을 매어 죽으려 하였으나, 곁에 사람이 있다가 이를 구하는 일이 발생하기도 하였다.

10월 25일에 왕은 수도로 돌아오는 길을 떠나서 욕돌역褥突驛에 행차하니 국원경國原京(현 충주)의 사신인 대아찬 용장이 사사로이 잔치를 베풀고 왕과 모든 시종들을 대접하고 음악을 연주하였으며, 내마 긴주緊周의 아들인 능안能晏은 나이가 16세로서 가야加耶의 춤을 추었는데 왕은 그의 용모가 단아함을 보고 앞에다 불러놓고 등을 어루만지며 금 잔으로써 술을 권하고 폐백幣帛을 후하게 주었다.

11월 5일에는 사로잡은 고구려인 7천 명을 데리고 서울로 들어와서, 다음날 문무 신료를 거느리고 선조 묘를 배알하여 아뢰기를

"삼가 선조의 뜻을 이어 받들고 당나라와 함께 의병을 일으켜 백제와 고구려에 죄를 묻고 그 원흉을 복죄하여 나라가 태평하게 안정되었음을 감히 이에 아뢰오니, 신께옵서는 이를 들어주시옵소서."

하였다.

11월 18일에 왕은 전사자에게 폐백을 내렸는데, 소감 이상은 10(2자 결)·필을, 종자에게는 20필을 주었다. 12월에 영묘사에 화재가 있었다.

669년(문무 9) 정월에 신혜信惠 법사를 정관政官 대서성大書省으로 삼았는데, 이때 당나라의 승려 법안法安이 와서 당제의 명령을 전하고 자석磁石을 구하였다.

2월 21일에 문무왕은 군신을 모아놓고 분부하기를

"신라는 백제와 고구려에 접하여 북벌과 서침으로 잠시도 평안한 세월이 없었도다. 전사들은 뼈를 부숴 들판을 쌓고, 몸과 목을 내 놓았도다. 선왕은 백성들의 참해慘害를 불쌍하게 여겨 천승千乘의 귀중함도 잊고 바다를 건너 당나라에 들어가서 궁궐에 군사를 청한 것은 백제와 고구려를 평정하여 영원히 싸움을 없애고자 함이고, 쌓이고 쌓인 원한을 갚고 백성들의 잔명을 완전하게 함이었다. 이제 백제는 비록 평정하였으나 고구려는 격멸시키지 못하였는데, 내가 이를 평정할 유업을 이어받아 마침내 선왕의 뜻을 완성하였다. 이제 백제와 고구려의 적들은 이미 평정되어 사방이 안정되고 싸움터에서 공을 세운 자들에게는 이미 상을 내리고 전사한 유혼들에게는 명자冥資를 추증하였다. 다만 감옥 속에서는 아직도 읍고泣辜의 은총을 입지 못하고 가쇄枷鏁의 고충과 갱신의 혜택을 입지 못하였으므로, 이 일을 생각하여 침식寢食이 불안하니 국내의 죄수들을 대사함이 옳을 것이다. 총장總章 2년(669) 2월 21일 미명 이전에 오역죄五逆罪 이외의 죄를 범하여 지금 감금된 자를 살펴보아 죄의 대소를 논할

• 'O자 결'로 표시한 부분은 O 개수 만큼의 글자가 유실되어 현재 해석할 수 없는 부분이다. 이후 나오는 'O자 결'도 같은 뜻임을 밝혀 둔다.

것 없이 모두 내놓고, 그 전의 대사한 이후에도 죄를 범하여 관작을 빼앗긴 자들도 아울러 용서하여 옛날대로 복탈하여 주도록 하라. 또 도적질한 사람은 다만 그 몸만을 놓아주되 그만한 재물을 능히 돌려 변상할 수 없는 자는 징수할 한계에 두지 말고 그러한 백성으로서 집이 빈한하여 남의 곡식을 가진 자로서 곡식이 잘 여물지 않는 땅을 가진 자는 원금과 이자를 모두 다 갚지 않게 하되 만약 곡식이 잘 되는 곳에 사는 자로서 금년에 곡식을 잘 수확할 수 있으면 그 원금만 돌리게 하고 이자는 갚지 않도록 하는데 (2자 결) 30일로 기한을 하라. 유사는 이 뜻을 받들어 곧 실행하라."

하였다.

이해 5월에는 천정泉井, 비열홀, 각연各連 등 세 군에 기근이 심하게 들어 곡창을 풀어내어 백성들을 구제하였다. 이때 급찬 기진산祇珍山 등을 당나라로 파견하여 자석 두 상자를 바치고, 또 각간 흠순과 파진찬 양도를 당나라로 파견하여 사죄하였다. 겨울이 되자 당나라의 사신이 이르러 조서를 전하고 노사弩師인 사찬 구진천仇珍川을 데리고 돌아가서 당제의 명령으로 활을 만들게 하였는데, 쏘아 보니 화살이 30보밖에 나가질 않았다. 이에 당제는 묻기를

"들건대 그 나라에서 만든 활은 1천 보를 나간다고 하는데 지금은 겨우 30보밖에 나가지 않으니 어찌된 일인가?"

하므로, 구진천은 대답하기를

"이는 자재가 좋지 못한 까닭입니다. 만약 본국에서 자재를 가져온다면 능히 이를 만들 수 있겠습니다."

하자, 당제는 곧 활을 개조하도록 명하였다. 구진천은 곧 활을 만들어 바쳤는데 이를 쏘아보니, 이번에는 60보밖에 나가지 않았다. 당제가 또 그 연고를 묻자 구진천은 대답하기를

"신도 또한 그 까닭을 알지 못하겠으나, 아마도 그 재목이 바다를 지

나오는 동안 습기의 침윤을 받은 것이 아닌가 생각됩니다."
하였다. 이에 당제는 구진천이 고의로 만들지 않는 것으로 의심하여 중
죄로서 다스리겠다고 협박하였으나, 끝까지 그 기능을 알리지 않았다.

이때 신라에서는 말 외양간 174소를 두게 하였는데 소 내의 말 거두는
곳 안에 22소, 궁정에 10소를 속하게 하고 태자각간太子角干 김유신에게
6소, 태각간 김인문 5소, 각간 7명에게 각 3소, 이찬 5명에게 각 2소,
소판 4명에게 각 2소, 파진찬 6명과 대아찬 12명에게 각 1소를 주고, 그
나머지 74소도 적당하게 이를 나누어 주었다.

670년(문무 10) 정월에 당 고종은 전년에 사죄사謝罪使로 가 있던 흠순
의 환국을 허락하였다. 그러나 양도는 그대로 가두어 두었는데, 그는 마
침내 옥에서 죽고 말았다. 사자의 신분이었던 이들이 당나라에 묶여 있
었던 것은 문무왕이 마음대로 백제의 토지와 그 유민을 거두어드려 당제
唐帝가 노했기 때문이었다.

3월에 이찬 설오유薛烏儒가 고구려의 태대형 고연무高延武와 함께 각각
정병 1만 명을 거느리고 압록강을 건너 옥골屋骨(3자 결)에 이르렀는데,
말갈병이 먼저 개돈양皆敦壤에서 기다리고 있었다. 4월 4일에 그들과 싸
워 드디어 크게 승리하였는데, 참획한 적의 수가 헤아릴 수 없이 많았다.
그런데 당나라의 군사가 계속하여 쳐들어오므로, 아군은 백성白城으로 물
러서서 적을 막았다. 6월에 고구려의 수임성 사람 대형大兄 모잠牟岑이
그 유민을 거두어 궁모성窮牟城으로부터 패하浿河의 남쪽 지방에 이르러
당나라의 관이官吏와 승려 법안法安을 죽이고 신라로 향하였다. 일행이 서
해의 사야도史冶島에 이르렀을 때, 모잠은 고구려 대신 연정토淵淨土의 아
들인 안승安勝을 보고 그를 한성으로 맞아들여 임금으로 받들어 모시고,
소형다식小兄多式 등을 문무왕에게 파견하여 다음과 같이 애원하기를

"멸망한 국가를 일으키고 끊어진 세대를 잇는 것은 천하의 공의公義이
므로, 오직 대국에 이를 바랄 따름입니다. 우리나라의 선왕(보장왕)은 왕

도를 잃고 멸망하였거니와 지금 신 등은 본국의 귀족 안승을 맞아 임금으로 받들어 삼았으므로, 원컨대 번병藩屛이 되어서 영원히 충성을 다하겠나이다."

하자, 왕은 이들을 나라 서쪽에 있는 금마저에 거처하게 하였다.

이때 한기부漢祇部의 한 여자가 한번에 3남 1녀를 낳았는데 이를 알게 된 문무왕은 속곡粟穀 2백 석을 하사하여 살게 하였다.

7월에 왕은 백제의 남은 무리들이 반복할 것을 의심하여 대아찬 유돈을 웅진 도독부로 파견하여 화친할 것을 청하였으나, 이 뜻을 따르지 않고 사마예군司馬禰軍을 파견하여 기미를 엿보자 왕은 사마이군司馬禰軍을 머물러두게 하여 돌려보내지 아니하고는 곧 군사를 일으켜 백제를 토벌하였다. 이때 품일, 문충, 중신, 의관, 천관 등은 63개 성을 공취하고 그곳의 사람들을 내지로 옮겼으며 천존, 죽지 등은 7개 성을 공취하여 2천 명을 참살하고 군관, 문영 등은 12개 성을 공취하고 적병을 쳐서 7천 명을 참살하였으며 말과 병기구 등을 노획한 것 또한 매우 많았다.

개선한 문무왕은 중신, 의관, 달관, 흥원 등이 이 싸움에 (3자 결) 사영寺營으로 퇴각하였으므로 그 죄가 사형하는 것이 마땅하였으나 이를 용서하여 면직시키고, 창길우倉吉于 (4자 결) 일一에게 각각 급찬 벼슬을 제수하고 전조田租를 주었다. 이때 왕은 사찬 수미산須彌山을 파견하여 안승을 고구려의 왕으로 봉하고 책명하기를

〈유함형維咸亨 원년(670년) 세차 경오歲次庚午 8월 1일 신축辛丑에 신라왕은 고구려 사자嗣子 안승을 책명한다. 공의 태조 중모왕中牟王은 덕을 북산에 쌓고 공을 남해에 세워 위풍을 청구靑丘에 떨치고 인자한 가르침을 현토玄菟에 덮어 자손이 서로 대를 이어 본지本支가 끊어지지 아니하고 천 리의 땅을 개척하며 8백 년이 가까웠는데, 남달男達, 남산男産 형제에 이르러서 화근이 소장蕭墻에 일어나고 불화가 골육 사이에 생겨나서 국가가 멸망하고 사직이 인멸되고 백성들은 혼란하여 마음을 의지할 곳이 없

게 되었다. 공은 이러한 위난危難을 산야에 피하다가 외로운 몸을 인국鄰國에 던져 그 유리신고流離辛苦함은 진문공晋文公의 자취와 같고 망국亡國을 다시 일으키고자 함은 휘후衛侯의 일과 같다. 여러 백성은 임금이 없어서는 안 되고 황천皇天은 반드시 돌보아 명함이 있는 것이다. 선왕(보장왕)의 정사正嗣는 오직 공이 있을 따름이니, 제사를 맡아볼 사람은 공이 아니고 누가 있겠는가. 삼가 사신 일길찬 수미산 등을 파견하여 공을 고구려의 왕으로 책명하는 것이니, 공은 마땅히 유민들을 모아 잘 어루만지고 옛 정의情誼를 불러일으켜 영원히 인국鄰國이 되어 형제와 같이 섬길 것이다. 경모敬慕하고 공경한다.〉

하고, 겸하여 멥쌀 2천 석과 갑구마甲具馬 1필과 능라 5필과 견세포絹細布 10필과 무명 15칭稱을 보내니, 보덕왕(안승)은 이를 받았다.

12월에 토성이 달을 꿰었고 서울에 지진이 일어났다. 또한 같은 달, 중시 지경智鏡이 퇴관하였으며 왜국은 나라 이름을 일본日本이라 고쳤는데, 그들은 말하기를 '해뜨는 곳에 가까움으로 이렇게 이름 한다' 하였다. 이때 한성주 총관 수세藪世가 백제를 취하고 (6자 결) 그 나라로 가려다 발각되어, 문무왕은 대아찬 진주를 파견하여 그를 죽였다. 12 (3자 결) 분서소육賁書所六 (2자 결) 강사동이가僵事同異可.

문무왕은 671년(문무 11년) 정월에 이찬 예원禮元을 시중으로 삼고, 군사를 일으켜 백제로 쳐들어가서 웅진 남쪽에서 싸웠다. 이 과정에서 당주 부과夫果가 전사하였으며, 또 말갈병이 설구성舌口城으로 쳐들어와서 성을 포위하였다가 이기지 못하고 물러가려 할 때 군사를 내어 이를 치고 3백여 명을 참살하였으며, 당나라 군사가 백제를 구하고자 내원한다는 말을 듣고 대아찬 진공眞公과 아찬 (4자 결)을 파견하여 군사를 내어 옹포甕浦를 수비하게 하였다. 이때 뱅어가 몰려들어 (10자 결) 왔는데, 길이가 한 치였다. 4월에 흥륜사의 남문에 벼락이 쳤다.

6월이 되자 장군 죽지 등을 파견하여 군사를 거느리고 백제 가림성加

林城(현 임천林川)으로 쳐들어가서 벼를 밟아 버리고, 드디어 당나라 군사와 석성石城(현 임천)에서 싸워 5천3백 명의 목을 자르고 백제의 장군 두 사람과 당의 과의果毅 여섯 사람을 사로잡았다. 7월 26일에 대당 총관 설인귀薛仁貴는 임윤 법사琳潤法師로 하여금 왕에게 글을 전하여 말하기를 고구려와 백제를 이제 깨끗이 소탕하였으니 무리하고 헛된 전쟁을 전개하여 더 이상 백성들을 힘들게 하지 않는 것이 대사를 치르는 사람이 가져야 할 도리임을 전하고 '처음에 길하다가 마지막에 흉하게 되는 것을 한탄하며 본래에 같은 마음이 뒤에 달라지는 것을 원망합니다'라는 뜻을 덧붙였다.

이에 대하여 문무왕은 답서하기를

〈선왕께서 정관貞觀 22년(648)에 입조하여 태종 문황제太宗文皇帝(이세민李世民)를 대면하고 은칙恩勅을 받았을 때 말하기를

"짐이 지금 고구려를 치는 것은 다른 까닭이 있는 것이 아니라 신라가 고구려와 백제 양국에게 씹혀 늘 그 침릉侵陵을 입게 되고 편안한 세월을 보지 못함을 불쌍하게 여기는데 있는 것이니 산천과 토지는 나의 탐내는 바가 아니고 옥백玉帛과 여자도 이는 나에게 있는 바이므로 내가 양국을 평정하면 평양 이남과 백제의 토지는 아울러 신라에게 주어서 영원히 편안하게 하려고 한다."

하며 계회計會를 만들고 군기軍期를 정하였다. 신라의 백성들은 이 은칙을 듣고 사람마다 축력畜力을 기르고 집집마다 쓸 때를 기다리고 있었는데, 대사를 마치지도 못한데 문제文帝가 먼저 돌아가시고 금상今上(고종)이 즉위하여 다시 먼저 은혜를 계속하자 번번이 자애로움을 입어 전날에 넘는 바가 있었으니 형제 자아子兒들은 회금타자懷金拖紫하며 그 영총榮寵의 지극함은 전고前古에 없었으므로 분신쇄골하여 사역使役을 다하려 하고 간뇌도원肝腦塗原하여 은혜의 만분지일이라도 갚으려고 한 것이다. 현경顯慶 5년(660)에 이르러 성상聖上이 선지先志를 이룩하지 아니함을 유감으로 생

각하고 전일의 유업을 이루고자 전선戰船을 갖추고 군사들에게 명하여 크게 선병船兵을 일으켰으므로 선왕은 연쇠역약年衰力弱하여 행군하기 어려웠으나 전은前恩을 생각하여 힘써 경계에 이르고 나를 시켜 군사를 거느리고 대군大軍을 응원하게 하여 동서로 서로 호응하고 수륙으로 구진俱進하여 선병(당군)이 겨우 강구江口에 들어올 제 육군(신라군)은 이미 대적大賊(백제군)을 격파하고 양군(신라·당)이 함께 백제의 서울에 이르러서 일국을 평정하였다. 이에 선왕께서는 드디어 소대총관蘇大摠菅(소정방)과 함께 백제민을 거느리기 위하여 당병 1만을 머무르게 하고 신라도 또한 아우 인태仁泰를 파견하여 군사 7천 명을 거느리고 웅진에서 함께 지키도록 하였고 대군大軍이 귀환한 후에 적신賊臣 복신福信이 강서江西에서 일어나 그 여중餘衆을 모아가지고 부성府城을 포위하고 달려들어 먼저 외책外柵을 피하여 모든 군자軍資를 탈취한 다음 다시 부성을 공격하여 마침 거의 함몰될 지경에 이르렀으며 또한 부성 근방의 사처에 성을 쌓고 대항하므로 이 부성에서는 출입을 할 수 없게 되었다. 이때 내가 군사를 거느리고 나가서 포위를 풀고 동시에 사면의 적성을 모조리 격파하여 먼저 그 위험함을 구하고 다시 양식을 운반하여 드디어는 당병 1만 명을 호문虎吻의 위난危難에서 면하게 하고 굶주린 유진군留鎭軍으로 하여금 자식을 바꾸어 상식相食하는 일이 없도록 하였다. 현경顯慶 6년(661)에 이르러 복신福信의 도당徒黨들이 점점 많아져서 강동江東의 땅을 침략하여 빼앗으므로 웅진의 당병 1천 명이 나가서 적도들을 치다가 도리어 적에게 대패하여 1명도 돌아오지 못하였다. 이렇게 패한 뒤로는 청원병이 밤낮으로 끊이지 아니하였다. 이때 신라에서는 나쁜 병이 돌고 있었으므로 병마를 징발할 수 없었으나 괴로운 청을 어기기 어려우므로 드디어는 많은 군사를 내어 나가서 주류성을 포위하였는데, 적들은 군사가 적은 줄 알고 드디어는 곧 나와서 대항하므로 병마를 크게 잃고 아무런 이득도 없이 돌아오니 남방南方의 모든 성에서 일시에 배반하여 복신에게 붙으니 복신은 이김을 타서 다시 부성을 포위하였다. 이로 인하여 곧 웅진으로 왕래하는 길이 차단되었으므로 곧 건아健兒들을 모집하여 그 궁핍과 고난을 구하였다. 6월에 이르러 선왕께서 돌아가시어 겨우 장례를 마치고 아직 상복을 벗지 못하였으므로 가보지 못하였는데, 군사를 내어 북(고구려)으로 와 달라는 칙명이 있었고 함자도含資道 총관 유덕민 등이 칙명을 받들고 와서 신라로 하여금 평양으로 군량을 공급하여 달라고 하였다.

이때에 웅진에서 사자가 와서 부성의 고약함을 말하는데, 유 총관은 나와 함께 이곳을 평정하는 것을 의논하며 말하기를

"만약 먼저 평양으로 군량을 수송한다면 곧 웅진의 통로가 절단될 것이 두렵고, 웅진의 통로가 끊어진다면 유진留鎭하는 당병이 곧 적의 손아귀에 들어가리라."

하였다. 유 총관은 드디어 나와 서로 힘을 합하여 먼저 옹산성을 치고 옹산이 함락되자 곧 웅진에 성을 쌓고 웅진과의 통로를 개통하게 되었다. 12월에 이르러 웅진의 군량이 다하였다. 먼저 군량을 웅진으로 수송하면 칙명을 어길까 염려되고, 만일 평양으로 수송하면 곧 웅진의 군량이 끊어질까 염려 되었다. 이런 까닭으로 노약자들로 하여금 웅진으로 군량을 수송하고 강건한 정병들로 하여금 평양으로 향하게 하였다. 그런데 웅진으로 군량을 수송할 때 노상에서 눈을 만나 인마人馬가 모두 얼어 죽어 1백 명 중 1명도 돌아오지 못하는 형편이었다. 용삭 2년(662) 정월 유총관은 신라 양하도兩河道 총관 김유신 등과 함께 평양으로 군량을 수송하였다. 당시에 비가 달을 걸쳐 연이어 오고 풍설風雪이 가장 심하여 추위에 인마人馬가 얼어 죽고 군량도 잘 보낼 수 없는 형세였다.

그런데 이때에 평양의 대군이 귀환하려 하였으며, 신라의 병마도 양식이 다하여 또한 돌아오려 하였는데 군사들은 굶주림과 추위에 손발이 얼어 길가에서 죽어 넘어지는 자가 그 수를 헤아릴 수 없었다. 군사들이 호로하瓠濾河(임진강 하류)에 다다랐을 때에 고구려의 병마가 뒤를 쫓아와서

안상岸上에 포진하였는데 신라의 군사들은 피로한 지 오랬으나 적이 멀리 쫓아올까 염려하여 적이 아직 강을 건너오기 전에 먼저 건너서 적의 선봉과 잠깐 싸우자 적들이 와해되므로 겨우 강을 건너 돌아오게 되었다. 이때 군사들이 집에 이르러 한 달도 지나지 않았는데 웅진부성에서는 번번이 양식을 구하러 왔으므로 전후 보낸 곡식이 수만여 석이었다. 남으로는 웅진으로 수송하고 북으로는 평양으로 공급하여 조그마한 신라가 두 곳으로 나누어 보내게 되니 사람의 힘은 극도로 피폐하고 우마들은 다 죽어버리고 정사는 때를 잃고 해마다 곡식은 잘 되지 못하였으며, 창고에 저장하였던 곡식은 모두 수송하여 버렸으므로 신라의 백성들은 초근목피로도 부족하였지만 웅진의 당병들은 양식의 여유가 있었고 또한 유진한 당병들은 집을 떠나 오래된 까닭으로 의복이 떨어져 모두 몸이 벌거벗게 되었으므로 신라에서는 백성들에게 옷을 거두어내어 때를 맞춰 공급하였고 도호都護 유인원은 원진遠鎭 고성孤城으로 사면이 모두 적이었으므로 항상 백제의 침해를 입어 늘 신라의 구원으로 어려움을 풀게 되었다. 1만 당병은 4년 동안 신라의 의식으로 살아났으니 유인원으로부터 병사들에 이르기까지 뼈는 비록 한지漢地에서 출생하였으나 혈육은 모두 신라의 기른 바라. 국가의 은혜는 비록 끝이 없다고 하나 신라의 충성도 또한 긍민矜憫한 것이다. 용삭 3년(663)에 이르러서 총관 손인사孫仁師가 군사를 거느리고 부성으로 내구來救하므로 신라에서도 병마를 발동하여 함께 정도에 올라 주류성에 이르렀는데, 이때에 왜국의 선병船兵이 와서 백제를 원조하는데, 왜선 1천 척이 백강白江에 머무르고 백제의 정기精騎들이 안상岸上에서 왜선을 수비하였다. 신라의 정기들은 당나라 군사의 선봉이 되어 먼저 안상의 백제군을 격파하니 주류성은 겁을 내어 드디어는 항복하였다. 남방이 이미 평정되자 군사를 돌려 북벌하려는데, 임존성 하나만은 완강하게도 항복하지 않으므로 양쪽의 군사들이 힘을 아울러 가지고 함께 임타성任打城을 공격하였으나, 적은 굳게 지켜 항거하므

로 이를 공취하지 못하고 신라가 군사를 돌려 돌아오려고 하니 두대부杜 大夫가 말하기를

"칙명에 의하면 평정된 뒤에는 함께 상맹相盟하라 하였으니 임존성이 비록 항복하지 않았지만 곧 함께 상맹하는 것이 옳다."

하므로 신라에서는

"칙명에 준하여 평정된 뒤에 상맹하려 하였다. 그러나 임존성이 아직 항복하지 않고 또한 백제에서는 간사함이 한이 없고 반복함이 무상하니 지금 비록 함께 모여 맹서한다 하더라도 뒤에 서제噬臍의 후환이 있을 것 이다."

하고 상맹을 정지하도록 주청하였다. 인덕麟德 원년(664)에 다시 항복을 받으라는 칙명이 있고 맹약하지 않음을 책망하므로 곧 사람을 웅령熊嶺으로 파견하여 단을 쌓고 함께 맹약하고 이어 상맹한 곳으로 드디어 양계兩 界로 하였다. 맹회한 일은 비록 원하는 바 아니었으나 감히 칙명을 위반 하지 않음이며 또한 취리산에 단을 쌓고 칙사 유인원을 대하여 삽혈歃血 로써 맹약하고 산하山河로써 서약하였으며 계봉界封을 구획하여 영원히 경계를 정하고 백성을 살게 하여 각각 산업을 영위하게 하였다. 건봉乾封 2년(667)에 이르러 대총관 영국공英國公(이적李勣)이 요동을 정벌한다는 말 을 듣고 내가 한성주로 나가 군사들을 파견하고 지경으로 모일 때 신라 의 병마만이 홀로 쳐들어갈 수 없어서 먼저 사람을 3번 파견하고 배를 이어 보내어 대군을 엿보도록 하였는데, 사자가 돌아와서 알리기를 대군 이 아직 평양에 이르지 않았다 하므로 우선 고구려의 칠중성을 쳐서 길 을 열면서 대군이 이르기를 기다렸다. 칠중성을 함락시킬 때 영국공의 사인使人 강심江深이 와서 말하기를

"대총관의 말에 의하면 신라의 군사는 성을 공격할 것이 아니라 빨리 평양으로 와서 곧 군량을 공급하라."

하였다. 뒤이어 모이자는 말이 있으므로 내가 수곡성水谷城(현 신계新溪)에

이르렀는데 대군이 이미 돌아갔다고 듣고 신라의 병마도 곧 거두어 돌아왔다. 건봉 3년(668)에 대감 김보가金寶嘉를 파견하여 바닷길로 영국공의 처분을 살피게 하였는데, 신라의 군사를 평양으로 모으라는 말을 듣게 되었다. 5월에 유우상劉右相이 와서 신라의 병마를 내어 함께 평양으로 향할 때 나도 또한 한성주로 나가서 병마를 검열하였다. 이때 번蕃(거란)과 한漢(당)의 장군들이 모두 사수虵水에 모였는데 남건男建이 군사를 내어 한번 결전을 하고자 하므로 신라의 병마는 홀로 선봉이 되어 먼저 적의 대진을 격파하니 평양성 군중은 예봉이 꺾이고 사기가 위축되었고, 뒤에 영국공이 신라의 날랜 기병 5백 명을 데리고 먼저 성문으로 들어가서 드디어는 평양성을 격파하고 승리하여 대공을 이룩하게 되었다. 이에 이르러 신라의 군사들이 말하기를

"백제와 고구려의 정벌을 시작한 지 이미 9년이 경과하여 인력이 다하였으나 끝내 양국을 평정하고 누대의 숙망을 오늘에 이루었으므로 나라로서는 진충盡忠의 은혜를 이고 사람들은 공효의 상을 받는 것이 마땅하다."

하였다. 신라의 군사들은 이 말을 듣고서 다시 두려움이 더하여졌다. 또 공을 세운 장병들의 이름이 조정으로 들어가고 경도京都에 이르렀으나 말하기를

"이번 신라에는 아무런 공이 없었다."

하므로 모든 장병들이 그대로 돌아오게 되자 백성들까지 더욱 두려워하게 되었다. 또한 비열성은 본시 신라의 것으로서 고구려가 이를 공격하여 빼앗은 지 30여 년 만에 신라가 도로 이 성을 가지게 되었으므로 백성들을 이곳으로 옮겨 살게 하고 관부官府를 두어서 이를 지키게 하였는데, 또 이 성을 빼앗아 고구려로 돌려주었고 또한 신라가 백제를 평정하면서부터 고구려를 평정할 때에 이르기까지 진충 효력效力하여 국가에 잘못된 바 없는데 어찌되어 죄로서 다스리려 하니 왜 일조에 버림을 당하

는지 알 수 없었다. 비록 이와 같은 원망이 있다 하더라도 늘 아무 반역하는 마음을 가짐이 없었다. 총장總章 원년(668)의 백제와의 맹회처盟會處에 관하여는 봉강封彊을 옮기고 계표를 바꾸어 전지田地를 침탈하고 우리의 노비를 빼앗고, 우리 백성을 유인하여 내지에 숨겨 두고 번번이 찾아내어도 끝내 이를 돌려보내지 아니하였다. 또한 소식을 통하여 들으면 국가에서는 선소船艘를 수리하여 밖으로 왜국을 정벌한다고 말하나 실은 신라를 공격하고자 하는 것이라 하여 백성들은 이 말을 듣고 놀라며 불안에 쌓였다. 또한 백제의 부녀를 신라 한성 도독 박도유朴都儒에게 시집보내게 하고 이와 동모하여 신라의 군기를 훔쳐 한 주州의 땅을 습격하려던 중 다행히 이 사실이 발각되어 곧 도유를 참형하였으므로 그 뜻을 이루지 못하고 말았던 것이다. 함형咸亨 원년(670) 6월에 고구려가 모반하여 당의 관리들을 모두 살해하므로 신라는 곧 군사를 내고자 하여 먼저 웅진에 이 사실을 알려 말하기를

"고구려가 지금 모반하여 이를 정벌하지 않을 수 없으니 피차가 같은 처지로서 사리는 함께 흉적을 토벌하여야 할 것이다. 군사를 일으키는 일은 반드시 평정하는데 있어야 하겠으므로 요컨대 관리를 이곳으로 파견하여 함께 모여 상의하며 계책을 세우자."

고 하였다. 이에 백제의 사마예군司馬禰軍이 이곳으로 와서 드디어는 함께 의논하기를

"발병發兵한 후에는 피차 서로 의심할 염려가 있으니 쌍방의 관리를 서로 교질交質하자."

하므로 곧 김유돈金儒敦과 부성의 백제 주부 수미와 장귀長貴 등을 부성으로 파견하여 교질의 일을 상의하게 하였는데 백제는 비록 교질을 허락하였으나 성에서는 병마를 모으고 그 성 아래에 이르기만 하면 밤에 나와서 공격하는 것이었다. 7월에 입조사入朝使 김흠순 등이 돌아와서 장차 경계선을 확정하는데 지도에 의하여 살펴보면 백제의 옛땅을 모두 갈라

돌리게 하여 황하黃河가 아직 띠(대帶)와 같이 되지 않고 태산이 아직 숫돌과 같이 되지 않아 34년 동안 한 번 주고 한 번 빼앗게 되니 신라의 백성들은 모두 이 바람에 실망하여 말하기를

"신라와 백제는 누대의 깊은 원수였는데 이제 백제의 모양을 보면 따로 한 나라를 세우려는 꼴이니 1백 년 뒤에는 우리 자손들이 반드시 그들에게 먹히게 될 것이다. 신라는 이에 한 나라의 고을로 된 이상 양국으로 나눌 수 없으며 일가가 되어 오래도록 후환이 없도록 되기를 원한다."

하였다. 지난해 9월에 이 사실을 상세히 적어 사신을 파견하여 알리려 하였는데 바다에서 풍파를 만난 표류되어 중도에서 그냥 돌아오고 또다시 사신을 파견하였으나 역시 뜻을 이루지 못하였고 뒤에는 풍파와 한기가 극심하므로 아직까지 이 사실을 알리지 못하였는데 백제는 거짓말을 꾸미며 알리기를 '신라가 도리어 배반한다'고 하였다. 신라는 앞서 귀신貴臣의 뜻을 잃고 뒤에는 백제의 잠언潛言을 입어 진퇴의 허물을 보여 아직도 충성을 펴지 못하고 이러한 잠언이 날로 성청聖聽을 거스르니 둘도 없는 충심을 아직 한번도 통하지 못하였다. 사인 임윤琳潤이 글을 가지고 이르렀으므로 이를 보고 총관이 풍파를 무릅쓰고 해외에 온 것을 알았다. 사리는 반드시 사자를 교외로 파견하여 영접하고 치육을 내어 보내어야 하겠으나 만리이성萬里異城에 있어서 아직 예를 이루지 못하고 때로 영접의 결함이 있으나 청컨대 괴이하게 생각하지 말라. 총관의 보낸 글을 읽으면 오로지 신라가 반역한 것처럼 말하였으나 이는 본심이 아니었으므로 도리어 놀랄 따름이며 스스로의 공로를 헤아리다가 꾸지람을 입을까 두려우며 입을 다물고 책망을 받는 것이 또한 불행한 운명에 빠지는 것이므로 지금 대략 억울함을 말하고 반역함이 없는 것을 적는다. 국가가 일개 사인을 보내어 그 원인을 묻지 아니하고 수만의 무리를 파견하여 나라를 전복하려 하며 노선艫船이 창해滄海에 차고 노축艫舳이 강구江口에 연하고 웅진에 이르러 신라를 치려하니 슬프다. 백제와 고구려를 평정하지

아니하였을 땐 손발과 같은 사역使役을 하였는데 야수와 같은 적을 멸망시킨 지금에는 도리어 그 침노하여 핍박함을 보게 되었다. 적잔賊殘인 백제는 도리어 옹치雍齒의 상을 받게 되고 당나라를 따른 신라는 이미 정공丁公의 주誅를 당하는가. 태양의 별이 비록 빛을 돌려주지 아니하나 규곽葵藿의 본심은 오히려 햇볕을 생각하는 것이다. 총관은 영웅의 수기秀氣를 품수稟受하고 장상將相의 고귀한 자질을 품고 칠덕七德을 겸비하고 풍류를 섭렵涉獵하였으니 천벌을 공행함에 있어 함부로 죄 아님을 죄로서 다스릴 것인가. 천병天兵이 나오기 전에 먼저 원인을 물어야 할 것이다. 보낸 글을 연유하여 감히 배반하지 아니한 사실을 말하는 것이니 청컨대 총관은 잘 생각하여 사실대로 상세히 올리도록 하라. 계림주대도독좌위 대장군 개부의삼사 상주국신라왕雞林州大都督左衛大將軍開府儀同三司上柱國新羅王 김법민金法敏 아룀이다.〉

하였다. 이때 소부리주所夫里州(부여)를 설치하고 아찬 진왕眞王으로 도독을 삼았다.

9월에 당장唐將 고간高侃 등이 번병蕃兵 4만 명을 이끌고 평양에 이르러서 심구深溝를 파고 고루高壘를 쌓고 대방帶方을 침범하였다. 10월 10일에는 당의 조선漕船 70여 척을 격파하고 낭장 겸 이대郎將鉗耳大 후후後侯와 군사 1백여 명을 사로잡았는데 적들이 물에 빠져 죽는 자는 그 수를 헤아릴 수 없었다. 이 싸움에 급찬 당천當千의 공로는 으뜸이므로 사찬 벼슬을 주었다.

672년(문무 12) 정월에 왕은 장병을 파견하여 백제의 고성성古省城*을 공격하여 승리하였고 2월에 백제의 가림성을 공격하였으나 이기지 못하였다. 7월에 당장 고간이 군사 1만 명을 거느리고 이근행이 군사 3만 명을 거느리고 일시에 평양에 이르러 8영을 만들고 유둔하는데 8월에 한시성韓始城, 마읍성馬邑城(평양 부근)을 공격하여 이기고 진군하여 백수성白水

---

* 또는 사비성泗沘城이라고 전해지기도 한다.

城(백천白川)을 5백 보쯤 떨어진 곳에 병영을 만들었다. 아군은 고구려병과 더불어 적과 싸워 수천 명의 목을 자르니 고간 등이 도망하므로 이를 추격하여 석문石門(서흥瑞興)에서 싸웠으나 아군이 패하여 대아찬 효천曉川과 사찬 의문義文, 산세山世와 아찬 능신能申, 두선豆善과 일길찬 안나함安那含, 양신良臣 등이 전사하였다. 이때 한산주에 주장성晝長城(남한산성南漢山城)을 쌓았는데 주위가 4천360보였다.

9월에 혜성 일곱이 북방에 나타났다. 문무왕은 앞서 백제(웅진도독부)가 당에 호소하여 군사를 내어 우리를 치므로 사세가 급하여 신주申奏할 사이도 없이 군사를 내어 토벌하였다. 이 까닭으로 당나라에 죄를 지었으므로 급찬 원천原川과 내마 변산邊山 및 사로잡힌 낭장 겸이대후鉗耳大侯와 내주사마萊州司馬 왕예王藝, 본열주장사本烈州長史 왕익王益, 웅천도독부사마熊州都督府司馬 예군禰軍, 증산사마曾山司馬 법총法聰 등 군사 170명을 보내고 글을 올려 사죄하였다.

〈과인은 죄진 것을 말합니다. 지난날 우리 형세가 기울어지므로 위급하여 멀리 구원을 입어 멸망을 면할 수 있었음은 분신쇄골하여도 위로 홍은鴻恩을 갚지 못하지 못하고 쇄수회진碎首灰塵 하더라도 어찌 자애함을 우러러 갚을 수 있으리오. 그러나 원수인 백제가 우리의 변경으로 침박하여 천병天兵을 이끌어 들여 우리를 치려하므로 파멸의 지경에서 스스로 삶을 구하고자 하였으나 잘못 흥역의 누명을 입고 드디어는 용서받기 어려움에 빠지게 되었는데 과인은 사의事意를 알지 못함을 염려하오. 먼저 형륙刑戮을 쫓으면 살아서는 역명逆命을 입게 되고 죽어서는 배은背恩의 귀신이 되겠으므로 삼가 사정을 적어 죽음을 무릅쓰고 이를 알리는 것이니 원컨대 신청神聽을 드리워 그 원인을 밝게 살피기를 바랍니다. 우리는 전대 이래로 조공을 끊지 않았는데 최근 백제 때문으로 하여 모든 직공職貢을 결하게 되고 드디어 성조聖朝에서는 군사를 내어 과인의 죄를 치니 죽어도 여형餘刑이 있어 남산南山의 대나무를 다하여도 과인의 죄를 능히 쓰기 부족하고 포사襃斜의 숲도 과인의 계구械具를 만들기에 부족할 것이며 종묘와 사직을 헐어 연못을 만들고 과인의 몸을 죽여 찢어 버리더라도 이 사정을 듣고 판단하여 준다면 달게 형벌을 받겠습니다. 과인의 관과 상여가 곁에 있고 머리의 진흙이 아직 마르지 아니하여 피눈물로 조명朝命을 기다리며 형명刑命을 복청하나이다. 생각건대 황제 폐하는 밝기가 일월日月과 같고 용광容光과 덕망이 천지와 화합하고 동식물까지 모두 혜택을 입어 호생好生의 덕德은 멀리 곤충까지 미치며 그 인자함은 상영翔泳까지 원류爰流하니 만약 복사服捨의 용서를 내리고 요령腰領을 보전하는 은혜를 내리면 비록 죽는다 하더라도 오히려 산 것과 다름이 없겠나이다. 버리지 못할 바이오나 감히 소회를 말하여 복검伏劒의 뜻을 이기지 못하겠으므로 삼가 원천 등을 파견하여 글월을 올려 사죄하며 칙명을 복청하려 합니다. 과인은 돈수돈수頓首頓首· 사죄하나이다.〉

하고 겸하여 은 3만3천5백 분分과 동 3만3천 분과 침針 4백 매枚와 우황백牛黃百 20분分과 금 120분과 40변포弁布 6필匹과 30변승弁升 60필을 예물하였다. 이해에는 곡식이 귀하여 사람들이 기근에 빠졌다.

673년(문무 13) 정월에 큰 별이 황룡사와 궁성의 중간에 떨어졌다. 이때 강수强首를 사찬으로 삼고 세조歲租 2백 석을 주었다. 2월에는 서형산성을 증축하였으며, 6월에는 호랑이가 대궁정大宮庭으로 들어왔으므로 이를 잡아 죽였다.

7월 1일에는 김유신이 돌아갔으며, 이달에 아찬 대토大吐가 모반하여 당에 결탁한 사실이 발각되므로 죽이고 그 강자妻子들은 천인賤人으로 만들었다. 8월에 파진찬 천광天光을 중시로 삼고 사열산성沙熱山城(현 청풍淸風)을 증축하였다. 9월에는 국원성國原城(고완장성古亂長城, 현 충주), 북형산성北兄山城, 소문성召文城, 현 의성義城), 이산성耳山城(현 고령高靈), 수약주首

• 돈수頓首: 머리가 땅에 닿도록 하는 절 또는 편지의 처음이나 끝에 상대에 대한 경의를 표하기 위하여 쓰는 말이다.

若州의 주양성走壤城(일명 질암성迭巖城, 현 춘천), 달함군達含郡의 주잠성主岑城, 거열주居烈州의 만흥사산성萬興寺山城, 삽량주歃良州(현 양산梁山)의 골쟁현성骨爭峴城을 축조하였다.

문무왕은 대아찬 철천徹川 등을 파견하여 병선 1백 척을 거느리고 서해를 지키게 하였다. 이때 당병이 말갈·거란병 등과 더불어 북변에 침입하여 무릇 아홉 번이나 싸웠는데 신라의 군사가 모두 승리하여 2천여 명의 머리를 잘랐고 당병은 호로瓠瀘, 왕봉王逢의 두 강에 빠져죽는 자를 가히 헤아릴 수 없을 정도였다.

그러나 겨울에 당병이 고구려의 우잠성牛岑城을 공취하였고 거란·말갈병은 대양성大楊城과 동자성童子城을 공취하였다. 이때 처음으로 외사정外司正을 설치하였는데 주州에는 2명, 군郡에는 1명으로 하였는데, 이는 처음에 태종왕太宗王이 백제를 공멸하고 수비하는 군사를 파하였다가 이때에 이르러 다시 설치한 것이다.

674년(문무 14) 정월에는 당에 들어가서 숙위하던 대내마 덕복德福이 역술을 전학傳學하여 가지고 돌아와서 새로 역법을 개용改用하였다. 이때 왕은 고구려의 반중叛衆을 거두어들이고 또한 백제의 고지故地를 점거하여 사람을 보내어 이를 수비하게 하니 당 고종이 크게 노하여 조서로서 문무왕의 관작을 삭탈하였다. 왕제우효위원외대장군임해군공王弟右驍衛員外大將軍臨海郡公 인문仁問이 경사京師에 있었으므로 이를 세워 신라의 왕으로 삼아 귀국하게 하고 좌서자동중서문하삼품左庶子同中書門下三品 유인궤로서 계림도대총관雞林道大摠管으로 삼고 위위경衛尉卿 이필李弼과 우령군대장군右領軍大將軍 이근행李謹行을 부관으로 삼고 군사를 일으켜 쳐들어왔다.

이후 몇 달간은 별다른 전쟁 없이 지나갔다. 2월에는 궁내에 연못을 파서 산을 만들고 온갖 화초를 심어서 진기한 금수를 길렀다. 7월에 대풍이 불어 황룡사의 불전佛殿이 손상됐다.

8월에는 서형산 밑에서 열병閱兵을 실시하였으며, 9월에는 의안義安 법사에게 명하여 대서성大書省을 삼고, 안승安勝을 봉하여 보덕왕報德王으로 삼았다. 670년(문무 10) 안승을 고구려 왕으로 봉하였는데, 지금 다시 봉한 것이다. 보덕이라는 말은 귀명歸命하였다는 뜻과 같은 말인지 혹은 지명인지는 확실하지 않다. 문무왕은 영묘사에 행차하여 그 전로前路에서 열병을 하였는데 아찬 설수진薛秀眞의 육진병법六陣兵法을 관람하였다.

675년(문무 15) 정월에 동銅으로써 백사百司 및 주군州郡의 인장印章을 주조하여 나누어 주었다. 2월에 부장 유인궤가 아군을 칠중성에서 파한 다음 군사를 이끌고 돌아갔는데 당제는 이근행李謹行으로써 안동진무대사安東鎭撫大使를 삼고 이로써 경략經略하게 하므로 문무왕은 곧 사신을 파견하여 공물을 드리고 또한 사죄하니 당제는 이를 용서하고 왕의 관작을 회복시키고 김인문을 중로中路에서 돌려 임해군공臨海郡公으로 개봉改封하였다. 그러나 백제의 땅을 많이 빼앗고 드디어는 고구려의 남경南境을 쳐서 주·군으로 하니 이 말을 들은 당병은 거란·말갈병과 함께 침입하므로 문무왕은 구군九軍·을 내어 이를 대기하게 하였다.

9월에 설인귀는 숙위학생 풍훈風訓의 부친 김진주金眞珠가 본국에서 복주된 것을 트집삼아 향도鄕導로 삼고 천성泉城으로 쳐들어오므로 신라의 장군 문훈文訓 등이 역전하여 이에 겨우 1천4백 명의 머리를 자르고 병선 4척을 얻으니 설인귀는 포위를 풀고 도망하여 말 1천 필을 얻었다. 같은 달 29일에 이근행은 군사 20만 명을 거느리고 매초성買肖城(양주楊州 창화昌化)에 주둔하였으나 아군은 이를 쳐서 퇴주시키고 전마 30만380필 등 많은 병기구를 얻었다. 또 당에 사신을 파견하여 특산물을 바쳤다. 이때 안북하安北河에 연하여 관성關城을 쌓고 또 철관성鐵關城을 쌓았다.

그런데 말갈병이 아달성阿達城으로 쳐들어와서 약탈하자 성주 소나素那는 적과 역전하다가 전사하였다. 당병이 거란·말갈병과 더불어 쳐들어

• 구군九軍: 황제의 육군六軍과 제후의 삼군三軍을 통틀어 이르는 말이다.

와서 칠중성을 포위하였으나 이기지 못하고 소수小守 유동儒冬이 전사하였다. 또 말갈병이 적목성赤木城(현 회양淮陽)을 포위하므로 이를 격멸시켰는데 현령 탈기脫起는 백성을 거느리고 이를 막다가 힘이 다하여 함께 전사하였다. 당병은 또 석현성石峴城을 포위하고 이를 빼앗는데 현령 선백仙伯은 실모悉毛 등과 역전하다가 전사하였다. 그러나 아군은 당병과 크고 작은 전투를 18회나 치르면서 모두 이겨 적 6천47명의 머리를 자르고 말 2백 필을 얻었다.

676년(문무 16) 2월에 고승 의상義相이 왕의 뜻을 받들어 부석사浮石寺를 창건하였다. 7월에 혜성이 북하北河 사이로 나타났는데 길이가 67보나 되었다. 7월에 당병이 도림성道臨城으로 침입하여 현령 거시지居尸知가 적을 막아 싸우다가 전사하였다. 이때 양궁壤宮을 지었다. 11월에 사찬 시득施得이 병선을 거느리고 설인귀와 소부리주의 기벌포에서 싸워 파하였는데 다시 진격하여 22회의 싸움 끝에 이를 이기고 4천여 명의 목을 잘랐다. 재상 진순陳純이 치사할 것을 원하였으나 이를 허락하지 않고 궤장을 하사하였다.

677년(문무 17) 2월에 왕은 강무전講武殿 남문南門에서 활쏘기를 관람하고 처음으로 좌사녹관左司祿館을 설치하였다. 이때 소부리주에서 흰매(응鷹)를 바쳤다.

678년(문무 18) 정월에 선부령船府令 한 사람을 두어 선즙사船楫事를 장무掌務케 하고 좌우리방부경左右理方府卿을 각 한 사람씩 더 두었고 북원北原(현 원주) 소경小京을 설치하고 대아찬 오기吳起에게 이를 지키도록 하였다. 3월에 대아찬 춘장春長을 중시로 삼았다. 4월에 아찬 천훈天訓을 무진武珍(현 광주光州) 도독으로 삼았다. 5월에 북원에서 이조異鳥를 바쳤는데 날개에는 문의가 있고 정강이에는 털이 있었다.

679년(문무 19) 정월에 중시 춘장이 병으로 인하여 면직하자 서불감 천존天存을 중시로 삼았다. 2월에 사자를 탐라국으로 파견하여 이를 경략經

略하였다. 이때 궁궐을 중수하는데 지극히 장엄하고 화려하였다.

4월에 형혹성熒惑星이 우림성羽林星을 지키고 6월에는 태백성이 달에 들어가고 유성이 참대성參大星을 범하였고 8월에는 태백성이 또 달로 들어갔는데 각간 천존이 죽었다. 동궁東宮을 창건하고 처음으로 내외의 제문諸門에 액호를 정하였다. 이때 사천왕사四天王寺가 이룩되고 남산성南山城을 증축하였다.

680년(문무 20) 2월에 이찬 김군관金軍官을 상대등으로 삼았다. 3월에 김은기金銀器 및 잡채백단雜綵百段을 보덕왕 안승에게 주고 드디어는 왕매王妹[*]로서 그의 아내를 삼고 교서를 내려 말하기를

〈인륜의 근본은 부부의 도가 먼저 앞서고 왕화王化의 기본은 계사繼嗣가 주가 되는 것이다. 왕은 작소鵲巢의 자리가 비어 계명鷄鳴의 마음이 있을 것이니 오래 내보內輔의 의儀가 비거나 오래도록 기가起家의 업이 궐闕하여서는 아니될 것이다. 지금 양진良辰 길일에 순리로 구장舊章을 좇아 나의 매녀妹女로서 항려伉儷를 삼으려고 하니 왕은 마땅히 심의心義를 돈독히 하여 종사를 받들고, 자손을 극성히 하여 영원한 반석을 풍부하게 하면 어찌 성하지 아니 하고 어찌 아름답지 아니하랴.〉

하였다. 이에 5월 고구려왕사대장군高句麗王使大將軍 연무延武 등으로 하여 글을 올려 말하기를

〈신 안승은 아뢰나이다. 대아찬 김관장金官長이 이르러 선교宣敎의 뜻을 받들고 아울러 교서를 내리시어 외생공外生公으로서 하읍내주下邑內主를 삼으라 하시며, 인하여 4월 15일에 이곳에 이르렀사오니 희열과 쾌구快懼함이 마음속에 얽히어 어찌할 바를 알지 못하겠나이다. 생각하옵건대 제녀帝女를 규嬀(순순의 성姓)에 강가降嫁하시고 왕희王姬를 제齊로 시집보내게 하신 것은 본래 성덕聖德을 들어내어 범부의 재才를 가리지 아니 하심이었사오나, 신은 본시 범류凡類로서 행실과 재증行能이 보잘 것이 없사옵

---

[*] 혹은 잡찬迊湌 김의관金義官의 딸이라는 설도 있다.

고 다행히 창운昌運을 만나 성화聖化를 입게 되고 매양 특수한 은택을 받아 그 은혜를 보답할 길이 없었사온데, 거듭 천총天寵을 베푸시어 이렇게 인친姻親을 강가降嫁하시고 드디어는 곧 번화繁華하게 경사를 표하여 화복한 덕을 이루고 길월吉月 영진令辰의 좋은 때에 폐관弊舘으로 오게 하오니, 영원히 만나기 어려운 일을 일조에 얻게 되었습니다. 이 일은 처음부터 바랐던 바는 아니오나 기쁜 마음을 못 이겨 이 뜻을 표하나이다. 이는 오직 12의 부형이 성은이 내리심을 받았을 뿐만 아니라, 그 선조 이하에도 진실로 총애하심을 기뻐하는 바입니다. 신은 아직 교지를 받지 못하여 감히 곧 입조하지는 못하오나, 기쁨을 참지 못하여 삼가 대장군 태대형 연무를 파견하여 글월을 받들어 이를 아뢰나이다.〉

하였다. 이때 가야군에 금관소경金官小京(현 김해)을 설치하였다.

681년(문무 21) 정월 1일에 종일토록 날이 어두워서 밤과 같았다. 사찬 무선武仙이 정병 3천 명을 거느리고 비열홀을 진수하였다. 이때 우사녹관右司祿舘을 설치하였다.

5월에 지진이 있었고 유성이 참대성參大星을 범하였으며 6월에는 천구성天狗星이 서남 곤방坤方에 떨어졌다. 문무왕은 경성京城을 새롭게 하려 부도浮屠 의상義湘에게 물으니 그는 대답하기를

"비록 초야모옥草野茅屋에 있더라도 행정을 정도로 하오면 곧 복업은 영원할 것이오니 구태여 그렇게 할 것이 아닙니다. 더구나 백성들을 괴롭게 하여 성을 만드는 것은 또한 유익되는 바가 아니옵니다."

하자, 왕은 곧 이 역사役事를 그만두었다.

21년 동안 왕위에 있던 문무왕은 681년 7월 1일에 드디어 서거함으로 문무라 시호하였는데 그 유언에 따라 동해구東海口의 대석상大石上에 장사하였다. 속전俗傳에는 왕이 용으로 화하였다 하여 그 돌을 가리켜 대왕석大王石이라 하였다.

왕은 유조遺詔에서 다음과 같이 일렀다.

〈과인은 국운이 분분하고 전쟁하는 시대를 당하여 서정북토西征北討하여 강토를 정하고, 배반하는 무리들을 치고 손잡은 무리를 불러들여 원근의 땅을 평정하여, 위로는 종사의 유고遺顧를 위로하고 아래로는 부자의 원한을 갚았으며, 전쟁에 존망한 모든 사람들을 추상追賞하며 내외의 소작疏爵을 골고루 주었고, 병기를 녹여 농기를 만들게 하고 백성들은 인수仁壽의 터전에 살도록 마련하였다. 또한 부세賦稅를 가볍게 하고 요역을 덜게 하여 집집마다 인구가 늘고 민생이 안정되고 국가에 우환이 없고 곡식이 창고에 산같이 쌓이고 주위는 무성한 터전을 이루었으니, 가히 유현幽顯에 부끄러움이 없고 사인士人들에게 저버릴 바 없다고 말할 것이다. 그런데 나는 풍상을 무릅쓰고 견디다가 드디어는 고질을 만들고 정치와 교화에 근심하여 더욱 병이 심해졌다. 운이 가고 이름이 남는 것은 고금이 한가지이므로 문득 대야大夜로 돌아간들 어떠한 유한이 있겠는가. 태자는 일찍 이휘離輝를 쌓으며 오래 동궁 자리에 있었으니, 위로는 모든 재신들의 뜻을 좇고 아래로는 뭇 관료에 이르기까지 송왕送往의 미를 어기지 말며 사거事居의 예를 궐闕하지 말라. 종묘의 주主는 잠깐 동안도 비어서는 아니 되는 것이니, 태자는 곧 구전柩前에서 왕위를 계승하여라. 또한 산곡山谷은 변천하고 인간 세대는 옮겨져 오왕吳王의 북산北山 무덤에 어찌 금부金鳧의 광채를 볼 수 있으며, 위왕魏王의 서릉西陵의 망망도 오직 동작銅雀의 이름만 듣게 되니, 옛날에 만기萬機를 다스리던 영주英主도 마침내 한 줌의 흙무덤을 이루어 초부樵夫와 목동牧童은 그 위에서 노래 부르고, 호토狐兔들은 그 곁에 구멍을 파고 있으니, 이는 한갓 자재資財만 낭비浪費하고 거짓말만 책에 남기며 공연히 사람들의 힘만 수고롭게 만드는 것이다. 이는 유혼幽魂을 오래도록 건지는 것이 아니므로 고요히 이를 생각하면 마음이 상하여 아픔이 그지없을 따름이니 이와 같은 류類는 나의 즐거워하는 바가 아니다. 내가 임종한 뒤에 10일이 되면 곧 고문외정庫門外庭에서 서국西國의 의식에 의하여 불로써 소장燒葬하고 복예服

禮의 경중은 본래부터의 상과가 있거니와 상예喪禮의 제도는 힘써 검약한 것을 좇으라. 변성邊城과 진알鎭遏 및 주와 현의 과세는 그것이 필요치 않거든 마땅히 헤아려서 폐하도록 하고, 율령의 격식으로 불편한 것이 있으면 곧 편리하게 고치고 원근에 포고하여 이 뜻을 알리게 하고 주사자主司者는 이를 시행하도록 하라.〉

문무왕 대의 사람들　강심 江深

강심은 이동혜촌주介同今村主와 대내마직을 거쳤다. 667년(문무 7) 당나라 대총관 이적李勣이 평양성 2백 리 북쪽에 이르러서 강심을 파견하여 거란 기병 80여 명을 거느리고 아진함성을 지나 한성에 이르러 그를 보내어 병기를 독촉하자 대왕은 이를 좇기로 하였다. 이에 왕은 강심에게 급찬 벼슬을 주고 부상으로 속粟 5백 석을 하사하였다.

문무왕 대의 사람들　구근 仇近

668년(문무 8) 당의 소정방이 고구려를 정벌하여 평양성을 포위하고 문무왕에게 군자금을 평양으로 보내달라고 요청하자 이에 문무왕은 대각간 김유신에게 명하여 쌀 4백 석과 조 2만2천5백 석을 수송하게 되었는데 수안遂安에 이르렀을 때 눈과 바람으로 인해 추위가 혹독하여 전진할 수 없게 되자 김유신은 소정방에게 서신을 전하려 하였으나 마땅한 사람을 선정하기 어려웠다. 이때 그는 군사 15명과 함께 김유신의 서신을 가지고 2일만에 소정방에게 전하였다. 또 그는 원정공元貞公 김유신의 아들을 따라가서 서원西原 술성述城을 축조했다.

구진천의 관등은 사찬이었다. 그는 천 보나 나가는 활을 만든 사람으로서 이 소식을 들은 당 고종의 초빙을 받고 당나라에서 활을 만들었다. 그 활이 30보밖에 나가지 못하여 이유를 추궁당하자 활의 재료가 신라 것이 아닌 때문이라고 대답했다. 이에 신라에서 가져온 재료로 다시 만들었으나 60보를 넘기지 못하자 이번에는 재료가 바다를 건너는 동안 습기가 찼기 때문이라고 했다. 이때 당 고종은 좋은 활을 고의로 만들지 않으니 중죄로 다스리겠다고 위협했으나 끝까지 그 비술을 전하지 않았다고 한다.

광덕은 승려로서 분황사 서쪽에서 아내와 함께 살면서 동침하지 않고 평생을 단신정좌端身正坐하여 아미타불을 외었으며, 특히 승려 엄장嚴莊과 가까이 사귀었다. 뒤에 그가 죽자 그의 처는 엄장의 요구를 받아들여 동거를 승낙했다가 밤에 엄장이 동침을 요구해 오자 그 도행의 부족을 경멸하면서, 광덕과 10여 년간 동거했으나 동침한 일이 없고 광덕이 밤마다 단신정좌하여 아미타불을 외며 수도에 전심했음을 상기시켜 엄장을 깨우치게 했다 한다. 광척의 처는 19응신應身의 1덕德이라 하며 『원왕생가願往生歌』의 작자라고도 하지만, 『원왕생가』는 광덕의 작품이라는 설도 있다.

제31대 신문왕神文王

김씨 왕 16대

신문왕의 이름은 정명政明(또는 명지明之), 자는 일초日怊이다. 신문왕은 문무왕과 자의慈儀 왕후 사이에서 장자로 태어났으며, 665년(문무 5) 태자의 자리에 올랐다. 비는 소판 김흠돌의 딸인 김씨로서 신문왕이 태자로 있을 때 맞았으나 오래도록 아들이 없었으며, 뒤에는 그 부친이 모반을 일으키는 데 연좌되어 궁에서 쫓겨나고 말았다.

681년(신문 원년)에 왕위를 계승한 신문왕에게 당 고종은 사신을 파견하여 신라의 왕으로 책위하고 선왕이 당나라로부터 받은 관작을 그대로 승습하게 하였다. 8월에 서불감 진복을 상대등으로 삼았다. 같은 달 장인인 소판 김흠돌과 파진찬 흥원, 대아찬 진공 등이 모역하므로 이를 죽이고 며칠 뒤인 13일에 보덕왕이 사신으로 소형수小兄首 덕개德皆를 파견하

여 역적을 토평한 것을 치하하였다. 3일 뒤에 국민에게 하교하기를

〈공이 있는 사람에게 상을 내리는 것은 왕성往聖의 좋은 규범이고, 죄가 있는 사람을 주형誅刑하는 것은 선왕의 영전令典이다. 과인이 미약한 몸과 얕은 덕을 가지고 숭고한 기업을 사수하여 식찬食餐을 폐망하고 일찍 일어나고 늦게 잠들면서도 뭇 고굉股肱의 신하들로 더불어 국가를 평안하게 하려고 하는데, 어찌 상복喪服 중에 난이 서울에 일어날 것을 헤아릴 수 있었겠는가. 적괴 흠돌과 흥은, 진공 등은 그 지위가 재중才能으로 오른 것도 아니고 그 직위는 실은 왕은王恩으로 올라간 것임에도, 능히 시종을 삼가 부귀를 보전하지 못하고 불인불의不仁不義로서 복위福威를 만들고 관료를 모만侮慢하며 상하를 기릉欺凌하여 날로 무염無厭의 뜻을 나타내고, 그 폭학한 마음을 들어내어 흉사한 사람을 불러 거두고, 근수近竪들과 교결交結하여 화禍가 내외로 통하고 악한 무리들이 서로 도와 기일을 정한 후 난동하려 하였다. 과인은 위로는 전지의 도움을 입고 아래로는 종묘의 영조靈助를 받아 흠돌 등의 악이 쌓이고 죄의 가득 찬 음모가 발각되었으니, 이는 곳 인신人神이 함께 버린 것으로 다시 용납하지 못할 것이니, 정의를 범하고 미풍을 상함이 이보다 심한 것이 없는 것이다. 그럼으로써 병중兵衆을 모아 효경梟獍과 같은 나쁜 놈들을 제하려 하니, 혹은 산곡으로 도망하여 숨고 혹은 궐정闕庭에 항복하였다. 그러나 그 여당들을 찾아 이미 토멸하여 3, 4일 동안에 죄수들은 탕진되었다. 이 일은 마지못할 따름이었으나 사인士人들은 경동驚動하여서 근심스럽고 부끄러운 마음을 어찌 조석으로 잊을 수 있겠는가. 이제는 이미 요망한 무리가 숙청되어 원근遠近에 근심이 없어졌으니, 소집하였던 병마는 빨리 놓아 돌려보내게 하고 사방에 포고하여 이 뜻을 알게 하라.〉

하였다. 28일에 이찬 군관軍官을 주주誅하고 교서를 내려 말하기를

〈윗사람을 섬기는 규범은 충성을 다하는 것을 근본으로 하고, 관직에 있음에는 의리를 둘도 없는 근본으로 하는데, 병부령이찬군관兵部令伊湌軍

官은 반서班序의 인연으로 드디어는 윗자리에 올랐는데, 감히 십유보궐拾遺補闕하여 조정의 소절素節을 다하지 못하고 목숨을 저버리고 몸을 잊어 가면서 단성丹誠을 사직에 표하지 못하고 적신賊臣 흠돌 등과 더불어 교섭하여 그들의 역모 사실을 알았으나 일찍 이 사실을 알리지 아니하였으니, 이는 우국憂國하는 마음이 없었고 또한 순공徇公의 뜻이 끊어졌으니 어찌 재보宰輔의 중직에 있어 함부로 국가의 헌장을 혼탁하게 만들 것이랴. 마땅히 중기衆棄의 죄인과 한가지로 후진을 징계하여야 할 것이므로, 군관軍官 및 적자嫡子 1명을 자진하게 하고 이를 원근에 포고하여 알게 하라.〉하였다. 10월에 시위감侍衛監을 파하고 장군 6명을 두었다.

682년(신문 2) 정월에 왕은 친히 내을신궁에 제사하고, 죄수들을 대사하였으며, 4월에는 위화부령位和府令 2명을 두어 선거選擧의 사무를 맡아보게 하였다. 5월에 태백성이 달을 범하였다.

6월에는 국학을 설립하여 경卿 1명을 두고 또 정장부감正匠府監 1명과 채전감彩典監 1명을 두었다. 즉위한 지 3년째 되는 683년 2월에는 순화順知로써 중시를 삼고 일길찬 김흠운金欽運의 소녀를 맞아 부인을 삼기로 하고, 먼저 이찬 문영文穎과 파진찬 삼광三光을 파견하여 기일을 정하여 대아찬 지상智常을 통해 납채納采를 보냈는데, 폐백이 15차車이고 쌀, 술, 기름, 꿀, 장, 포, 육장이 135차이며 조곡이 150차였다. 5월에 평지에 눈이 1척尺이나 쌓였다.

5월과 7월에는 이찬 문영과 개원을 그 집으로 파견하여 부인으로 책위하고, 그날 묘시卯時(오전 5시)에 파진찬 대상大常과 손문孫文, 아찬 좌야坐耶와 길숙吉叔 등을 파견하여 각 처낭妻娘 및 급량부와 사량부 두 부의 부녀 30명씩으로 하여금 맞아왔다. 부인은 수레를 타고 좌우로는 시종, 관인官人 및 낭구娘嫗 등으로 아주 성황이었고 왕궁의 북문에 이르러 수레에서 내려 궁내로 들어왔다.

10월에 보덕왕 안승을 소판으로 삼고 김씨金氏의 성을 주어 경도京都에 머무르게 하고 갑제甲第와 양전良田을 하사하였다.

이때 혜성이 오차五車에 나타났다. 674년(신문 4) 10월에 저녁 어두울 무렵부터 새벽에 이르기까지 유성이 종횡하였다.

674년(신문 4) 11월에 안승의 족자族子인 장군 대문大文(또는 실복悉伏)이 금마저에 있으면서 모반하는 사실이 발각되어 죽었는데, 남은 일당들은 대문이 죽는 것을 보고 관리를 죽이며 고을에 웅거하여 반역하였다. 신문왕은 장병들에게 명하여 이를 토벌하게 하였는데, 서로 싸우다가 당주幢主 핍실逼實은 전사하였다. 성이 함락되자 그 고을 사람들은 남쪽의 주와 군으로 옮기고 그 땅을 금마군金馬郡이라 하였다.

685년(신문 5) 봄에는 다시 완산주를 설치하고 용원龍元으로써 총관을 삼고 거열주를 나누어서 청주菁州(현 진주)를 설치하여 비로소 아홉 주를 정비하게 되었으며, 대아찬 복세福世를 총관을 삼았다. 3월에는 서원 소경을 설치하고 아찬 원태元泰를 사신仕臣을 삼고, 남원 소경을 설치하여 모든 주와 군의 민호民戶를 옮겨 나누어 살게 하였다. 이때 봉성사奉聖寺가 이룩되고 4월에는 망덕사望德寺가 이룩되었다.

686년(신문 6) 정월에 이찬 대장大莊을 중시를 삼고 예작부경例作府卿 2명을 두었다. 2월에는 석산石山(석성石城), 마산馬山(현 한산韓山), 고산孤山(현 예산禮山), 사평沙平(현 홍성洪城)의 네 현을 설치하고 사비주泗沘州(부여)를 군郡으로 하고 웅천군熊川郡을 주州로 하고 발라주發羅州를 군으로 하고 무진군武珍郡(현 광주光州)을 주로 하였다. 이때 사신을 당나라로 파견하여 『예기禮記』와 아울러 『문장文章』을 청하니, 측천무후는 유사에게 명하여 길흉요례吉凶要禮를 서사書寫하고 아울러 문관사림文舘詞林에서 사섭규계詞涉規誡를 따라 50권을 내주었다.

687년(신문 7) 2월에는 원자가 탄생하였다. 이날은 음침하고 어두우며 큰 천둥과 번개가 있었다. 3월에 일선주를 파기하고 다시 사벌주를 설치하고 파진찬 관장官長을 총관으로 삼았으며 4월에는 음성서장音聲署長을

고쳐 경경卿으로 삼고 대신大臣을 조묘祖廟로 파견하여 제사를 드리며 말하기를

"왕모王某는 계수재배稽首再拜하며 삼가 태조 대왕, 진지 대왕, 문흥 대왕, 태종 대왕, 문무 대왕의 영령에게 말씀 사뢰나이다. 모某는 허박虛薄한 몸으로 숭고한 기업을 사수嗣守하기에 자나 깨나 근심하며 근면하느라고 편안히 지낼 겨를이 없사옵고, 종묘의 보호 지지와 천지의 복록을 받들고 의지하여 사변이 안정하고 백성들이 화목하며 다른 성의 내빈들이 보물을 실어다 바치며 형백刑白하고 흔송訢訟이 없어지며 지금에 이르렀사오나, 요즘은 법도가 상실한 때 왕위에 임하여 의義가 괴위乖違하고 천감天鑒이 보여 괴이한 성상들이 나타나고 화숙火宿(태양)이 몰휘沒輝하여 전전율률戰戰慄慄함은 마치 깊은 골짜기에 떨어진 것과 같습니다. 이에 삼가 관모官某를 파견하여 넉넉지 못한 제물을 받들어 여재如在의 영령英靈을 공경하오니, 미성微誠을 밝게 살피시어 사시四時의 기후를 순조롭게 하시고 오사五事˙의 징조가 허물이 없도록 하시고 화가禾稼 등 곡식이 풍성하게 하시고, 모든 질병이 없어지게 하시고, 의식이 풍족하고 예의가 갖추어져서 내외가 청밀淸謐하고 도적이 소망消亡하여 후손들을 유족裕足하게 하시고 영원히 다복하게 하옵소서."

하였다. 5월이 되자 신문왕은 문무 관료들에게 전지田地를 하사하였으며 가을에는 사벌주와 삽량주의 두 주에 성을 쌓았다.

688년(신문 8) 정월에 중시 대장大莊이 죽었으므로 이찬 원사元師를 중시로 삼았고, 2월에는 반부경般府卿 1명을 더하였다. 이듬해에는 내외의 관록읍官祿邑을 파하도록 하교하고 해마다 조곡을 주기로 하되, 항식恒式에 의하기로 하였다. 윤 9월 26일에 왕은 장산성으로 행차하고, 서원경西原京의 성을 쌓았다. 또한 장차 달구벌達句伐(현 대구)로 도읍을 옮기려고 하였으나 실행치 못했다.

˙ 오사五事: 외모(貌), 말(言), 보는 것(視), 듣는 것(聽), 생각하는 것(思)을 이른다.

689년(신문 10) 2월에 중시 원사가 병으로 인하여 면직되었으므로 아찬 선원仙元을 중시로 삼았다. 10월에는 전야산군轉也山郡(남해南海)을 설치하였다.

690년(신문 11) 3월 1일이 되자 신문왕은 왕자 이홍理洪을 태자로 삼고 13일에는 죄수를 대사하였다. 이때 사화주沙火州(또는 사벌주, 현 상주)에서 백작白雀*을 헌납하였으며 남원성南原城을 쌓았다.

691년(신문 12) 봄에 대밭이 말라 버렸다. 당의 중종中宗이 사신을 파견하여 말하기를

"우리 태종문황제太宗文皇帝는 신공성덕神功聖德이 천고에 초출超出하였으므로 돌아가던 날에 대종大宗이라고 묘호를 정하였는데, 그대의 나라 선왕 김춘추도 이와 같은 호를 정하였으나, 이는 몰래 남의 호를 따 붙인 것이니 급히 개칭하여야 할 것이다."

하였다. 이에 신문왕은 군신과 더불어 이를 상의한 후 대답하기를

"소국의 선왕 춘추의 시호는 우연히 성조聖祖의 묘호와 서로 범한 것입니다. 칙령으로 이를 고치라 하나 감히 이 명을 좇을 수 없겠습니다. 그러나 생각건대 선왕 춘추는 현덕이 있고 항차 생전에 양신良臣 김유신과 더불어 한마음으로 정사를 다스려 삼한을 통일하였으니, 그 공업功業은 실로 크고 많다고 하지 않을 수 없고, 돌아가실 때에 일국의 신민들은 슬픔과 사모하는 마음을 이기지 못하였습니다. 추존의 호가 성조의 호를 서로 범한 것을 깨닫지 못하였는데, 이제 교칙을 들으니 공구恐懼함을 이기지 못하겠으나 사신을 명하여 궐정闕庭에 보내 복망伏望하며 이로써 알리오니, 이 뜻을 헤아리시오."

하였더니, 그 뒤에는 별다른 칙서가 없었다. 7월에 왕이 돌아가시므로 신문이라 시호하고 낭산 동쪽에 장사하였다.

• 백작白雀: 흰 참새를 말하나 신라 시대에 '백작'이라 함은 다른 새를 지칭할 수도 있다.

승려로 성은 수水이며 웅천주(현 공주) 사람이다. 18세에 출가한 후 삼장三藏에 통달하여 명망이 높았다. 문무왕이 돌아갈 때 아들 신문왕에게 경흥 법사는 가히 국사國師를 삼을 만하니 나의 명을 잊지 말라고 부탁하였다. 신문왕이 즉위하자 국로國老로 삼고 삼랑사에 머물게 하였다. 경흥은 항상 말을 타고 왕궁을 출입하였는데 하루는 왕궁에 들어가려 할 때 종자들이 먼저 동문 밖에 이르러 말에 얹은 안장 그리고 신과 갓을 화려하게 차리고 있어 행인들이 이를 위해 길을 비키었다. 이때 한 초라한 외양의 거사居士가 손에 지팡이를 짚고 등에 광주리를 지고 와서 하마대下馬臺 위에서 쉬었다. 광주리 속에 건어물이 있어 종자가 꾸짖기를

"네가 중의 옷을 입고 어찌 불도의 금하는 물건을 가졌느냐."

하니, 승려가 대답하기를

"두 다리 사이에 생육生肉을 끼는 주제에 시장의 건어를 졌다고 나무랄 것이 무엇이 있느냐."

하였다. 경흥이 문에 이르러 이 이야기를 듣고 탄식하며 말하기를 대성大聖이 와서 내가 말을 탄 것을 경계함이라 하며 그 후론 죽을 때까지 말을 타지 않았다. 경흥의 행적은 승려 현본玄本이 지은 삼랑사비문三郞寺碑文에 자세히 실려 있다. 저서로는 『열반소涅槃疏』 14권, 『법화소法華疏』 16권, 『금광명경술찬金光明經述贊』 7권, 『미극경술찬彌勒經述贊』 3권, 『약왕경소藥王經疏』 1권, 『사분율갈마기四分律羯磨記』 1권, 『유가론소瑜伽論疏』 10권, 『유가기瑜伽記』 36권 등이 있다.

김군관의 태어난 해는 정확하지 않으며 이찬으로 661년(문무 1) 남천주 총관이 되고, 663년 아찬이 되어 한산주 도독을 역임하면서 삼국 통일에

공헌하여 상대등에 올랐다. 신문왕 비의 부친 김흠돌의 모반죄에 연루된 혐의로 적자와 함께 자살을 명령받고 681년(신문 1) 죽었다.

신문왕 대의 사람들　김문량 金文良

김문량은 대성大成의 아버지로서 중시를 지냈다. 죽은 뒤 아들 대성이 그의 명복을 빌기 위해 불국사佛國寺의 창건을 발원했다고 한다.

제32대 효소왕孝昭王

김씨 왕 17대

효소왕의 이름은 이홍理洪(또는 이공理恭)으로 신문왕과 신목神穆 왕후 사이에서 태어난 장자이다. 신목 왕후는 일길찬 김흠운金欽運(또는 흠운欽雲함)의 딸이다. 692년 효소왕이 즉위할 때, 당의 측천무후는 사신을 파견하여 선왕을 제사하고 이어 왕을 신라보국대장군 행좌표도위대장군 계림주도독新羅輔國大將軍行左豹韜尉大將軍雞林州都督으로 책봉하였다. 왕은 좌우리방부左右理方府를 좌우의방부左右議方府로 고쳤는데 '理'자가 이름자를 범하기 때문이었다.

692년(효소 원년) 8월에 대아찬 원선元宣을 중시로 삼았다. 또한 고승 도증道證이 당으로부터 돌아와서 천문도天文圖를 올렸다.

694년(효소 3) 정월에 왕은 친히 내을신궁에 제사하고 죄수를 대사하였으며 또한 문영文穎을 상대등으로 삼았다. 이때 김인문이 당에 있다가 죽었는데 그의 나이 66세였다. 송악성松嶽城(개성開城)과 우잠성牛岑城(황해도 우봉牛峰, 현 금산)의 두 성을 축조하였다.

695년(효소 4)에 입자월立子月(11월)을 정월로 하였다. 개원愷元을 상대등으로 삼았으며, 중시 원선은 늙어 퇴직하였다. 이때 서남西南에 시장市場 두 곳을 설치하였다.

이듬해 정월에는 이찬 당원幢元을 중시로 삼았다. 4월에 서쪽 지방에 한재가 들었다.

697년(효소 6) 7월에 완산주에서 상서로운 벼 이삭을 진납하였는데 다른 밭고랑에서 자라 줄기가 하나로 합해진 것이었다. 9월에는 군신들을 임해전臨海殿으로 모아 큰 잔치를 베풀었다.

698년(효소 7) 정월에 이찬 체원體元을 우두주 총관으로 삼았으며 2월, 중시 당원이 노쇠하여 퇴직하게 되자 대아찬 순원順元을 중시로 삼았다. 2월에 서울에 지진이 있었고, 큰 바람이 일어나서 나무가 부러졌다. 3월에는 일본의 국사國使가 내조하였으므로 왕은 숭례전崇禮殿에서 그들을 인견하였다. 7월에 서울에 홍수가 졌다. 699년(효소 8) 2월에 백기白氣가 하늘을 가로지르고 별이 동으로 떠갔다.

699년(효소 8) 2월에는 사신을 당으로 파견하여 토산물을 바쳤다. 7월에 동해의 물빛이 피같이 붉었는데 5일만에야 제대로 되었다. 9월에 동해의 물이 싸우는데 그 소리가 서울까지 들렸고 병고兵庫의 고각鼓角이 스스로 울었다. 이때 신촌新村 사람이 아름다운 황금 1매를 얻었는데 그 중량이 1백 분分이나 되는 것을 왕에게 헌납하였으므로, 왕은 남변南邊에서 제일가는 벼슬을 주고 조곡 1백 석을 하사하였다.

700년(효소 9)에 다시 입인월立寅月(1월)을 정월로 하였다. 695년에 입자월을 정월로 하였다가 이해에 다시 입인월을 정월로 삼았다는 기록으로 미루어, 신라 시대에도 해가 가장 짧은 동지를 기준으로 1년을 확인

했음을 알 수 있다. 5월에는 이찬 경영慶永(또는 경현慶玄)이 모반하다가 죽임을 당하였고, 중시 순원이 이에 연좌되어 파면되었다. 6월에 세성歲星(수성水星)이 달에 들어갔다.

701년(효소 10) 2월에 혜성이 달에 들어갔다. 5월에는 영암군靈巖郡 태수인 일길찬 제일諸逸이 공리公利를 생각하지 않고 사리私利를 도모하므로 100장杖으로 처형하고 섬으로 귀양 보냈다.

702년(효소 11) 7월, 왕이 서거하자 효소라 시호하고 망덕사의 동쪽에 장사하였다.

『당서』를 보면 말하기를 '장안 2년(702)에 이홍이 돌아갔다' 하였고, 모든 고기古記에는 말하기를 '임인壬寅(702) 7월 27일에 돌아갔다' 하였다. 그런데 『통감』에서는 말하기를 '대족大足 3년(703)에 돌아갔다' 하였으니, 이는 곧 『통감』의 오류이다.

효소왕 대의 사람들   강수 强首

강수의 태어난 해는 정확하지 않으며 692년(효소 1) 세상을 떠났다. 유학자이며 문장가로 이름을 알렸으며 초명은 두頭이다. 내마 석체昔諦의 아들인데 어려서부터 유학에 뜻을 두어 『효경孝經』, 『곡례曲禮』, 『이아爾雅』, 『문선文選』 등을 수학하였고 벼슬길에 오른 후 문명이 널리 알려졌다. 654년(태종 1) 당나라에서 온 난해한 국서를 쉽게 해석하고 그 답서도 유창하게 지어 왕의 신임을 얻었다. 재물에 뜻이 없어 집안이 가난한 사실이 왕에게 알려져 세사미歲賜米 1백 석을 하사받고, 문무왕 때는 외교 문서를 능숙하게 다루어 삼국 통일에 큰 공을 세웠다 하여 세조歲租 2백 석으로 사찬에 올랐다.

629년(진평 51) 태어난 김인문의 자는 인수仁壽로 제29대 태종 무열왕의 둘째 아들이고 문무왕의 친동생이다. 어려서부터 글을 좋아하고 사어射御, 음률音律, 예서隸書에 능하며 식견이 넓어서 남의 존경을 받았다. 651년(진덕 5)에 당나라에 들어가 숙위할 때 당 고종으로부터 좌령군위장군左領軍衛將軍을 받고 663년에 돌아왔으며, 태종 무열왕이 즉위하자 압독주 총관이 되어 장산성을 쌓고 공신이 되었다. 이때 신라는 자주 백제의 침공을 받던 끝에 김인문을 당으로 보내어 원군을 청하니 당 고종은 소정방을 신구도대총관神丘道大摠管으로, 김인문을 부총관으로 각각 임명하여 대군을 이끌고 백제를 공격하게 하여, 웅진구熊津口에서 크게 이겨 백제를 멸망시켰다. 김인문은 이어 당으로 들어가 숙위하기를 전과 같이 하였다. 661년(문무 1)에 당은 고구려를 정복하려 하였으나, 평양이 함락되지 않아 군량이 떨어지게 되었으나 김인문이 많은 양곡을 보급하여 당군은 굶주림을 면하고 철수할 수 있었다. 668년(문무 8)에 당이 다시 고구려를 공격할 때 당병과 합세하여 평양을 함락하고 고구려를 멸망시켰다. 신라가 고구려의 유민을 거두어들이고 백제의 고토를 차츰 침범하자 당 고종은 크게 노하여 김인문을 신라 왕으로 대치시키려 하였으나 때마침 문무왕이 조공사朝貢使를 보내어 사죄하는 바람에 무사하게 되었고, 김인문은 당으로부터 보국대장군상주국輔國大將軍上柱國에 임명된 후 694년(효소 3) 당경唐京에서 죽었다. 당 고종은 그의 관을 호송하여 보내었으며 효소왕은 태대각간을 추증하고 후하게 장사지냈다. 김인문은 7차례나 당에 들어갔고 당조唐朝에 숙위하기를 전후 22년간이나 하였다.

김대성은 700년(효소 9) 태어나 774년(혜공 10) 세상을 떠났다. 중시 문량文亮의 아들로서 745년(경덕 4) 중시가 되었다가 750년 사퇴하고, 불국사와 석불사의 건립을 발원하여 절의 설계, 건축, 조각, 공예 및 가람伽藍 등 전반에 걸쳐 관여했으나 생전에 완공하지 못했고, 죽은 후 조정에 의해서 완성되었다. 『삼국사기』 경덕왕 4년 조(745년)에 나오는 대신 김대정金大正은 이듬해 시작된 불국사 창건 기사로 보아 동일 인물이 다른 이름으로 표기된 것으로 추측되고 있다.

제33대 성덕왕聖德王

김씨 왕 18대

성덕왕의 이름은 흥광興光이고, 본명은 융기隆基인데 당나라 현종玄宗의 이름과 같으므로 천중天中이라고 고쳤다.· 신문왕의 제2왕자이며 어머니는 신목神穆 왕후로서 효소왕의 동생이다. 효소왕이 서거한 후 아들이 없으므로 흥광을 왕으로 세운 것이다.

당의 측천무후는 효소왕이 서거했다는 말을 듣고 크게 슬퍼하여 정사를 이틀 동안 폐하였으며, 사신을 파견하여 조문하게 하였다. 왕을 신라 왕으로 책봉하고 형의 벼슬을 따라 장군도독의 호를 내렸다.

702년(성덕 원년) 9월에 죄수를 대사하고 문무관의 관직을 한 급씩 높이고 다시 모든 주와 군에 1년 동안의 조세를 감하였다. 아찬 원훈元訓으

· 『당서』에는 김지성金志誠이라 하였다.

로서 중시를 삼았다. 10월에 삽량주에서 역실橡實(도토리)이 변하여 밤이 되었다.

703년(성덕 2) 정월에 성덕왕은 친히 신궁에 제사를 지내고, 사신을 당나라로 파견하여 토산물을 바쳤다. 7월에 영묘사가 화재를 입었고 서울에 홍수가 나서 익사한 사람들이 많았다. 같은 달, 중시 언훈이 퇴관하므로 아찬 원문元文을 중시로 삼았다. 이때 일본의 사신 204명이 이르렀으며, 아찬 김사양金思讓은 당으로 파견하였다.

704년(성덕 3) 정월에 웅천주에서 금지金芝*를 진납하였다. 3월이 되자 당으로 들어갔던 김사양이 돌아와서 가장 뛰어난 경서經書를 왕에게 바쳤다. 봄이 되자 성덕왕은 승부령 소판乘府令蘇判 김원태金元泰의 딸을 맞아 왕비로 삼았다.

705년(성덕 4) 정월에 중시 원문이 죽었으므로 아찬 신정信貞으로서 중시를 삼았으며, 3월에는 당으로 사신을 파견하여 조공을 하였다. 5월에 한재가 들었다. 8월에는 노인들에게 주식酒食을 하사하였으며 9월에는 교서를 내려서 살생을 금하고, 당으로 사신을 보내었다. 10월에는 동쪽 지방에 기근이 심하여 사람들이 많이 유랑하므로 왕은 사자를 파견하여 이들을 구제하였다.

706년(성덕 5) 정월에는 이찬 인품仁品을 상대등으로 삼고 국내의 기근자들을 위해 창고를 풀어 구제하였다. 3월에 중성衆星이 서쪽으로 흘렀다. 4월에 사신을 당으로 파견하였으며 8월에 중시 신정信貞이 병으로 인하여 퇴직하므로 대아찬 문량文良을 중시로 삼았다. 또 사신을 당으로 파견하여 토산물을 바쳤다. 이해에 곡식이 잘 여물지 않았다. 10월에도 사신을 당으로 파견하였으며, 12월에 죄수들을 석방하였다.

707년(성덕 6) 전해의 흉년으로 백성들이 많이 굶어 죽으므로 사람들에

---

* 금지金芝: 금지는 나무에서 나는 버섯(목균)을 말하는 것으로, 현재 어떤 종의 버섯을 말하는지는 알 수 없다.

게 하루에 요곡粟穀 3승씩을 1월부터 7월에 이르기까지 배급하였으며, 2월에는 죄수를 대사하고 백성에게 오곡의 종자를 나누어 주었다. 12월에 사신을 당으로 파견하여 토산물을 바쳤다.

708년(성덕 7) 정월에 사벌주에서 서지瑞芝·를 진상하였다. 2월에 지진이 일어나고 4월에는 진성이 달을 침범하자 죄수를 대사하였다.

709년(성덕 8) 3월에 청주에서 흰 매를 바쳤다. 5월에는 한재가 들었다. 성덕왕은 6월 사신을 당으로 파견하여 토산물을 바쳤다. 8월에 죄수를 대사하였다.

710년(성덕 9) 7월에 천구성天狗星이 삼랑사의 북쪽에 떨어졌다. 사신을 당으로 파견하여 토산물을 바쳤으며, 이때 지진이 일어났으므로 죄수를 대사하였다.

711년(성덕 10) 3월에 큰 눈이 내렸다. 5월에 도살을 금하였다. 성덕왕은 10월, 남방에 있는 주군을 순무하였는데 이 사이 중시 문량이 죽었다. 11월에 왕은 「백관잠百官箴」을 지어 군신들에게 보였다. 현재 그 내용이 전해지지는 않으나 신하들이 지켜야 할 도리를 적은 글로 보인다. 12월에는 사신을 당으로 파견하여 토산물을 바쳤으며 이듬해인 712년(성덕 11) 2월에도 사신을 당으로 파견하였다.

이렇듯 성덕왕은 수차례에 걸쳐 당나라에 사신을 파견하여 조공을 바치면서 앞선 문물을 접하거나, 학문을 수입하려는 노력을 하였다.

3월에는 이찬 위문魏文을 중시로 삼았다. 이달 당에서는 사신 노원민盧元敏을 파견하여 왕명을 고치라는 칙명을 하였다. 4월에 왕은 온수溫水에 행차하였다. 성덕왕은 8월에 김유신의 아내를 봉하여 부인으로 삼고 세곡 1천 석씩을 주도록 하였다.

713년(성덕 12) 2월에 전사서典祀署를 설치하였다. 또 같은 달 당으로

---

* 서지瑞芝: 서지는 지상에서 나는 버섯(지상균)을 뜻하며, 현재 어떤 종의 버섯을 말하는지는 알 수 없다.

파견하여 조공하였는데 이때 당의 현종은 누문樓門에 나와서 사신을 접견하였다. 10월이 되자 당에 들어갔던 사신 김정종金貞宗이 돌아왔는데, 칙서를 내려 왕을 봉하여 표기장군특진행좌위위대장군驃騎將軍特進行左威衛大將軍 사지절대도독계림주제군사使持節大都督雞林州諸軍事 계림주자사상주국낙랑군공신라왕雞林州刺史上柱國樂浪郡公新羅王으로 삼았다.

이달 중시 위문이 노쇠하여 퇴직할 것을 청하므로 성덕왕은 이를 허락하였다. 12월에는 죄수를 대사하고, 성문을 열어 축포하였다.

714년(성덕 13) 정월이 되자 이찬 효정孝貞을 중시로 삼고 2월에 상문사詳文司를 고쳐 통문박사通文博士로 하고 서표書表의 사교事敎를 맡아보게 하였다. 이때 왕자 김수충金守忠을 당으로 파견하여 숙위하게 하니 당의 현종은 주택과 의복을 주고 그를 총애하며 조당朝堂에서 대연을 베풀었다. 또 윤 2월에 이찬 박유朴裕를 당으로 파견하여 하정예賀正禮를 하니 현종은 그에게 조산대부원외봉어朝散大夫員外奉御의 직을 주어 돌려보냈다.

여름에는 한재가 들고 역질에 걸리는 사람들이 많았다. 성덕왕 재위 시절에는 전제 정권의 강화로 왕권이 매우 안정된 시기였으나 이처럼 자연적인 재해로 백성들의 피해가 매우 컸다. 가을에 삽량주의 산에서 상수리 나무의 열매가 밤으로 되었다. 10월에 당의 현종이 신라의 사신들을 내전에 불러 잔치를 베풀었는데 재신 및 4품 이상의 관리들을 참여하게 하였다.

715년(성덕 14) 3월에는 김풍후金楓厚를 당으로 파견하여 조공하였다.

4월에는 청주에서 백작을 진상하였다. 왕은 5월 죄수를 대사하였다. 6월에는 다시 큰 한재가 들어 왕은 하서주 용명악龍鳴嶽의 거사居士 이효理曉를 불러서 임천사林泉寺의 연못 위에서 기우제를 지냈는데, 이후 비가 열흘 동안이나 내렸다고 한다.

9월에는 태백성이 북쪽 근처에 있는 서자성庶子星을 가리고 10월에는 유성이 자미紫微를 범하고 12월에는 유성이 천창天倉으로부터 태미太微로 들어가므로 불길함을 느낀 성덕왕은 죄수를 석방하였다. 이해 성덕왕은 왕자 중경重慶을 봉하여 태자로 삼았다.

716년(성덕 15) 정월에 유성이 달을 침범하여 달이 빛을 잃었으며, 3월에는 전해와 마찬가지로 사신을 당으로 파견하여 토산물을 바쳤다. 왕이 성정成貞(또는 엄정嚴貞) 왕후를 내보내는데 채단 5백 필과 전지田地 2백 결, 조곡 1만 석과 가택 1구區를 주었는데 가택은 강신공康申公의 구택舊宅을 사서 준 것이다.

716년에도 대풍이 일어 나무가 뽑히고 기와장이 날리고 숭례전이 헐리는 재해가 발생하였다. 이때 당에 하정사로 들어갔던 김풍후가 귀국하고자 하니 현종은 그에게 원내랑員內郎의 벼슬을 주어 돌려보냈다. 6월에는 다시 한재가 들었으므로 왕은 거사 이효를 불러서 기우제를 지내니 곧 비가 내렸으며, 이를 기리기 위해 죄인들을 석방하였다.

717년(성덕 16) 2월에는 의박사醫博士 1명을 두었으며, 3월에는 새로 궁궐을 창건하였다. 4월에는 또다시 지진이 일어났다. 6월에 태자 중경이 죽으므로 효상孝殤이라 시호하였다. 9월에 당으로 들어갔던 대감 수충이 돌아왔는데 문선왕文宣王과 10철哲 72제자의 도상圖像을 헌납하므로 그것을 대학에 비치하였다.

718년(성덕 17) 정월에 중시 효정이 퇴직하므로 파진찬 사공思恭을 중시로 삼았으며 2월이 되자 왕은 서편의 주군을 순무하여 고령자 및 환과고독鰥寡孤獨들을 조사하고 물자를 하사하였다. 3월에는 전해에 이어 다시 지진이 일어났으며, 6월에는 황룡사 탑에 벼락이 치는 피해가 있었다.

이때에 처음으로 누각漏刻(물시계)을 창조하였다. 또한 성덕왕은 당으로 사신을 파견하여 조공을 하였는데 당에서는 사신에게 수중 낭장守中郎將의 벼슬을 주어 돌려보냈다. 10월에 유성이 묘昴로부터 규奎˙로 들어가

• 묘昴/ 규奎: 28개 별자리의 하나.

니 뭇 소성小星이 이를 따랐고 천구성天狗星이 간방艮方*에 떨어졌다. 이때 한산주 도독관 내의 모든 성을 쌓았다.

719년(성덕 18) 정월에 당으로 하정사를 파견하였다. 9월에 금마군의 미륵사에 벼락이 떨어졌으며 이듬해인 720년(성덕 19) 정월에도 지진이 일어났다. 같은 달, 상대등 인품이 죽으므로 대아찬 배부裵賦를 상대등으로 삼았다.

3월에는 이찬 순원의 딸을 맞아 왕비로 삼았다.

4월에는 큰비가 와서 산이 12개소나 무너졌고 우박이 내려 못자리가 상하였다.

5월에 왕은 유사에게 명하여 사람의 해골을 매장하게 하였다. 이때 완산주에서 백작을 진상하였다. 6월에는 왕비를 책봉하여 왕후로 삼았다. 7월에는 웅천주에서도 흰 까치를 바쳤다. 이때 메뚜기 떼가 곡식에 해를 입혀 백성들이 또다시 피해를 입었다. 중시 사공이 퇴직하므로 파진찬 문림文林을 중시로 삼았다.

721년(성덕 20) 7월에 하슬라도의 정부丁夫 2천 명을 징발하여 북경北境에 장성長成(대동강으로부터 덕원德源 부근)을 축조하였다. 이해 겨울에는 눈이 오지 아니하였다.

722년(21) 정월, 중시 문림이 죽었으므로 이찬 선종宣宗을 중시로 삼았다. 2월에는 경도京都에 지진이 일어났다. 8월에 처음으로 백성에게 정전丁田을 주었다. 10월에 대나마 김인일金仁壹을 당으로 파견하여 새해를 축하하고 아울러 토산물을 바쳤다. 이때 모벌군성毛伐郡城(울산蔚山 궐문성闕門城)을 축조함으로써 일본의 적선이 침입하는 길을 차단하였다.

723년(성덕 22) 3월에 성덕왕은 사신을 당으로 파견하여 미녀 2명을 바쳤는데, 1명은 포정抱貞으로 그 부친은 내마 벼슬로 있는 천승天承이고,

---

* 간방艮方: 24방위의 하나로 정동正東과 정북正北의 한가운데를 중심으로 15도 각도 안의 방향을 말한다.

1명은 정울貞菀으로 그 부친은 대사 벼슬로 있는 충훈忠訓이었다. 왕은 그들이 떠날 때 의복과 기구器具와 노비와 차마車馬 등을 갖추어 주어 보냈는데, 당의 현종은 말하기를

"이 여자들은 모두 왕의 혈족으로서 본국을 이별하고 떠나온 터이므로 나는 차마 머물러두지 못하겠다."

하고 후한 물자를 주어 돌려보냈다. 그러나 정울의 비문에는

〈효성孝成 6년(742) 당의 천보天寶 원년(742)에 귀당歸唐하였다.〉

라고 기록되어 있어 어느 것이 맞는지 확실하지 않다. 4월에 사자를 당으로 파견하여 과하마果下馬 1필과 우황, 인삼, 미체美髢(머리에 덧넣는 딴머리), 조하주朝霞紬(비단의 하나), 어아주魚牙紬(명주의 하나), 누응령鏤鷹鈴(매를 새긴 방울), 해표피海豹皮(바다표범 가죽), 금은 등을 바치고 글을 올려 말하기를

〈우리나라는 비다 멀리 있는 땅으로 원래 빈객賓客의 진귀한 보배도 없고, 빈인賓人의 재화도 부족하므로, 감히 지방 산물을 내어 천관天官을 더럽히고 늙고 우둔한 말을 내어 황제의 마구간을 더럽게 함은 마치 연나라의 돼지와 초나라의 닭에 견주려 하니 깊이 부끄러움을 깨닫게 되고 두려움에 땀이 날 따름입니다.〉

하였다. 이때에도 신라에 지진이 있었다.

724년(성덕 23) 봄에 왕자 승경承慶을 태자를 삼고 죄수를 대사하였다. 이때 웅천주에서 서지를 진상하였다. 2월에 김무훈金武勳을 당으로 파견하여 하정하였는데 그가 돌아올 때 당의 현종은 글을 보내 말하기를

〈경은 정삭正朔(정월 초하루)마다 궐정闕庭에 예물하고 소회所懷를 언념言念하니 가히 가상히 생각되는 바이다. 또한 보내준 온간 물자는 받으나 그것이 모두 큰 바다를 건너고 들판을 거쳐 건너온 것이고 모든 것이 정교하고 화려한 것으로 경의 마음을 깊이 나타냈으므로, 지금 경에게 금포錦袍(비단 도포)와 금대金帶, 채소綵素 2천 필을 주어서 성헌에 보답하니

이르는 대로 잘 받아 거두기를 바란다.〉

하였다. 다시 12월에 사신을 당으로 파견하여 토산물을 마쳤다. 이때 소덕昭德 왕비가 죽었다.

725년(성덕 24) 정월에 흰 무지개가 나타났고 3월에 눈이 오고 4월에 우박이 내리는 등 기상 이변 현상이 있었다. 중시 선종이 퇴직하므로 이찬 윤충을 중시로 삼았다. 10월에 또 지진이 발생했다.

726년(성덕 25) 4월에 김충신金忠臣을 당으로 파견하여 하정하고 5월에 왕제 김근질金釿質을 당으로 파견하여 조공하니 당에서는 낭장의 벼슬을 주어 돌려보냈다.

727년(성덕 26) 정월에 죄인을 석방하였고 사신을 당으로 파견하여 하정하였으며, 일길찬 위원魏元을 대아찬으로 삼고 급찬 대양大讓을 사오沙沃로 삼았다. 12월에는 영창궁永昌宮을 수리하였으며, 이때 상대등 배부裵賦가 노쇠하여 퇴직을 청원하였으나 성덕왕은 허락하지 않고 궤장을 하사하였다.

728년(성덕 27) 7월에 왕제 김사종金嗣宗을 당으로 파견하여 토산물을 바치고 겸하여 글을 보내어 자제들의 국학 입학에 대하여 말하니, 당 현종은 이를 허락하고 사종에게 과의果毅 벼슬을 주고 머물러 숙위하게 하였다. 상대등 배부가 다시 노쇠함을 이유로 퇴직을 청하므로 왕은 이를 윤허하고 이찬 사공으로서 상대등을 삼았다.

729년(성덕 28) 정월에 사신을 당으로 파견하여 하정하고 9월에 사신을 보내어 예물을 바쳤다.

730년(성덕 29) 2월에 왕족 지만志滿을 당으로 파견하여 소마小馬 5필, 개狗 1두, 금 2천 냥, 두발頭髮 80냥, 해표피 10장 등을 바치자 당 현종은 지만에게 대복경大僕卿의 벼슬을 주고 비단 1백 필과 자포紫袍, 금세대錦細帶를 주고 숙위로 머무르게 하였다. 10월에 사신을 당으로 파견하여 토산물을 바치니 현종은 물자를 내어 주었다.

731년(성덕 30) 2월에 김지량金志良을 당으로 파견하여 하정하니 현종은 대복소경원외치大僕少卿員外置의 벼슬을 주고 비단 60필을 주어서 돌려보내면서, 조서를 주며 격려하였다. 4월에 왕은 노인들에게 주식酒食을 내어 주었다. 이때 일본의 병선 3백 척이 바다를 건너 우리의 동쪽 변방을 침습하므로 성덕왕은 곧 군사를 내어 이를 대파하였다. 7월에는 백관들에게 명하여 적문的門에 모이게 하고 차노車弩의 사격을 관람하였다.

732년(성덕 31) 12월에 각간 사공과 이찬 정종, 윤충, 사인을 각각 장군으로 삼다.

733년(성덕 32) 7월에 당 현종은 발해와 말갈이 군사를 일으켜 이끌고 바다를 건너 등주登州로 침구해 왔으므로 태복원외경太僕員外卿 김사란金思蘭을 귀국시켜 왕에게 개부의동삼사영해군사開府儀同三司寧海軍使의 벼슬을 더하여 주고 군사를 내어 말갈의 남변南邊을 공격하여 달라고 하였다. 이때 마침 대설大雪이 내려 한 길 이상이나 쌓이고 산길은 험하고 좁아 사졸들이 절반이 넘게 죽어 헛되이 돌아오고 말았다. 김사란은 본시 왕족으로서 먼저 입조하였을 때 그의 예의가 공손함이 있으므로 숙위로 머물러 있게 되었는데, 이때 출강出疆의 책임을 맡게 되었던 것이다. 12월에 성덕왕은 조카 지렴志廉을 당으로 파견하여 사은하였는데, 먼저 당 현종이 왕에게 흰 앵무새 암수 한 쌍과 자라수포紫羅繡袍**와 금은 전기물鈿器物과 서문금瑞紋錦과 오색 나채羅綵 등 3백여 단을 보내왔으므로, 이때 왕은 글로 감사의 마음을 전하였다.

이때 당 현종은 내전으로 지렴을 불러 향연을 베풀고 속백束帛***을 하사하였다.

---

* 적문的門: 신라 궁궐 문의 하나.
** 자라수포紫羅繡袍: 자줏빛 비단에 수놓아 만든 도포.
*** 束帛: 나라 간에 서로 방문할 때, 공경의 뜻으로 보내던 물건으로서 비단 다섯 필을 각각 양 끝을 마주 말아 한데 묶었다.

734년(성덕 33) 정월에 왕은 백관에게 분부하여 친히 북문으로 들어와서 상주하도록 하였다. 이때 당나라에 들어가 숙위하는 좌령군위원외장군左領軍衛員外將軍 김충신金忠臣이 당제에게 글을 올려 말하기를

〈신이 받들고자 하는 진지進止는 신으로 하여금 옥절玉節을 가지고 본국으로 돌아가서 군사를 내어 말갈을 토벌하려고 하는 것이고, 또 사건이 있어 이어 알릴 것은 신이 스스로 성지聖旨를 받들고 장차 목숨을 바칠 것을 맹세한 것입니다. 그런데 이때를 당하여 후속으로 대신할 사람인 김효방金孝方이 죽었으므로 마침 신이 그대로 숙위로 머무르게 되었습니다. 신의 본국 왕은 신이 오래도록 천정天庭에 시류하게 됨을 염려하고 종질 지렴을 파견하여 신과 교체하도록 하여 지금 여기에 왔으므로 신은 곧 돌아가는 것이 합당할 것입니다. 전일에 받은 바의 말씀을 생각하여 밤낮 잊지 못하겠음은, 폐하가 먼저 마련한 바 본국(신라) 왕 흥광에게 영해군 대사寧海軍大使의 직을 더해 주고 정절旌節을 주어 흉잔凶殘을 토벌하게 한 것이니, 황위皇威가 재림하면 비록 먼 곳이라도 오히려 가까워지고 군명君命이 있으면 신이 감히 삼가 받들지 않으리오. 준동蠢動하는 이부夷俘들의 계모計謀는 이미 허물을 한탄하나 흉악한 근원을 제거함에 힘씀에는 오직 법헌法憲을 새롭게 바로잡음에 있다고 생각합니다. 그러므로 군사를 출동함에는 의리가 삼첩三捷보다 고귀하고 적의 우환을 놓아두면 그 영향이 후대에까지 미치게 되는 것이니, 바라건대 폐하는 신이 환국함에 있어서 부사副使의 직을 신에게 주어서 장차 천의天意를 다시 수예殊裔에게 선포케 하오. 이는 다만 사노斯怒를 익진益振케 할 뿐만 아니라 또한 무부武夫의 사기를 굳세게 하여 반드시 그 소혈巢穴을 뒤집어 엎지르고 이에 황우荒隅를 안정하게 할 것이니, 이신夷臣의 소성小誠을 성취하게 하면 국가가 크게 이익이 될 것입니다. 신등이 다시 배를 타고 창해를 건너 단위丹闈에 헌첩獻捷을 알려드리는 것이 모발毛髮과 같은 공을 이루어 우로雨露의 시혜施惠에 보답하고자 하는 소망인 것이오니, 폐하는 이 뜻을 헤아

려서 도모하소서.〉

하였는데, 당제는 이를 허락하였다. 4월에 대신 김단갈단金端竭丹을 당으로 파견하여 하정하니, 당제는 내전에서 잔치를 베풀고 그를 불러 위위소경衛尉少卿 벼슬을 주고 비란포緋襴袍와 평만은대平漫銀帶, 비단 60필을 하사하였다. 먼저 왕질 지렴을 파견하여 사은하고 소마小馬 2필과 개 3두와 금 5백 냥과 은 20냥과 베 60필과 우황 20냥과 인삼 2백 근과 두발頭髮 1백 냥과 해표피 16장을 바쳤는데, 이때 지렴에게도 홍려소경원외치鴻臚少卿員外置 벼슬을 주었다.

735년(성덕 34) 정월에 형혹성이 달을 침범하였다. 김의충金義忠을 당으로 파견하여 하정하였다. 2월에 부사 김영金榮이 당에 있다가 병사하자 광록소경光綠少卿의 벼슬을 추증하였다. 사신 의충義忠이 돌아올 때에 당 현종은 패강 이남의 땅을 칙사하였다.

736년(성덕 35) 6월에 사신을 당에 파견하여 하정하고 아울러 표문을 보내 진사하기를

〈패강 이남의 땅을 하사한다는 은칙을 받았습니다. 과인은 해우海隅에 거주하면서 성조聖朝의 덕화를 받게 되었고 비록 단성丹誠을 마음 바탕으로 하였으나 가히 공효를 이루지 못하고 충정으로써 일삼으나 그 노고를 가사嘉賜할 것은 못되었습니다. 그런데 폐하는 우로雨露의 은혜를 베풀고 일월日月과 같은 조서를 내어 과인에게 지경地境을 주어 우리의 살 곳을 넓혀 주고, 드디어 간벽墾闢으로 때를 찾게 하고 농상農桑으로 소망을 얻게 하였으므로, 과인은 사륜絲綸의 뜻을 받들고 영총榮寵을 깊이 입게 되니 분골미신粉骨糜身한다 하더라도 이를 보답하지 못할 것 같나이다.〉
하였다.

11월에 종제인 대아찬 김상金相을 당으로 파견하였는데 중간에서 사망하였으므로, 당제는 이를 깊이 애도하고 그에게 위위경衛尉卿 벼슬을 추증하였다. 왕은 이찬 윤충, 사인, 영술英述을 파견하여 평양과 우두 두

주의 지세를 자세히 살피도록 하였다. 이때 개가 궁성의 고루鼓樓 위에 올라가서 3일 동안이나 짖었다.

737년(성덕 36) 2월에 사찬 김포질金抱質을 당으로 파견하여 하정하고 토산물을 바쳤다. 이해에 왕이 돌아가시므로 성덕이라 시호하고 이차사移車寺(경주 불국사 부근)의 남쪽에 장사하였다.

성덕왕 대의 사람들 김대문金大問

김대문은 귀족이며 학자로 한산주 도독을 지냈다. 당대의 제일 가는 저술가이자 문장가로서 그의 많은 저서는 후일 김부식의 『삼국사기』 편찬에 귀중한 사료가 되었으나 지금은 전해지지 않는다. 저서로는 『고승전高僧傳』, 『화랑세기花郎世記』, 『악본樂本』, 『계림잡전鷄林雜傳』, 『한산기漢山記』 등이 있다.

성덕왕 대의 사람들 김윤문金允文

김윤문은 733년(성덕 32) 명장 김유신의 손자와 형 김윤중金允中 등 세 장수와 더불어 군사를 거느리고 당나라 군사와 합세하여 발해를 정벌하였다.

성덕왕 대의 사람들 천승天承

천승의 벼슬은 내마로 723년(성덕 22) 당나라에 미녀 2명을 바쳤는데 한 명은 그의 딸 포정庖貞이며 또 한 명은 내마 충훈의 딸 정울貞菀이었다. 둘을 당나라로 보낼 때 왕은 두 미녀에게 의복과 노비, 마차를 갖추어 보냈다.

704년(성덕 3)에 태어난 혜초는 일찍이 당나라에 건너가 719년(성덕 18) 남인도의 밀교승 금강지金剛智에게서 불도를 배웠다. 바다길로 인도에 이르러 4대 영탑靈塔 등의 모든 성스러운 고적을 순례하고 오천축국五天竺國의 각지를 두루 다녔으며 다시 가섭미대迦葉彌大, 소발률小勃律, 건태라健馱羅, 오장烏長, 구위拘衛, 남파覽波, 범인犯引, 토화라吐火羅 등지와 페르시아, 대식大食, 불림拂臨 등의 지방을 다녔다. 다시 동쪽으로 안국安國, 조국曹國, 사국史國, 석라국石騾國, 미국米國, 당국唐國, 발하나국跋河那國, 골돌국胃㗜國, 호밀국胡密國, 소륵국疎勒國 등을 거쳐 727년(성덕 26) 당나라 장안에 돌아왔다. 여기서 기행문인 『왕오천축국전往五天竺國傳』 3권을 지었으나 전하지 않다가 1906~1909년 사이에 프랑스의 학자 펠리오 Pelliot가 중국 감숙성甘肅省 지방을 탐사하다가 돈황敦煌 명사산鳴沙山 천불동千佛洞의 석실에서 앞뒤가 떨어진 책 2권을 발견함으로써 세계적으로 사학 연구에 좋은 자료가 되었다. 그는 54년 동안 오대산에 있었으며 금강지, 대공삼장大空三藏의 역장譯場에서 많은 불경을 번역했다.

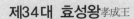

제34대 효성왕孝成王

김씨 왕 19대

효성왕의 이름은 승경承慶으로 성덕왕의 둘째 아들이며 어머니는 소덕昭德 왕후이다.

737년(효성 원년)에 즉위한 왕은 곧 죄수를 대사하고, 3월에는 사정승司正丞과 좌우 의방부승議方府丞을 개정하여 좌佐로 하고, 이찬 정종을 상대등으로 삼고 아찬 의충을 중시로 삼았다. 5월에는 지진이 있었으며 9월에는 유성이 태미성太微星으로 들어갔다. 10월에 당에 들어갔던 사찬 포질이 돌아왔으며 12월에는 사신을 당으로 파견하여 토산물을 바쳤다.

738년(효성 2) 2월에 당 현종은 성덕왕이 세상을 떠났다는 말을 듣고 오랫동안 애도하다가 좌찬선대부左贊善大夫 형숙邢璹을 파견하여 홍려소경鴻臚少卿의 자격으로 조제하게 하고 태자태보太子太保의 벼슬을 추증하였다. 또 사왕嗣王을 세워 개부의동삼사신라왕으로 삼았다. 그런데 형숙이 떠나려 할 때 당제는 시서詩序를 짓고 태자 이하 백관들은 모두 시부를 지어 보내고 형숙에게 말하기를

"신라는 군자의 나라이므로 자못 서기書記를 아는 것이 중국과 유사하다. 경은 도타운 선비인 까닭으로 지절사로 가게 한 것이니 마땅히 경서의 뜻을 연술演述하여 대국大國과 유교가 성함을 알게 하라."

하고, 또한 신라 사람들은 바둑을 잘 두므로 율부병조참군率府兵曹叅軍 양계응楊季膺을 부사副使로 삼았는데, 신라의 고수들은 모두 그에게 졌다. 이때에 왕은 당사唐使 형숙邢璹 등에게 금보약물金寶藥物을 후하게 주었다. 또한 당에서는 사신을 파견하여 왕비 박씨朴氏를 책봉하였다. 3월에 김원현金元玄을 당으로 파견하여 하례하였다. 4월에 당사 형숙이 『노자도덕경老子道德經』 등 문서를 왕에게 헌상하였다.

이때 백홍白虹(흰 무지개)이 해를 꿰었고 소부리구의 물빛이 핏빛으로 변했다고 한다.

739년(효성 3) 정월에 왕은 조고祖考의 묘를 참배하였다. 또 중시 의충이 죽었으므로 이찬 신충信忠을 중시로 삼았으며, 당사 형숙에게 황금 30냥과 베 50필과 인삼 1백 근을 하사하였고, 선천궁善天宮 건립이 마무리되었다. 2월에는 왕제 헌영憲英을 파진찬으로 삼았다. 3월에는 이찬 순원順元의 딸 혜명惠明을 비로 삼았으며, 5월에는 파진찬 헌영을 봉하여 태자로 삼았다. 9월에 완산주에서 흰 까치를 바쳤으며, 여우가 경주 월성의 궁중에서 우는 것을 개가 물어 죽였다.

740년(효성 4) 3월에 당에서 사신을 파견하여 부인 김씨金氏를 왕비로 책봉하였다. 5월에 진성이 헌원대성軒轅大星을 범하였다. 7월에 비단 옷을 입은 한 여인이 예교隷橋 밑으로부터 나와 조정의 정치를 비방하면서 효신공孝信公의 문 앞을 지나다가 홀연 없어져 보이지 않았다. 8월에 파진찬 영종永宗이 모반하다가 복주되었다. 이 일은 먼저 후궁으로 들어왔

던 영종 딸이 왕의 지극한 총애를 받았는데 그 악행이 날로 심해지자, 이를 질투한 왕비가 족인族人들과 모의하여 영종의 딸을 죽여 버리니, 영종이 왕비에게 원한을 품고 무리를 모아 이와 같이 모반하다가 복주된 것이다.

741년(효성 5) 4월에 대군大君 정종과 사인에게 명하여 노병弩兵을 검열하였다.

742년(효성 6) 2월에 동북 지방에 지진이 일어났는데 그 소리가 우레와 같았으며 5월에는 유성이 삼대성參大星을 침범하였다. 이해에 왕이 돌아가시므로 효성이라 시호하고, 유명遺命에 의하여 법류사法流寺 남쪽에서 영구를 화장하고 그 뼈는 동해에 뿌렸다.

제35대 경덕왕景德王 김씨 왕 20대

경덕왕의 이름은 헌영憲英으로 효성왕의 동복아우인데, 효성왕에게 아들이 없었으므로 헌영을 세워 태자로 삼고 왕위를 계승하게 하였다. 왕비는 이찬 순정順貞의 딸이다.

742년(경덕 원년) 10월에 일본 국사가 이르렀으나 맞아들이지 아니하였다.

743년(경덕 2) 3월에 주력공택主力公宅의 소가 한 번에 송아지 3마리를 낳았다. 당의 현종이 찬선대부贊善大夫 위요魏曜를 파견하여 선왕을 조제하고, 왕을 책봉하여 신라 왕으로 삼고 선왕의 관작을 습승하게 하였는데, 그 조서에 말하기를

〈고故 개부의동삼사사지절대도독계림주제군사겸지절녕開府儀同三司使持

節大都督鷄林州諸軍事兼持節寧 해군사신라왕海軍使新羅王 김승경金承慶의 아우 헌영은 대를 이어 인덕을 품고 상례常禮에 마음을 기울이니 대현 풍교大賢 風敎의 조리條理는 더욱 밝아지고 중국의 의식 규범과 의관문물도 제대로 이어 미치게 되었다. 사신을 파견하여 해동海東의 보화를 실어다 주고 운 려雲呂에 준하여 조정과 문통文通하고 대대로 순신純臣이 되어 누차 충절 을 나타내고 근경에 왕의 형이 국가를 이었으나 돌아간 후에 사자嗣子가 없으므로 아우가 그 뒤를 계승하게 되었으니, 문득 생각하면 이것도 상 경常經일 것이다. 이에 빈례賓禮의 뜻으로 너그럽게 책명하는 것이니 마땅 히 구업을 밟아 번장藩長의 명예를 전승할 것이다. 인하여 특수한 예를 더하여 한관漢官의 호를 그대로 주니 형 신라왕개부의동삼사사지절대도독 계림주제군사겸충지절녕해군사新羅王開府儀同三司使持節大都督鷄林州諸軍事兼充 持節寧海軍使의 직을 습승하라.〉

하고 아울러 당의 현종이 직접 주해한 『어주효경御註孝經』 1부를 하사하 였다. 4월에 서불감舒弗邯 김의충의 딸을 왕비로 삼았다. 8월에는 지진이 있었다. 12월에 왕제를 당으로 파견하여 하정하니 당 현종은 그에게 좌 청도율부원외장사左淸道率府員外長史의 벼슬을 주고 녹포綠袍와 은대銀帶를 주어 돌려보냈다.

744년(경덕 3) 정월에 이찬 유정惟正을 중시를 삼았으며 윤 2월에 사신 을 당으로 파견하여 하정하고 아울러 토산물을 바쳤다. 4월에 왕은 친히 내을신궁에 제사를 지내고, 사신을 당으로 파견하여 말을 바쳤다. 겨울 에 요성妖星·이 중천에 나타났는데 크기가 다섯 말이 들어갈 그릇 크기 만 하였는데 열흘 만에 없어졌다.

745년(경덕 4) 정월에 이찬 김사인金思仁을 상대등으로 삼았다. 4월에 서울에 우박이 왔는데 크기가 달걀과 같은 정도로 컸으며, 5월에는 한재

• 요성妖星: 재해의 징조로 나타난다고 하는 별로서, 혜성이나 큰 유성을 이른다. 천구성天狗星이라고도 한다.

가 들었다. 중시 유정이 퇴직하므로 이찬 대정大正을 중시로 삼았다. 7월에는 동궁을 수리하였고 하정부司正府, 소년감전少年監典, 예궁전穢宮典을 설치하였다.

746년(경덕 5) 2월에 사신을 당으로 파견하여 하정하고 아울러 토산물을 바쳤으며, 4월에는 죄수를 대사하고 백성들에게 대포大酺를 하사하고 150명을 절로 들여보냈다.

747년(경덕 6) 정월에 중시의 직명을 고쳐 시중이라 하였고, 국학에 제업박사諸業博士와 조교助敎를 두었다. 또한 사자를 당으로 파견하여 하정하고 아울러 토산물을 바쳤다. 3월에 진평왕릉眞平王陵에 벼락이 떨어졌으며, 가을에는 한재가 들고 겨울에는 눈이 오지 않아 백성들의 기근이 심하고 또 역질로 신음하였으므로 왕은 사자를 10도道로 파견하여 이를 위안하였다.

748년(경덕 7) 정월에 천구성이 땅에 떨어졌다. 8월에 태후가 영명신궁永明新宮으로 이주하였는데, 이때 처음으로 정찰 인원을 두어 백관百官을 규정하였다. 한편 아찬 정절貞節 등을 파견하여 북변을 검찰하고 또한 처음으로 대곡성大谷城(현 황해도 평산平山) 등 14개 군현郡縣을 설치하였다.

749년(경덕 8) 3월에 폭풍이 불어 나무가 뽑혔으며 같은 달, 천문박사天文博士 1명과 누각박사漏刻博士 6명을 두었다.

750년(경덕 9) 정월에 시중 대정이 관직에서 물러나므로 이찬 조량朝良을 시중으로 삼았다. 2월에는 어룡성御龍省의 봉어奉御 2명을 두었다. 752년(경덕 11) 3월에는 급찬 원신原神과 용방龍方을 대아찬으로 삼았으며, 8월에 동궁 아관衙官을 두고 10월에는 창부사倉部史 3명을 두었다.

753년(경덕 12) 8월에 일본의 사신이 내조하였는데 오만 무례하므로 왕은 그들을 접견하지 않고 곧 돌려보냈다. 무진주에서 흰 꿩을 바쳤다.

754년(경덕 13) 4월에 서울에 우박이 왔는데 크기가 달걀과 같았다. 5월에는 성덕왕의 비碑를 세웠다. 우두주에서 서지를 바쳤다. 왕은 7월에 관리에게 명령하여 영흥사와 원연사元延寺 두 절을 수리하였다. 8월에 한재와 메뚜기로 인한 재해가 있었다. 또한 시중 조량이 퇴직하였다.

755년(경덕 14) 봄에 곡식이 귀하여 백성이 기근에 빠졌는데, 웅천주의 향덕向德이라는 사람은 빈한하여 어버이를 봉양할 수 없게 되자 자신의 넓적다리 살을 베어 내어 아버지를 먹여 살렸다. 왕은 이 말을 듣고 향덕에게 상을 주고 마을에 그 효행을 표창하였다.

이즈음 망덕사의 탑이 진동하는 일이 있었다고 한다.· 4월에는 사신을 당으로 파견하여 하정하였으며 7월에 왕은 죄수를 석방하고 나이 든 환자와 환과고독을 위무하고 곡식을 하사하였다. 이찬 김기金耆를 시중으로 삼았다.

756년(경덕 15) 2월, 이상할 정도로 재해가 번번이 일어나자 상대등 김사인은 상소하여 시정의 득실을 극론하였으므로 왕은 이를 기꺼이 수용하였다. 또한 왕은 당의 현종이 촉나라에 가 있다는 말을 듣고 사신을 당으로 파견하였는데, 사신이 소강泝江의 성도成都에 이르러 조공하니 현종은 오언 십운시五言十韻詩를 친히 짓고 글을 써 왕에게 보내 주었다. 그글에 말하기를

〈신라 왕이 해마다 조공을 닦고 예악각의禮樂各義를 잘 실천하는 것을 기뻐하여 시 한 수를 준다.〉

하였는데 시에는

〈사유四維는 경위景緯를 나누었고, 만상萬象은 중추中樞를 머금었도다. 옥과 비단은 천하에 널리 퍼졌고 제항梯航은 상도上都·· 로 모여들도다. 지

· 당의 영호징令狐澄이 『신라국기新羅國記』에 말하기를 〈신라가 당나라를 위하여 이 절을 세운 까닭으로 이렇게 이름한다〉 하였다. 높이가 13층인 두 탑이 서로 마주하여 홀연히 진동하고 개합開合하여 수일 동안 기울어 넘어질 것만 같았다. 그해에 안녹산安祿山의 난이 일어났으니 아마 그와 연관하여 생각해야 할 듯하다.

·· 제항梯航: 사다리를 타고 산에 오르며 배를 타고 바다를 건넌다는 뜻으로 산을 넘고 물을 건너 먼 곳에 감을 뜻하는 말이다. / 상도上都: 사경 가운데에서 각각 신라와 고구려의 중심지였던 동경과 서경을 이르던 말이다.

난 일을 생각하니 청륙靑陸(동방)은 막혀 통하지 못하건만 해마다 황제의 뜻을 부지런히 섬겼도다. 만만漫漫히 대륙의 끝에 막히고 창창히 바다의 한 구석에 연하여, 명의名義의 나라라고 흔쾌히 말하건만 어찌 산천이야 다르다고 말하겠는가. 사신이 가면 풍교風敎를 전하고 사신이 오면 전모典謨를 익혀갔다. 의관인衣冠人은 봉례奉禮함을 알고, 충신인忠信人은 존유尊儒함을 알았도다. 정성스럽도다. 하늘은 이를 밝혀 보고 어질도다. 덕은 외롭지 아니하도다. 옹정擁旌은 작목作牧과 같고 후황厚貺함은 싱싱한 꼴에 비하겠도다. 청청한 뜻을 더욱 중히 하여 풍상風霜에도 항상 변하지 않는도다.〉

하였다. 황제가 촉나라로 행차하였을 때 신라는 능히 천리도 멀다 하지 않고 행재소까지 조빙한 까닭으로, 그 성의를 갸륵히 여겨 이 시를 하사하였는데 그 시에서 말한 '청청한 뜻을 더욱 중히 하여 풍상에도 항상 변하지 않는다'는 것은 '거센 바람에 경장頸章을 알게 되고 세상이 어지러워 배반이 들끓는 속에서 어진 신하를 알 수 있다'는 뜻일까. 선화宣和(송宋 휘종徽宗 연호) 중에 입조사入朝使 김부의金富儀(김부식의 동생)가 당 현종이 지은 시의 판각본을 가지고 변경汴京(북송北宋의 서울)으로 들어가서 관반舘伴 학사 이병李邴에게 보였더니 이병은 이것을 황제에게 올렸고 양부兩府 및 제학사諸學士들에게 널리 알리고 부선傅宣하기를

"진봉시랑進奉侍郎의 올린 시는 참말 영명한 황제의 글이다."

하고 상탄을 마지아니하였다.

4월에 큰 우박이 내렸으며 대영랑大永郎이 흰 여우를 바치므로 남변 제일의 벼슬을 주었다.

757년(16) 정월에 상대등 사인이 병으로 면직하므로 이찬 신충을 상대등으로 삼았다. 3월에는 내외 군관群官의 월봉月俸을 없애고 다시 녹읍(토지)을 주었다. 7월에는 영창궁을 수리하고, 8월에는 조부사調府史 2명을 더 두었다. 12월에는 사벌주를 고쳐 상주尙州라 하여 1주州, 10군郡, 30

현縣을 거느리게 하고, 삽량주를 양주良州(또는 양주梁州)라 하여 1주, 1소경小京, 12군, 34현을 거느리게 하고 청주를 강주康州(현 진주)라 하여 1주, 11군, 27현을 거느리게 하고 한산주를 한주漢州라 하여 1주, 1소경, 27군, 46현을 거느리게 하고 수약주首若州를 삭주라 하여 1주, 1소경, 11군, 27현을 거느리게 하고 웅천주를 웅주熊州라 하여 1주, 1소경, 13군, 29현을 거느리게 하고 하서주를 명주라 하여 1주, 9군, 25현을 거느리게 하고 완산주를 전주全州라 하여 1주, 1소경, 10군, 31현을 거느리게 하고, 무진주를 무주武州라 하여 1주, 14군, 44현을 거느리게 하였다.

758년(경덕 17) 정월에 시중 김기가 죽으므로 이찬 염상廉相을 시중으로 삼았다. 2월에 왕은 하교하여 내외관을 대상으로 휴가를 청하여 만 60일이 된 사람에 대하여 벼슬자리를 내놓도록 하는 것에 동의하였다. 4월에 의관醫官 연구자를 뽑아 내공봉內供奉으로 충당하고 율령박사律令博士 72명을 두었다.

7월 23일에 왕자가 탄생하였다. 이후 큰 뇌전이 있어 불사佛寺 16개소에 벼락이 쳤다. 8월에는 사신을 당으로 파견하여 조공을 하였다.

759년(경덕 18) 정월에 병부兵部를 고치고 창부倉部 경감卿監을 시랑侍郎으로 삼고, 대사大舍를 낭중郎中으로 삼고, 집사執事 사지舍知를 집사 원랑員郎으로 삼고, 집사사執事史를 집사랑執事郎으로 삼고 조부調府, 예부禮部, 승부乘府, 선부船府, 영객부領客府, 좌우 의방부左右議方府, 사정부司正府, 위화부位和府, 예작전例作典, 태학감大學監, 대도서大道署, 영창궁永昌宮 등의 대사大舍를 고쳐 주부主簿로 삼고 상사서賞賜署, 전사서典祀署, 음성서音聲署, 공장부工匠府, 채전彩典 등의 대사大舍를 주서主書로 삼았다. 2월에는 예부사지禮部舍知를 사례司禮로 삼고, 조부調府 사지舍知를 사고司庫로 삼고, 영객領客 부사지府舍知를 사의司儀로 삼고, 승부乘府 사지乘府를 사목司牧으로 삼고, 선부船府 사지舍知를 사주司舟로 삼고, 예작例作 부사지府舍知를 사례司例로 삼고, 병부兵部 노사지弩舍知를 사병司兵으로 삼고, 창부倉部

조사지租舍知를 사창司倉으로 삼았다.

3월에 혜성이 나타나 가을이 되어서야 없어졌다.

760년(경덕 19) 정월에 도성의 인방寅方(동방東方)에서 소리가 나는데 북을 치는 소리와 같았으며 뭇사람들이 말하기를 귀신의 북소리라 하였다. 2월에는 궁중에 큰 연못을 파고, 또 궁성의 남쪽 문천蚊川 위에는 월정교月淨橋, 춘양교春陽橋의 두 다리를 놓았다. 4월에 시중 염상이 퇴직하여 이찬 김옹金邕을 시중으로 삼았다. 7월에 왕자 건운乾運을 봉하여 태자로 삼았다.

761년(경덕 20) 정월 1일에 무지개가 해를 꿰었는데 해 귀고리가 있었으며, 4월에는 혜성이 나타났다.

762년(경덕 21) 5월에 오곡성五谷城, 휴암성鵂巖城, 한성漢城, 장새성獐塞城, 지성池城, 덕곡성德谷城의 6개 성을 축조하고 각각 태수太守를 두었다. 9월에 사신을 당으로 파견하여 조공하였다.

763년(경덕 22) 4월에 사신을 당으로 파견하여 조공하였다. 7월에는 서울에 큰 바람이 불어 기왓장이 날리고 나무가 뽑혔으며 8월에는 복숭아와 자두의 꽃이 다시 피었다. 이달 상대등 신충과 시중 김옹이 면직되었고, 대내마 이순李純은 왕이 총애하는 신하가 되었음에도 홀연히 하루 아침에 세상을 피하여 산으로 들어가 여러 번 불러도 나오지 아니하고 머리를 깎고 승려가 되었다. 이에 경덕왕은 단속사斷俗寺를 세워 이순이 그곳에서 살도록 하였다. 그런데 그는 뒤에 왕이 호락好樂한다는 말을 듣고 곧 궁문으로 찾아와서 간하기를

"신이 듣사오매 옛날에 하나라의 걸왕桀王과 은나라의 주왕紂王은 주색에 빠져 지나친 환락을 그치지 않았으므로 인하여 정사가 능지凌遲하고 드디어는 국가가 패멸하였습니다. 복철覆轍은 이와 같사오니 후사를 마

---

* 복철覆轍: 엎어진 수레바퀴라는 뜻으로 앞서 가던 사람이나 자신이 실패한 자취를 이르는 말이다.

땅히 경계할 바입니다. 원컨대 대왕께옵서는 개과자신改過自新하시어 영원히 국가의 수명을 누리게 하옵소서."

하니, 왕은 이 말을 듣고 감탄하여 곧 즐기기를 그만 두고 마침 그를 궁전으로 불러들여 왕도王道의 묘리妙理와 치세의 방법을 수일 동안 들었다.

764년(경덕 23) 정월에 이찬 만종萬宗을 상대등으로 삼고 아찬 양상良相을 시중으로 삼았다. 3월에 혜성이 동남 쪽으로 흘러가고 용이 양산 밑에 나타났다가 갑자기 날아갔다고 하며, 12월 11일에는 크고 작은 유성이 나타났는데 보는 사람마다 능히 그 수효를 헤아릴 수 없었다.

765년(경덕 24) 4월에 지진이 있었다. 또한 이달, 사신을 당으로 파견하여 조공하였는데 당의 대종代宗은 사신에게 검교예부상서檢校禮部尙書의 벼슬을 주었다. 6월에 유성이 심성心星을 범하였으며, 이달에 왕이 돌아가시므로 경덕이라 시호하고 모기사毛祇寺(또는 모지사毛只寺)의 서쪽 산에 장사하였다. 고기古記에 말하기를 〈영태永泰 원년(765) 을사乙巳에 돌아갔다〉하고, 『구당서舊唐書』 및 『자리통감資理通鑑』에는 모두 말하기를 〈대력大曆 2년(767) 신라 왕 헌영이 돌아갔다〉하였는데 이는 오류로 보인다.

경덕왕 대의 사람들   법해法海

승려로서 754년(경덕 13) 황룡사에서 『화엄경華嚴經』을 강론할 때에 경덕왕으로부터 "앞서 대현 법사大賢法師가 『금광명경金光明經』을 강론하자 우물물이 7길이나 솟아올랐는데 이것은 어떤 법도인가"라는 물음을 들었다. 그러자 법해는 그것은 극히 작은 일로서 창해를 기울여 서울을 떠내려 보내는 것도 어렵지 않다고 대답을 마치자 관리가 뛰어와 궁전에 바닷물이 넘쳐옴을 알렸다. 이에 왕이 감복하여 그를 신경信敬했다 한다.

　　설총의 자는 총지聰智, 호는 빙월당氷月堂으로 경주 설씨慶州薛氏의 시조이다. 원효 대사元曉大師의 아들이며 어머니는 요석궁瑤石宮 공주이고, 신라 10현의 한 사람으로 벼슬은 한림翰林을 지냈고 주로 왕의 정치에 자문 역할을 했다. 유학과 문학을 깊이 연구한 학자로서 일찍이 국학에 들어가 학생들을 가르쳐 유학의 발전에 기여했으며, 그가 창제한 중국 문자에 토를 다는 방법은 당시 중국 학문의 섭취에 커다란 도움이 되었다. 이두吏讀를 창제했다고 하나 그가 생존하기 전인 제26대 진평왕 때의『서동요薯童謠』, 제27대 선덕 여왕 때의『풍요風謠』등이 이두로 기록되어 있는 점으로 미루어 그가 창제한 것이 아니라 집대성한 것으로 보인다.『화왕계花王戒』로써 신문왕을 충고한 일화가 전한다. 1022년(현종 13) 홍유후弘儒侯에 추봉되고 문묘文廟에 배향되었으며 경주의 서악서원西岳書院에 제향되었다.

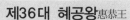

제36대 혜공왕惠恭王

김씨 왕 21대

혜공왕의 이름은 건운乾運으로 경덕왕의 적자이고, 그 어머니 김씨金氏 만월滿月 부인은 서불감 의충의 딸이다. 왕이 즉위할 때의 나이가 8세였으므로 태후가 섭정하였다.

765년(혜공 원년)에 죄수를 구제하고 대학에 행차하여 박사 등과 『상서의尙書義』를 강론하였다.

766년(혜공 2) 정월에 해가 나타나 날씨가 좋아지므로 죄수를 대사하였다. 이는 아마도 해와 달이 동시에 보인 것을 해가 2개가 뜬 것으로 오인한 것으로 보인다. 2월에 왕은 친히 신궁神宮에 제사를 드렸다. 불길하게 느껴지는 사건은 또 이어져 양리공良里公 집의 암소가 송아지를 낳았는데 다리가 다섯이고 한 다리는 위로 솟아 나왔으며, 강주에서 땅이 갑자기 꺼져 연못이 되었는데 길이와 넓이가 50여 척이나 되고 물빛은 푸르고 검었고, 10월에는 하늘에서 북치는 것과 같은 소리가 들렸다고 한다. 767년(혜공 3) 6월에는 지진이 있었다. 7월에는 이찬 김은거金隱居를 당으로 파견하여 토산물을 바치고 왕의 책명을 더하여 달라 청하니, 당의 대종代宗은 자신전紫宸殿에서 연회를 베풀고 사신을 접견하였다. 이때 3개의 별이 떨어져 궁정을 쳤는데 그 빛이 불꽃같이 헤어졌다. 10월에 김포현金浦縣의 벼가 모두 쌀이 되었다.

768년(혜공 4) 봄에 혜성이 동북에 나타났다. 이때 당의 대종은 창부倉部 낭중郎中 귀숭경歸崇敬에게 어사중승지절御史中丞持節을 겸하게 하고 책서冊書를 보내어, 왕을 개부의동삼사신라왕으로 책봉하고 겸하여 왕모王母 김씨金氏를 책봉하여 대비로 삼았다. 5월에는 특별히 중죄를 제외하고는 모두 사면하였다. 6월에는 서울에 우박이 내려 초목이 상하였으며, 큰 별이 황룡시 남쪽에 떨어지고, 지진이 있었는데 소리가 우레와 같았고, 샘물이 모두 마르고 호랑이가 궁중으로 들어는 일이 연달아 일어났다. 7월에는 일길찬 대공大恭이 그 아우 아찬 대렴大廉과 더불어 모반하여 많은 무리들로 궁전을 30일 동안이나 포위하였으나, 왕군王軍은 이를 토평하고 그의 구족을 주살하였다. 9월에 사신을 당으로 파견하여 예물을 보냈으며 10월에는 이찬 신유神猷로서 상대등을 삼고 이찬 김은거를 시중으로 삼았다.

769년(혜공 5) 3월에 왕은 임해전臨海殿에 군신을 모아 잔치를 베풀었다. 5월에는 메뚜기 떼가 농작물을 해쳐 큰 재해를 입고 또한 한재가 들었으므로 왕은 백관에게 명하여 각각 방지책을 의논하였다. 11월에 치악현雉岳縣(현 원주)의 쥐 8천 마리 가량이 한데 몰려 평양으로 향하여 갔으며 겨울에는 눈이 오지 않았다.

770년(혜공 6) 정월에 왕은 서원경西原京(현 청주)에 행차하는데 지나는 주와 현의 죄수를 사면하여 주었다. 3월에는 흙비가 내렸으며, 4월에 왕은 서원경으로부터 서울로 돌아왔다. 5월 11일에 혜성이 오차五車·의 북쪽에서 나타났는데 6월 12일에야 없어졌다. 6월 29일에는 호랑이가 집사성執事省으로 들어와 이를 잡아 죽였다. 8월에는 대아찬 김융金融이 모반하므로 주살하였으며, 11월에는 서울에 지진이 일어나는 등 이해에도 좋지 않은 사건은 끊이지 않고 발생했다. 12월에 시중 김은거가 퇴직하므로 이찬 정문正門을 시중으로 삼았다.

772년(혜공 8) 정월에 이찬 김표석金標石을 당으로 파견하여 하정하니 당의 대종은 그에게 위위원외소경衛尉員外少卿의 벼슬을 주어 돌려보냈다. 773년(혜공 9) 4월에도 사신을 당으로 파견하여 하정하고 금은과 우황, 명주의 한 종류인 어아주魚牙紬 그리고 비단의 한 종류인 조하朝霞 등의 토산물을 바쳤다. 6월에도 사신을 당으로 파견하여 사은하니 당의 대종은 연영전延英殿에서 사신을 인견하였다. 이어 774년(혜공 10) 4월에도 사신을 당으로 파견하고 예물을 보냈다.

이해 9월에는 이찬 양상良相을 상대등으로 삼았으며 10월에는 사신을 당으로 파견하여 하정하니 당의 대종은 연영전에서 사신을 접견하고 그에게 원외위사경員外衛射卿의 벼슬을 주어 돌려보냈다.

775년(혜공 11) 정월에도 사신을 당으로 파견하여 예물하였다. 3월에 이찬 김순金順을 시중으로 삼았으며 6월에는 당으로 사신을 파견하였다. 이찬 김은거가 모반하다가 복주되었으며, 8월에 이찬 염상이 시중 정문과 더불어 모반하다가 복주되었다.

776년(혜공 12) 정월에 왕은 하교하여 백관의 호를 모두 복구시키고, 감은사感恩寺로 행차하여 바다를 살폈다. 2월에는 국학으로 행차하여 강론을 들었으며, 3월에는 창부사 8명을 더하였다. 7월에 사신을 당으로 파견하여 토산물을 보내고, 또 10월에 조공하였다.

---

* 오차五車: 성좌星座를 뜻하는 옛말로서 곧 천고天庫, 옥옥獄, 천창天倉, 사공司空, 경성卿星을 이른다.

777년(혜공 13) 3월과 4월, 서울에 지진이 발생하였다. 상대등 양상은 상소하여 시정을 극론하였고 10월, 혜공왕은 이찬 주원周元을 시중으로 삼았다.

779년(혜공 15) 3월에 또다시 서울에 지진이 일어나서 민가가 파괴되고 1백여 명이나 사망하였다. 또한 태백성이 달을 침범하므로 백좌법회百座法會를 베풀었다.

780년(혜공 16) 정월에 누런 안개가 끼고 2월에는 흙비가 내렸다. 왕은 매우 어린 나이에 즉위하여 장년이 될수록 음란함이 더하여 여색을 밝히고 음악에 빠져 살며 순유巡遊함이 절도가 없고 강기綱紀가 문란하며 재해 같은 이변이 번번이 일어나므로, 인심은 떠나고 사직은 위태하였다. 이에 이찬 지정志貞은 모반하여 무리를 모아 거느리고 궁궐을 침범하여 포위하였으나 4월, 상대등 김양상金良相은 이찬 경신과 더불어 군사를 일으켜 시정 등을 주살하였다. 이때 왕은 후비와 함께 반란군에게 해를 당하고 말았다. 양상 등은 왕을 혜공왕이라 시호하였다. 왕의 원비 신보新寶 왕후는 이찬 유성維誠의 딸이고 차비는 이찬 김장金璋의 딸인데 그가 입궁한 연월은 역사 기록에는 나와 있지 않다.

혜공왕 대의 사람들 **김은거** 金隱居

김은거의 태어난 해는 확실하지 않다. 767년(혜공 3) 이찬으로 당나라에 들어가 공물을 바친 후, 새 왕에 대한 책봉 조서를 가지고 이듬해 귀국하여 시중에 올랐다가 770년(혜공 6) 면직되었다. 775년(혜공 11) 반역을 꾀하다가 발각되어 살해되었다.

김지정의 태어난 해는 정확하지 않다. 왕족으로 이찬에 있다가 반란을 기도하여 780년(혜공 16) 궁궐을 포위하고 왕과 왕비를 죽였으나 상대등 김양상, 이찬 김경신 등의 반격으로 890년(혜공 16) 죽임을 당하였다.

제37대 선덕왕宣德王

김씨 왕 22대

선덕왕의 성은 김씨金氏이고 이름은 양상良相으로 내물왕의 10세손이
다. 부친은 해찬海飡 효방孝芳이고, 모친 김씨金氏 사소四炤 부인은 성덕왕
의 딸이며, 비 구족具足 부인은 각간 양품良品의 딸이다. 또는 아찬 의공
義恭의 딸이라는 말도 있다.

780년(선덕 원년) 즉위한 선덕왕은 곧 죄수를 대사하고 부친을 개성開聖
대왕으로 추봉하고 모친 김씨를 정의貞懿 왕후로 높이고, 아내를 왕비로
삼았다. 또 이찬 경신을 상대등으로 삼고 아찬 의공을 시중으로 삼고, 어
룡성봉어御龍省奉御를 고쳐 경卿으로 삼고 또 경을 고쳐 감監으로 삼았다.

781년(선덕 2) 2월에 왕은 친히 신궁에 제사를 드렸다. 7월에는 사자를
보내어 패강 이남의 주군을 돌며 안무하도록 하였다.

782년(선덕 3) 윤 정월에 사신을 당으로 파견하고 예물하였다. 선덕왕은 2월, 한산주로 순행하고 백성들을 패강진으로 옮겨 살게 하였다. 7월에는 시림의 벌판에서 열병을 실시하였다.

783년(선덕 4) 정월에 아찬 체신體信으로 대곡진의 군주를 삼았다. 2월들어 눈이 서울에 3척이나 쌓였다.

784년(선덕 5) 4월에 왕은 손위하고자 하였으나 군신들이 거듭 글을 올려 간하므로 이를 그만두었다.

785년(선덕 6) 정월에 당의 덕종德宗이 호부낭중지절戶部郎中持節 개훈蓋塤을 파견하여 왕을 검교대위계림주자사영해군사신라왕檢校大尉雞林州刺史寧海軍使新羅王으로 책봉하였다. 이달에 왕은 병환으로 누워 병세가 점점더하므로 하조하기를

"과인은 본질이 비박하여 임금의 자리를 받을 마음이 없었으나 추대함을 피할 수 없어서 즉위하였으나 왕위에 있는 이래로 연사年事·가 순조롭지 못하여 백성들은 곤궁에 빠졌도다. 이는 모두 나의 덕망이 인민에 부합하지 않고 정치하는 것이 천심에 합하지 아니하는 것으로 항상 양위하고 밖으로 퇴거하려 하였는데 군관 백료들이 늘 지성으로 간하므로 뜻과 같이 되지 않아 지금까지 머뭇거리게 되었으나 갑자기 병에 걸려 다시 일어나지 못하였다. 죽고 사는 것은 천명이니 다시 무엇을 한탄하랴. 죽은 뒤에는 불법에 따라 화장을 하고 뼈는 동해에 던져버리라."
하였다. 13일에 왕이 돌아가시자 선덕이라 시호하였다.

선덕왕 대의 사람들 법창法暢

승의僧醫로서 흥륜사에 있던 중, 선덕 여왕이 병이 나서 그를 청하여

• 연사年事: 농사가 잘되고 못되는 형편을 뜻하며 농형農形이라고도 한다.

병을 치료하였으나 오랫동안 효험이 없었다. 왕은 다시 승려 밀본密本에게 청해서 『약사경藥師經』을 외우게 하였더니 밀본이 짚던 육환장六環杖이 침실 안으로 날아 들어가 늙은 여우와 법창을 찔러 넘어뜨렸다 한다.

제38대 원성왕元聖王

김씨 왕 23대

원성왕의 이름은 경신敬信으로 내물왕 12세손이며, 모친은 박씨朴氏 계오繼烏 부인이고 비는 김씨金氏로 각간 신술神述의 딸이다.

혜공왕 말년에 반역하려는 신하들이 발호할 때 선덕왕이 상대등으로 있었는데 임금의 악폐를 제거하자고 주장하자 경신이 이에 참여하여 반란을 평정하는 데 공을 세웠고, 이후 선덕왕이 즉위하게 되자 곧 상대등이 되었다. 선덕왕이 아들이 없이 세상을 떠났으므로 군신들이 의논한 후에 왕의 족자인 주원周元을 세우고자 하였으나 도성의 북쪽 20리에 살던 주원은 때마침 큰 비로 인해 알천의 물이 넘어 건너올 수 없게 되었다. 이에 사람들이 말하기를

"임금의 지위는 사람들이 도모할 바 아니라, 오늘의 폭우는 하늘이 주

원을 세우고자 하지 않는 것이 아닌가? 지금 상대등 경신은 선왕의 아우로 그 덕망이 평소에 높았고 임금이 될 체모를 갖추고 있다."

하자 이에 따라 중론은 마침내 경신을 세워 왕위를 계승하게 되었고, 곧 비가 그치므로 신라인들은 모두 만세를 불렀다.

785년(원성 원년) 2월, 즉위한 왕은 고조부인 대아찬 법선法宣을 현성玄聖 대왕으로, 증조 이찬 의관義寬을 신영神英 대왕으로 조부 이찬 위문魏文을 홍평興平 대왕으로 부친 일길찬 효양孝讓을 명덕明德 대왕으로, 모친 박씨朴氏를 소문昭文 태후로 각각 추봉하고, 아들 인겸仁謙을 세워 왕태자로 삼고, 성덕聖德 대왕과 개성開聖 대왕의 두 묘를 헐고 시조 대왕, 태종 대왕, 문무 대왕 및 조부 홍평 대왕, 부친 명덕 대왕으로서 5묘로 하였다. 또한 문무백관의 작위를 일 급씩 더 높이고, 이찬병부령 충렴忠廉을 상대등으로 삼고, 이찬 제공悌恭을 중시로 삼다가 제공을 면직하고 이찬 세강世强을 중시로 삼았다. 3월에는 선덕왕의 비 구족 왕후가 있는 외궁으로 나가서 조 3만4천 석을 하사하였다. 패강진에서 붉은 빛깔이 도는 까마귀를 진상하였다. 그리고 총관摠管을 고쳐 도독都督으로 삼았다.

786년(원성 2) 4월 동쪽 지방에 우박이 와서 뽕과 보리가 다 상하였다. 왕은 김원전金元全을 당으로 파견하여 토산물을 보내니 당의 덕종은 조서를 내려 말하기를

〈신라 왕 김경신에게 칙론한다. 김원전이 이르러 표문과 진상한 물건을 살피니 경 나라의 풍속이 신의를 중요시 하고 뜻은 바르며 정성스럽고, 일찍부터 방가邦家(당나라)의 교시를 잘 받들었다. 또한 백성을 감화하여 잘 지키고 나라를 안무하였으며 유교의 풍습을 받들어 예법이 성행하고 국내가 평안하며 성의를 다하여 황궁으로 향하니 직무를 보고함에 있어 부족함이 없었다. 번번이 사신을 파견하여 공헌을 닦으니 비록 명발溟渤(큰 바다)이 가히 멀고 육로가 멀다고 하여도 축하하고 예물을 전함에 있어서는 옛 법을 따르며 더욱 충성을 나타내니 깊이 감탄하는 바 노라.

나는 만방에 임금으로 임하며 백성의 부모 노릇을 하고 중외에 이르기까지 법도에 맞도록 하고, 문명을 함께하며 화합에 이르고 함께 인덕과 장수함으로 이르려고 한다. 그대는 마땅히 국내를 편안히 보전함에 힘써 백성을 구휼하고 영원히 변방의 신하가 되어 나라를 편안케 하기 바란다. 지금 그대에게 비단 등 30필과 옷 1벌과 은남銀楠 1구를 주니 이것이 가거든 잘 거두고, 왕비에게는 비단 등 20필과 금실로 수놓은 비단 치마 1벌과 은그릇 1개를 주고 대재상 2명에게는 각각 옷 1벌과 은남銀楠 1개씩을 주니 그대는 잘 받아 거두어서 나누어 주도록 하라. 여름이 매우 더우니 그대는 마음을 평안히 하며 지내고 재상 이하에게도 아울러 안부한다. 글월을 보내나 할 말이 두루 미치지 못하노라.〉

하였다.

7월에는 한재가 들고 9월에는 도성에 기근이 심하여 곡식 33만240석을 내어 이를 진휼하였고 10월에도 3만3천 석을 내어 나누어 주었다. 대사 무오武烏가 진법에 관한 책 『병법兵法』 15권과 『화령도花鈴圖』 2권을 드리므로 그에게 굴압현屈押縣(현 황해도 금천군金川郡 강음江陰)의 현령직을 주었다.

787년(원성 3) 2월에 서울에 지진이 발생하자 원성왕은 친히 신궁에 제사하고 죄수를 대사하였다. 5월에 태백성이 낮에 나타나 불안해하였으며, 7월에는 메뚜기 떼로 인하여 곡식이 상하였다. 8월 1일에는 일식이 있었다.

788년(원성 4) 봄에 독서讀書 3품을 정하여 벼슬길에 나설 수 있도록 하였는데 『춘추』, 『좌씨전』, 『예기』, 『문선』을 읽고 그 뜻에 능통하고 겸하여 『논어論語』, 『효경』에 밝은 자를 상품으로 하고 「곡례曲禮」, 『논어』, 『효경』을 읽는 자를 중품으로 하고 「곡례」, 『효경』을 읽는 자를 하품으로 하고 만약 『시전詩傳』, 『서전書傳』, 『춘추』, 『예기』, 『주역周易』의 오경五經과 『사기』, 『한서』, 『후한서』의 삼사三史, 제자백가서諸子百家書에 널리

통하는 자는 품계를 넘어서 발탁하도록 하였다. 이전에는 활 쏘는 재주로써 인재를 뽑아 썼는데 이때에 이르러 이 제도를 개혁하였다.

가을에는 서쪽 지방에 한재가 발생하고, 메뚜기 떼로 인한 곡식의 피해 그리고 도적이 많이 발생하므로 왕은 사자를 파견하여 이를 안무하였다.

789년(원성 5) 정월 1일에 일식이 있었다. 한산의 주민들이 심한 기근에 시달리므로 곡식을 내어 이를 진휼하였다. 7월에는 서리가 와서 곡식이 상하였다.

9월, 원성왕은 자옥子玉을 양근현楊根縣(현 양평楊平)의 소수小守로 삼았다. 집사사執事史 모초毛肖가 이를 반박하여 말하기를

"자옥은 문적文籍 출신이 아니므로 그 직책을 맡기는 것이 불가하다."
하니 시중은 의논하여 결정하기를

"비록 문적 출신이 아니라 하더라도 일찍 대당大唐으로 들어가서 학생이 되었으므로 이를 등용하지 못할 것인가."
하자 원성왕은 이 말을 좇았다. 논컨대 오로지 학문한 연후에 도리를 알게 되고 또한 도리를 알고 난 연후에 사물의 시종을 알게 된다. 그런 까닭으로 학문한 연후에 벼슬을 하는 이는 그 일을 함에 있어 근본을 먼저하여 끝에는 스스로 바르게 되는 것이니 비유하면 그물의 한 머리를 들면 그물코가 이에 따라 바르게 되는 것과 같다. 그러나 학문을 하지 않은 자는 이에 반대되는 것으로 사리의 전후와 시종의 순서를 알지 못하고 다만 구구한 정신을 말미에만 두는 폐가 있어 혹은 방탕함으로써, 이익을 삼고 혹은 살핌으로써 높이는 것이니 비록 국가를 이롭게 하고 백성을 편안하게 하고자 할지라도 도리어 이에 해를 끼치게 되는 것이다. 이까닭에 「학기學記」에서는 근본을 힘쓰라는 데서 마쳤고, 『서경』에서는 또한 학문을 하지 않으면 담에 맞선 것과 같아서 사리에 임하여 번거롭기만 할 따름이라고 말하였다. 그러므로 집사사 모초의 일언은 가히 만세

에 모범이라 할 것이다.

790년(원성 6) 정월에 종기宗基를 시중으로 삼았으며, 벽골제碧骨堤·를 증축하는데 전주全州 등 7개 주의 사람을 징발하여 역사를 일으켰다. 이 달 웅천주에서 붉은 까마귀를 바쳤으며 3월에는 일길찬 백어伯魚를 북국北國(발해)의 사신으로 파견하였다. 이때 큰 한재가 들었다. 4월에 태백진성太白辰星이 동정東井(정수井宿)··으로 모였다. 5월에는 곡식을 내어 한산주, 웅천주 등 두 곳의 굶주린 백성을 구제하였다.

791년(원성 7) 정월에 왕태자가 죽음으로 혜충惠忠이라 시호하였다. 이찬 제공이 모반을 일으키려다가 복주되었다. 이때 웅천주 대사 향성向省의 아내가 한번에 3남을 낳았다. 10월에는 시중 종기가 면직되고 대아찬 준옹俊邕을 시중으로 삼았다. 같은 달 서울에 눈이 3척이나 쌓이고 얼어 죽는 사람이 있었으며, 11월에는 지진이 발생하였다. 내성시랑內省侍郞 김언金言이 삼중아찬三重阿湌으로 되었다.

792년(원성 8) 8월에는 사신을 당으로 파견하여 미녀 김정란金井蘭을 바쳤는데 그녀는 신라에서 제일가는 미인으로서 매우 뛰어났다고 한다. 같은 달, 왕자 의영義英을 봉하여 태자로 삼았다. 상대등 충렴이 죽으므로 이찬 세강世强을 상대등으로 삼았으며, 시중 준옹이 병으로 면직하므로 이찬 숭빈崇斌을 시중으로 삼았다. 11월 1일에 일식이 있었다.

793년(원성 9) 8월에 대풍이 불어 나무가 부러지고 벼가 쓰러졌다. 내마 김뇌金惱는 원성왕에게 흰 꿩을 바쳤다.

794년(원성 10) 2월에 지진이 있었다. 태자 의영이 죽음으로 헌평憲平이라 시호하였다. 시중 준옹이 면직하므로 잡찬 언승彦昇을 시중으로 삼았다. 7월에 비로소 봉은사奉恩寺를 창건하였다. 또한 한산주에서 흰 까마귀를 바쳤으며, 궁궐 서쪽에 망은루望恩樓를 세웠다.

---

* 벽골제碧骨堤: 전라북도 김제군 부량면扶梁面에 있던 신라 때의 저수지 둑을 말한다.
·· 동정東井: 이십팔수의 스물두 번째 별자리.

795년(원성 11) 정월에 혜충 태자의 아들 준옹을 봉하여 태자로 삼았다. 4월에 한재가 들었으므로 왕은 친히 죄수를 다스렸는데 5월에 이르러서야 비가 내렸으며, 8월에는 서리가 내려 곡식이 상하였다.

796년(원성 12) 봄 서울에 기근이 들고 역질이 있어 원성왕은 창름倉廩 (곳간)을 풀어 구제하였다. 4월에는 시중 언승을 병부령으로 삼고, 이찬 지원智原을 시중으로 삼았다.

797년(원성 13) 5월에 동쪽 지방에서 메뚜기 떼의 피해로 인하여 곡식이 상하고 큰 홍수가 일어 산이 무너졌다. 시중 지원은 면직하고 아찬 김삼조金三朝가 시중이 되었다.

798년(원성 14) 3월에 궁궐 남쪽의 누교樓橋가 화재를 입었고 망덕사의 두 탑이 서로 부딪혔다. 6월에 한재가 있었으며, 굴자군屈自郡(현 창원昌原) 석남오石南烏의 아내가 한번에 3남 1녀를 낳았다.

12월 29일에 왕이 돌아가시므로 원성이라 시호하고 유명에 의하여 영구를 봉덕사奉德寺의 남쪽에서 화장하였다. 『당서』에서 말하기를 〈정원貞元 14년(798)에 경신이 돌아갔다〉 하고, 『통감』에서는 말하기를 〈정원 16년(800)에 경신이 돌아갔다〉 하였으나 본래의 역사 기록으로 고찰했을 때『통감』의 기록은 잘못된 것이다.

원성왕 대의 사람들   김정란 金井蘭

792년(원성 8) 사신을 당나라로 파견하고 미녀 김정란을 바쳤는데 미인으로 매우 아름다웠다.

원성왕 대의 사람들   김제공 金悌恭

김제공의 태어난 해는 확실하지 않다. 이찬으로 785년(원성 1) 시중이 되었다가 곧 면직되고 791년(원성 7) 반역을 꾀하다가 잡혀 죽었다.

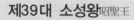

제39대 소성왕昭聖王

김씨 왕 24대

소성왕의 이름은 준옹俊邕으로 원성왕의 태자인 인겸의 아들이며, 어머니는 김씨金氏이고, 비는 김씨金氏 계화桂花 부인으로 대아찬 숙명叔明의 딸이다. 원성왕 원년인 785년에 아들 인겸을 태자로 봉하였으나 791년(원성 7)에 죽음으로 원성왕은 인겸의 아들을 궁중에서 양육하였다.

소성왕昭聖王(또는 昭成王)은 789년(원성 5)에 사신으로 당에 들어갔다가 돌아와서 대아찬의 벼슬을 받고 790년에는 파진찬으로서 재상이 되고 791년에는 시중, 792년에는 병부령이 되고 795년(원성 11)에는 태자가 되었는데 원성왕이 서거하자 왕위를 계승하였다.

799년(소성 원년) 3월에 청주 노거현老居縣(현 거제巨濟)을 학생을 위한 녹읍으로 정하였다. 냉정현冷井縣(현 강음江陰)의 현령 염철廉哲이 흰 사슴을 바쳤다. 5월에는 선고 혜충 태자를 추봉하여 혜충 대왕으로 삼았다. 이 달 우두주 도독이 사자를 파견하여 상주하기를

"이상한 짐승이 있는데 소와 같고 키가 크고 꼬리의 길이가 3척 가량이나 되고 털은 없고 코는 긴데 현성천峴城川으로부터 오식양烏食壤˙ 쪽으로 향하여 갔습니다."

하였다. 생김새의 설명을 들으면 코끼리로 추측되나 신라 시대에 코끼리가 유입되었는지는 알 수 없다. 7월에는 9척이나 되는 인삼을 얻었는데, 매우 이상하다고 여긴 소성왕이 사신을 당으로 파견하여 이를 바치니 당의 덕종은 인삼이 아니라 하며 이를 받지 않았다.

8월에 왕은 어머니 김씨를 추봉하여 성목聖穆 태후로 삼았다. 한산주에서는 흰 까마귀를 바쳤다.

800년(소성 2) 정월에 비 김씨를 봉하여 왕후로 삼았으며, 충분忠芬을 시중으로 삼았다. 4월에는 폭풍이 불어 나뭇가지가 부러지고 기왓장이 날아가고 서란전瑞蘭殿의 주렴珠簾이 멀리 날아가서 어디로 갔는지 알지 못하고, 임해문臨海門과 인화문仁化門 두 문이 파괴되었다. 6월에는 왕자를 봉하여 태자로 삼았다. 이달에 왕이 돌아가시므로 소성이라 시호하였다.

소성왕 대의 사람들　　김제공 金悌恭

김제공의 태어난 해는 확실하지 않으며 대신大臣의 자리에 올랐다. 이찬에서 시중이 되었다가 곧 면직되고 791년(원성 7) 반역을 꾀하다가 잡혀 죽었다.

˙ 현성천峴城川과 오식양烏食壤은 춘천 부근이다.

제40대 애장왕哀莊王

김씨 왕 25대

애장왕의 이름은 청명淸明으로 소성왕의 태자이고, 어머니는 김씨金氏 계화桂花 부인이다. 애장왕이 800년에 즉위할 당시의 나이가 13세였으므로 아찬병부령 언승彦昇(제41대 헌덕왕)이 섭정하였다.

원성왕이 서거하자 당의 덕종은 사봉낭중 겸 어사중승司封郎中兼御史中丞 위단韋丹을 지절사로 파견하여 조위하게 하고 또한 준옹(소성왕)을 책봉하여 개부의동삼사검교태위신라왕開府儀同三司檢校太尉新羅王으로 삼았는데 위단이 운주鄆州에 이르렀을 때 소성왕이 홍서薨逝했다는 소식을 듣게 되자 그대로 당으로 돌아갔다.

800년(애장 원년) 7월에 애장왕은 이름을 중희重熙라고 고쳤다. 8월에는 먼저 입당숙위학생入唐宿衛學生인 양열梁悅에게 두힐 소수豆肹小守를 제수하였다. 애초에 양열이 당에서 숙위로 있으면서 덕종이 난을 피하여 봉천奉天으로 행차할 때 호종한 공으로 인하여 우찬선대부右贊善大夫 벼슬을 제수하여 돌려보냈으므로 애장왕은 양열을 뽑아 등용한 것이다.

801년(애장 2) 2월에 왕은 시조 묘를 배알하고, 따로 대종大宗 대왕, 문무文武 대왕의 2묘를 세우고, 시조 대왕 및 고조 명덕明德 대왕, 증조 원성元聖 대왕, 조부 혜충惠忠 대왕, 조고 소성昭聖 대왕으로서 5묘로 하고 병부령 언승을 어룡성 사신私臣으로 하였다가 얼마 후 상대등으로 삼고 죄수를 대사하였다.

이해 5월 1일, 일식날이 되어서도 일식이 일어나지 아니하였다. 9월에 형혹성이 달로 들어가고 별이 비처럼 떨어졌다. 무진주에서는 붉은 까마귀를 바쳤고, 우두주에서는 흰 꿩을 바쳤다. 10월에는 매우 추워서 소나무와 대나무가 모두 얼어 죽었다. 또한 탐라국에서 사자를 파견하고 예물을 바쳤다.

802년(애장 3) 정월에 왕은 친히 신궁에 제사하였으며 4월에는, 아찬 김주벽金宙碧의 딸을 후궁으로 맞아들였다. 7월에는 지진이 발생하였다.

8월, 가야산加耶山 해인사海印寺(현 합천)를 창건하였고 삽량주에서 붉은 까마귀를 바쳤다. 12월에 균정均貞에게 대아찬 벼슬을 주고 가짜 왕자로 삼아 일본에 인질로 보내려 하였으나 균정은 이를 사양하였다.

803년(애장 4) 4월에 왕은 남쪽 교외로 행차하여 보리농사를 살폈다. 7월에는 일본과 우호 관계를 맺고 수교하기로 하였다. 10월에 지진이 있었다.

804년(애장 5) 정월에 아찬 수승秀昇으로 시중을 삼았다. 5월에는 일본이 사신을 파견하여 황금 3백 냥을 바쳤다. 7월에 알천 위쪽에서 열병을 실시하였으며 삽량주에서는 흰 까치를 바쳤다. 또한 임해전을 중수하고 새로 동궁 만수방萬壽房을 지었다. 이때 우두주 난산현蘭山縣에서 넘어졌던 돌이 일어섰고 웅천주 소대현蘇大縣(현 태안泰安)에 있는 부포釜浦의 물빛이 핏빛으로 변하였다. 9월에는 망덕사의 두 탑이 서로 싸웠다.

805년(애장 6) 정월에 모친 김씨를 봉하여 대왕후로 삼고 비 박씨를 왕후로 삼았다. 이해 당의 덕종이 서거하였으므로 새로 즉위한 순종順宗은 병부낭중겸어사대부兵部郎中兼御史大夫 원계방元季方을 파견하여 애도의 뜻을 고하고 왕을 책봉하여 개부의동삼사검교태위사지절대도독계림주제군사계림주자사겸지절開府儀同三司檢校太尉使持節大都督雞林州諸軍事雞林州刺史兼持節 충녕해군사상계국신라왕充寧海軍使上柱國新羅王으로 하고 그 어머니를 대비로 하고 아내 박씨朴氏를 후비로 삼았다. 여기에서 외조부 숙명叔明은 제17대 내물 마립간의 13세손으로서 곧 어머니의 성은 김씨인데 아버지를 따라 숙씨라 한 것은 잘못이다. 8월에 공식公式 20여 조를 정하여 나누어 주었다. 11월에는 지진이 있었다.

806년(애장 7) 3월에 일본의 사신이 이르렀으므로 왕은 조원전에서 그들을 인견하였다. 애장왕은 하교하기를

"새로 불사의 창건을 금하고 오직 수리하는 것을 허락하며 또한 비단 직물로서 불사하는 것과 금은으로 기물을 만드는 것을 금하니 마땅히 유사하게 명하여 널리 알리고 시행하라."

하였다. 당의 헌종이 숙위하던 왕자 김헌충金獻忠을 놓아 주어 돌아왔으며, 이때 시비서감試秘書監의 벼슬을 주었다. 8월에 사신을 당으로 파견하여 조공하였다.

807년(애장 8) 정월에 이찬 김헌창金憲昌(또는 김헌정金憲貞)을 시중으로 삼았다. 2월에 왕은 숭례전에 앉아 주악을 관청하였다. 8월에 큰 눈이 내렸다.

808년(애장 9) 2월에 일본의 사신이 왔으므로 애장왕은 그들을 후한 예로 대접하였다. 김역기金力奇를 당으로 파견하여 예물을 하였는데 김역기는 상주하기를

"정원 16년(800)에 조서로 신의 옛 주인 김준옹(소성왕)을 책봉하여 신

라 왕으로 삼고 어머니 신씨申氏를 대비로 삼고 아내 숙씨叔氏를 왕비로 삼았으나 책사 위단이 중간에 이르러 왕이 죽음을 듣고 그대로 돌아갔다. 그런데 그 책서가 중서성中書省에 있다 하는데 지금 신이 환국하니 청컨대 그 책서를 신에게 주어 가지고 돌아가도록 하여주기를 바랍니다."
하니 당제는 칙령하기를

"김준옹 등의 책서는 홍려사鴻臚寺로 하여금 중서성에서 받아 김역기에게 주어 귀국할 때 가지고 돌아가게 하라."
하고 왕숙 언승 및 그 아우 중공仲恭 등에게 문극門戟*을 보내되 본국의 예에 준하여 이를 주게 하였다. 신씨는 김신술金神述의 딸인데 '神'자와 같은 운으로써 '갑申'자를 성씨로 하였으니 이는 잘못된 것이다. 왕은 사신을 12도道에 파견하여 군과 읍의 경계를 정하였다. 7월 1일에 일식이 있었다.

809년(애장 10) 정월에 달이 필성畢星(28수의 하나)을 범하였다. 6월에 서형 산성의 염고鹽庫(소금 창고)가 우는데 그 소리가 소의 울음소리와 같았고 벽사碧寺의 두꺼비들이 뱀을 잡아 먹었다. 7월에 대아찬 김육진金陸珍을 당으로 파견하여 사은하고 겸하여 토산물을 바쳤다. 이때에 큰 한재가 들었는데 왕의 숙부 언승은 아우 이찬 제옹悌邕과 함께 군사를 거느리고 궁으로 들어가 난을 일으켜 왕을 살해하였으며, 애장왕의 동생 체명體明은 왕을 호위하다가 아울러 해를 당하였다. 왕을 애장으로 시호하였다.

애장왕 대의 사람들   김무염 金無染

김무염은 801년(애장 2) 태어났으며 승려였다. 호는 무주無主이며 제29대 태종 무열왕의 8대손이다. 아버지는 범청範淸이며 어머니는 화씨華氏

---

* 문극門戟: 당·송대의 제도로서 종묘나 사직, 궁전의 문이나 여러 부와 주의 임금이 드나드는 문에 나무로 만든 창을 세워 위엄을 나타낸 것을 말한다.

로 성주 대사聖主大師로 불렸다. 13세 때 설악산 오색석사五色石寺에서 승려가 되고, 수년 동안 법성선사法性禪師에서 사사하고, 부석사의 석징釋澄에게서 화엄경을 배웠다. 821년(헌덕 13) 정조사 김양金陽의 배를 타고 당나라에 건너가 남산南山의 지상사至相寺에서 화엄경을, 불광사佛光寺의 여만如滿에게 법法을 묻고, 보철 화상寶徹和尙에게서 법인法印을 받았다. 오랫동안 고적과 고승들을 방문하여 동방대보살東方大菩薩이라 일컬어졌다. 845년(문성 7)에 귀국하여 웅천 오합사烏合寺의 주지를 지내고 성주산문聖住山門의 개조開祖가 되었다. 헌안왕이 즉위한 후 상주尙州 심묘사深妙寺의 주지로 있다가 888년(진성 2) 세상을 떠났다. 시호는 낭혜朗慧이며 그의 비가 충남 보령군保寧郡 성수사聖住寺址 터에 남아 있다.

제41대 헌덕왕憲德王

김씨 왕 26대

헌덕왕의 이름은 언승彦昇으로 소성왕의 동복아우이다. 790년(원성 6) 사신으로 당에 갔다 온 후 대아찬의 벼슬을 받고, 791년에는 반역하려던 제공을 주살하고 잡찬이 되었으며, 794년(원성 10)에는 시중이 되고 795년에는 이찬으로 재상이 되고, 796년(애장 12)에는 병부령이 되고, 애장왕 원년인 800년에는 각간이 되고, 801년에는 어룡성 사신이 되었다. 이로부터 얼마 되지 않아 상대등이 되었다가 즉위하였는데 때는 809년이었다. 비 귀승貴勝 부인은 각간 예영禮英의 딸이다.

809년(헌덕 원년) 이찬 김숭빈金崇斌을 상대등으로 삼았으며, 8월에 죄수를 대사하였다. 또한 이찬 김창남金昌南 등을 당으로 파견하여 애도를 고하니 당의 헌종은 직방원외랑섭어사職方員外郎攝御史 중승中丞 최정崔廷을 파견하고 질자質子 김사신金士信을 부사로 삼아 조제하고 왕을 책봉하여 개부의동삼사검교대위지절대도독겸지절충녕해군사상계국신라왕開府儀同三司檢校大尉持節大都督兼持節充寧海軍使上桂國新羅王으로 삼고 아내 정씨貞氏를 비로 삼고 대재상 김숭빈 등 3명에게 문극을 주었다. 왕비는 각간 예영의 딸인데 바로 위에서 말한 정씨는 미상이다.

810년(헌덕 2) 정월에 파진찬 양종亮宗을 시중으로 삼았다. 하서주에서 붉은 까마귀를 바쳤다. 2월에 왕은 친히 신궁에 제사하고 사자를 보내어 국내의 제방을 수리하였다. 7월에 유성이 자미로 들어갔다. 서원경에서 흰 꿩을 바쳤다. 10월에는 왕자 김헌장金憲章을 당으로 파견하여 금은 불상과 불경 등을 바치고 순종順宗의 명복을 기원하였다. 유성이 왕량王良•으로 들어갔다.

811년(헌덕 3) 정월에 시중 양종이 병으로 인하여 면직되므로 이찬 원흥元興을 시중으로 삼았다. 2월에 이찬 웅원雄元을 완산주 도독으로 삼았다. 4월이 되자 왕은 처음으로 평의전平議殿에 나가 정사를 보았다.

812년(헌덕 4) 봄, 균정을 시중으로 삼았으며, 이찬 충영忠永(또는 忠榮)은 70세가 되므로 궤장을 하사하였다. 9월에는 급찬 숭정崇正을 북국의 사신으로 파견하였다.

813년(헌덕 5) 정월에 이찬 헌창을 무진주 도독으로 삼았다. 2월에는 시조 묘를 배알하였다. 또한 현덕문玄德門이 화재를 입었다.

814년(헌덕 6) 3월에 왕은 숭례전에서 조신들에게 잔치를 베풀었는데 즐거움이 다하자 왕은 거문고를 타고 이찬 충영은 일어나서 춤을 추었다. 5월에 서쪽 지방에 큰물이 졌으므로 헌덕왕은 사자를 파견하여 수해를 입은 주군의 백성을 위문하고 그들에게 1년 동안의 조세를 면제하였다. 8월, 서울에 바람이 불고 안개가 자욱하여 밤과 같았다. 무진주 도독 헌창을 불러들여 시중을 삼았다. 10월에는 대사 검모黔牟의 아내가 한번에

253

• 왕량王良: 별 이름으로서, 28수 가운데 동방 청룡靑龍 7수의 하나를 말한다.

아들 셋을 낳았다.

815년(헌덕 7) 정월에 사신을 당으로 파견하니 당 헌종은 사신을 인견하고 잔치를 베풀었다. 5월에 눈이 내렸으며 8월 1일에 일식이 있었다. 서쪽 변방의 주군에 큰 기근이 들고 도적이 벌떼처럼 일어나서 군사를 내어 이를 토평하였다. 큰 별이 익성翼星과 진성軫星˙ 사이에 나타나서 경성庚星으로 향하는데 길이가 6척 가량이고 그 넓이가 2척 가량이나 되었다.

816년(헌덕 8) 정월에 시중 헌창을 청주 도독으로 보내고 장여璋如를 시중으로 삼았다. 흉년으로 인하여 백성들의 기근이 심하였으며 또한 당의 절동浙東 지방으로 건너가서 식사를 구하는 자가 170명이나 되었다. 당 은현唐恩縣에서는 길이가 10척, 넓이가 8척, 높이가 3척 5촌이나 되는 돌이 저절로 1백 보쯤 되는 곳으로 옮아갔다. 6월에 망덕사의 두 탑이 서로 부딪쳤다.

817년(헌덕 9) 정월에 이찬 충공忠恭을 시중으로 삼았다. 5월에 비가 오지 않아 널리 산천에 기우제를 지냈는데 7월에 이르러서야 비가 내렸다. 10월에 사람들이 많이 굶어 죽으므로 왕은 주군에 하교하여 곡창을 풀어 백성들을 구휼하게 하였다. 왕자 금장렴金張廉을 당으로 파견하고 예물을 보냈다.

818년(헌덕 10) 6월 1일에 일식이 있었다.

819년(헌덕 11) 정월에 왕은 이찬 진원眞元의 나이가 70세가 되었으므로 궤장을 하사하였고 이찬 헌정은 병으로 인하여 능히 행정을 집행하기가 어려웠으므로 아직 70세가 되지 않았으나 금으로 장식한 자단紫檀 지팡이를 하사하였다. 2월에는 상대등 김숭빈이 죽음으로 이찬 김수종金秀宗을 상대등으로 삼았다. 3월에 좀도둑들이 널리 일어나므로 왕은 모든

˙ 익성翼星: 이십팔 수의 스물일곱 번째 자리에 있는 별들.
  진성軫星: 이십팔 수의 스물여덟 번째 자리의 별들.

주군의 도독과 태수에게 명하여 이들을 잡도록 하였다. 7월에 당의 운주郵州(중국 산동성山東省) 절도사 이사도李師道가 모반하였는데 당 헌종은 이를 토평하고자 하여 양주 절도사 종공趙恭을 파견하여 신라에서 군사를 징발하게 하므로 헌덕왕은 당제의 뜻을 받들고 순천군順天軍 장군 김웅원金雄元에게 명하여 군사 3만 명을 거느리고 나가서 이를 원조하였다.

820년(헌덕 12) 봄에 이어 여름까지 한재가 들어 겨울에는 기근이 심하였다. 11월에 사신을 당으로 파견하니 목종穆宗은 사신을 인덕전麟德殿으로 불러서 맞이하고 연회를 베풀었다.

821년(헌덕 13) 봄에 백성들은 굶주림을 이기지 못하고 자손들을 팔아서 생계를 유지하였다. 4월에 시중 김충공이 죽음으로 이찬 영공永恭을 시중으로 삼았다. 청주 도독 헌창을 웅천주 도독으로 삼았다. 7월에 패강 남천南川의 두 돌이 서로 싸웠으며, 12월 29일에 우레가 크게 쳤다.

822년(헌덕 14) 정월에 동복아우 수종秀宗(또는 수승秀升)을 부군副君(태자)으로 삼고 월지궁月池宮으로 들어오도록 하였다. 2월에 눈이 5척이나 쌓이고 수목이 말랐다.

3월에는 웅천주 도독 헌창은 부친 주원周元이 왕이 되지 못한데 대해 원한을 갖고 반란을 일으켜 국호를 장안長安이라 하고 경운 원년慶雲元年이라 건원하고 무진주, 완산주, 청주, 소벌주의 도독을 위협하였다. 이에 국원, 서원, 금관 등의 사관과 모든 군현의 수령들이 복속하므로 청주 도독 향영向榮은 추화군推火郡(밀양密陽)으로 도망하였다. 한산, 우두, 삽량, 패강, 북원 등에서는 먼저 헌창이 역모하는 것을 알고 군사를 단속하여 수비하였다. 18일에 완산의 장사 최웅은 아찬 정련正連의 아들 영충令忠 등의 도움으로 서울로 도망하여 이 사실을 보고하였고, 왕은 곧 최웅에게 급찬 벼슬을 주어 속함군 태수로 삼고 영충에게도 급찬 벼슬을 주었다. 드디어 왕은 장군 8명에게 왕도王都 팔방을 수비토록 한 후에 군사를 내어 일길찬 장응張雄을 선발로 보내고 잡찬 위공衛恭과 파진찬 제릉悌

陵을 뒤이어 보내고 이찬 균정과 잡찬 웅원과 대아찬 우징祐徵 등에게 3군軍을 장악하게 하여 반란자들을 막도록 하였다. 또 각간 충공과 잡찬 윤응允膺은 문화관문蚊火關門(경주 동남東南)을 수비하도록 하였다. 그리고 명기明基와 안락安樂 두 낭郞은 각각 종군할 것을 청하여, 명기는 그의 무리를 거느리고 황산으로 나가고 안락은 시미지진施彌知鎭으로 나갔다. 이때에 헌창은 그 장수를 파견하여 요로에 의지하여 대기하였는데 장웅은 적병을 도동현道冬峴에서 만나 격파하고 위공과 제릉은 장웅과 합세하여 삼년산성을 공격하여 적을 무찔러 승리한 다음 속리산俗離山(보은報恩)으로 군사를 돌려 적을 격멸시키고, 균정 등은 성산星山(황산黃山)에서 싸워 적을 격멸시켰다. 군대가 모두 홍진熊津에 이르러 적과 대전하여 참획한 수는 헤아릴 수 없이 많았는데 헌창은 겨우 몸을 빠져 웅진성으로 들어가서 굳게 지켰다. 군사들은 성을 포위하고 10일 동안 공격하여 성이 함락되려 하자 죽음을 면치못한 것을 예감한 헌창이 결국 자살하니 그를 따르던 이들은 헌창의 머리를 자르고 몸을 감추었다. 성이 함락된 이후 헌창을 무덤에서 찾아내어 이를 주형하고 친족과 무리 239명을 죽이고 그 백성들은 놓아준 뒤에 공을 논하고 각각에게 상을 주었다. 아찬 녹진祿眞에게는 대아찬 벼슬을 주었는데 그는 이를 사양하여 받지 않았다. 굴자군은 적지에 가까웠음에도 반란에 휩싸이지 않았으므로 7년 동안의 요역을 면제하였다. 이보다 먼저 청주 태수청太守廳의 남쪽 연못 가운데에 이상한 새가 나타났는데 몸이 5척이고 빛깔은 검고 머리는 5세쯤 되는 아이의 머리만 하고 부리의 길이는 1척 5촌이나 되고 눈은 사람의 눈과 같고 목은 5승 들이의 그릇만 하였는데 3일 만에 죽었다고 한다. 이를 두고 사람들은 헌창이 패망할 징조라 하였다.

이해에 왕은 각간 충공의 딸 정교貞嬌를 맞아 태자비를 삼았다. 패강 산골짜기 사이에서 나무가 넘어지고 나무에 싹이 났는데 하룻밤 사이에 키가 30척, 둘레가 4척 7촌이나 자랐다. 4월 13일은 달빛이 핏빛과 같앉으며 7월 12일에는 해에 검은 빛이 남북으로 뻗어 있었다. 12월에는 계필柱弼을 당으로 파견하여 조공하였다.

823년(헌덕 15) 정월 5일에 서원경에 벌레가 하늘을 덮었다가 떨어졌고 9일에는 흰빛, 검은빛, 붉은빛을 띠는 3종의 벌레가 눈雪을 무릅쓰고 움직여 가다가 햇빛이 나타나자 멈추었다. 원순元順과 평원平原 두 각간이 70세의 나이로 연로하여 관직에서 물러나자 헌덕왕은 궤장을 하사하였다. 2월에는 수성군水城郡(현 수원水原)과 당은현을 합병하였다. 4월 12일에 유성이 천시天市*에서 일어나서 천자의 자리를 범하고 천시의 동북원東北垣, 직녀성織女星, 왕량성王良星을 지나 각도閣道**에 이르러서 셋으로 나누어 지는데 그 소리가 북치는 소리와 같았다가 사라졌다. 7월에 눈이 내렸다.

825년(헌덕 17) 정월에 헌창의 아들 범문梵文이 고달산高達山(현 여주)의 산적인 수신壽神 등 1백여 명과 함께 모반하여 평양에 도읍을 세우려 하고 북한산주를 공격하므로 도독 총명聰明은 군사를 거느리고 나가 이를 잡아 죽였다.

3월에 무진주 마미지현馬彌知縣(현 장흥長興)에 사는 한 여자가 아기를 낳는데 머리 두 개, 몸 두 개에 다리가 넷이었고 낳을 때 하늘에서는 우레가 크게 쳤다. 5월에 왕자 김흔金昕을 당으로 파견하여 조공한 다음 먼저 대학생으로 있던 최이정崔利貞, 박숙정金叔貞, 박계업朴季業 등을 돌려보내 달라 청하고 새로 입조한 김윤부金允夫, 김입지金立之, 박양지朴亮之 등 12명을 들여보내어 숙위할 것을 청하였다. 또한 국자감에서 수업하고 홍려시鴻臚寺에서 학비를 지급해 줄 것을 청하니 당의 경종敬宗은 이를 허락하였다. 가을에 삽량주에서 흰 까마귀를 바쳤다. 우두주 대양관군大楊管郡

---

* 천시天市: 3원 중의 하나로서 여러 별자리에 걸친 넓은 범위의 별자리이다. 천시원天市垣을 말한다.
** 각도閣道: 자미紫微의 북쪽에 있는 여섯 별.

(현 회양) 내마 황지黃知의 아내가 한번에 2남 2녀를 낳으므로 왕은 조곡 1백 석을 하사하였다.

826년(헌덕 18) 7월에 왕은 우잠牛岑(현 황해도 우봉牛峰) 태수 백영白永에게 명하여 한산의 북쪽에 모든 주군에서 1만 명을 징발하여 패강 장성長城(현 평양 북계선) 3백 리를 축조하였다. 10월에 왕이 서거하므로 헌덕이라 시호하고 천림사泉林寺의 북쪽에 장사하였다. 고기古記에 말하기를 재위 18년 보력寶曆 2년(826) 4월에 죽었다 하고 『신당서』에 말하기를 장경長慶과 보력 사이(824~825년)에 신라 왕 언승이 죽었다고 되어 있다. 그런데 『자리통감』 및 『구당서』에는 모두 말하기를 대화大和 5년(831)에 죽었다고 되어 있어 잘못된 기록이 아닌가 생각된다.

헌덕왕 대의 사람들　김범문 金梵文

도독 헌창의 아들로 825년(헌덕 17) 할아버지와 아버지가 왕이 되지 못한 것을 한탄하고 고달산高達山의 산적 수신壽神 등과 1백여 명을 이끌고 반란을 일으켰다. 평양에 도읍을 세우려고 먼저 북한산주를 공격했으나 도독 총명에게 패하여 사형되었다.

헌덕왕 대의 사람들　김헌창 金憲昌

김헌창의 태어난 해는 정확하지 않다. 일명 헌정憲貞으로도 불렸으며 주원周元의 아들이다. 807년(애장 8) 이찬으로서 시중이 되었고, 813년(헌덕 5) 무진주 도독을 거쳐 이듬해 다시 시중이 되었다. 816년(헌덕 8) 청주 도독을 역임하고, 821년에 웅천주 도독이 되었다. 이듬해 아버지 주원이 왕위에 오르지 못한 것에 원한을 품고 반란을 일으켜 국호를 장안, 연호를 경운이라 정한 뒤 무진주, 완산주, 청주, 사벌주 등을 공략한데

이어 국원과 서원, 금관 등의 군현을 복속시켰으나 장웅, 위공, 제릉 등
정부군에게 쫓겨 웅진성으로 철수하여 10여 일의 공방전 끝에 패배하자
822년(헌덕 14) 자살했다. 난이 평정된 후 그의 시체는 다시 주형되고,
친척과 부하 등 239명도 함께 사형되었다. 825년 그의 아들 범문도 난
을 일으켰으나 잡혀 죽었다.

제42대 흥덕왕興德王

김씨 왕 27대

흥덕왕의 이름은 수종秀宗이나 뒤에 경휘景徽라고 고쳤으며, 헌덕왕의 동복아우이다.

826년에(흥덕 원년) 그해 11월에 비 장화章和 부인이 세상을 떠나자 정목定穆 왕후로 추봉하였다. 장화 부인의 성은 김씨金氏로 소성왕의 딸이었다. 흥덕왕은 정목 왕후를 잊지 못하여 슬퍼하고 즐거워하지 않음으로 군신들이 상소하여 다시 비를 맞을 것을 청하니 흥덕왕은 말하기를

"한 마리 새가 짝을 잃는다 하더라도 슬퍼하는 데 하물며 사람으로서랴. 좋은 배필을 잃었으나 어찌 그 마음을 참지 못하고 다시 아내를 맞을 것인가."

하고 그 말을 좇지 아니하였다. 또한 여자를 대함에 있어 친근하게 하지

않고 좌우에서 심부름 하는 이들은 다만 벼슬관들을 세워 할 따름이었다.

827년(흥덕 2) 정월에 왕은 친히 내을신궁에 제사를 지냈다. 당의 문종文宗은 전왕이 세상을 떠났다는 말을 듣고 정사를 폐하고 태자좌유덕겸어사중승太子左諭德兼御史中丞 원적源寂에게 명하여 절조를 갖고 조제토록 하고 사왕嗣王·을 책봉하여 개부의동삼사검교대위사지절대도독계림주제군사겸지절충녕해군사신라왕開府儀同三司檢校大尉使持節大都督雞林州諸軍事兼持節充寧海軍使新羅王으로 삼고 왕의 어머니 박씨朴氏를 대비로 삼고 아내 박씨朴氏를 비로 삼았다. 3월에 고구려 승려 구덕丘德이 당나라에 들어갔다가 불경을 가지고 왔으므로 왕은 모든 절의 승려를 모아 그를 마중하도록 하였다. 5월에는 서리가 내리고, 8월에는 태백성이 낮에 나타나 보이고 서울에는 큰 한재가 들었다. 시중 영공이 퇴직하였다.

828년(흥덕 3) 정월에 대아찬 김우징을 시중으로 삼았으며, 2월에는 사신을 당으로 파견하여 조공하였다. 3월에 눈이 3척이나 쌓였다. 4월에 청해진淸海鎭(현 완도莞島) 대사를 궁복弓福(장보고張保皐)으로 삼았다. 그는 먼저 당의 서주徐州로 들어가서 군대의 부장副將이 되었다가 뒤에 귀국하여 왕을 배알하므로 왕은 군사 1만 명으로서 청해를 진수하도록 하였다. 이때 한산주 표천현瓢川縣(현 파주坡州)의 한 요사스러운 인물이 빨리 부자가 되는 재주가 있다고 말하며 많은 사람들을 현혹하였다. 왕은 이 말을 듣고 이에 혹하는 무리들을 잡아 처형하였는데 이는 선왕의 법도이다. 또 요사한 자 밑으로 들어간 무리를 먼 섬으로 보내 버렸다. 12월에 사신을 당으로 파견하고 예물을 보내니 당 문종은 사신을 인덕전으로 불러들여 연회를 베풀었다. 이때 사신으로 갔다가 돌아온 대렴이 차茶의 종자를 가지고 왔으므로 왕은 이를 지리산地理山(또는 智異山)에 심게 하였다. 차는 이미 선덕왕 때부터 있었으나 이때에 이르러서야 성하게 되었다.

829년(흥덕 4) 2월에 당은군唐恩郡(현 화성시 남양南陽)을 당성진唐城鎭으로

261

• 사왕嗣王: 왕위를 이은 임금.

바꾸고 사찬 극정極正으로 하여금 나아가 지키게 하였다.

830년(흥덕 5) 4월에 왕이 병환으로 평안하지 못하자, 도승 150명이 불공을 드렸다. 12월에는 사신을 당으로 파견하여 조공하였다.

831년(흥덕 6) 정월에는 지진이 있었다. 시중 우징을 면직하고 이찬 윤분允芬을 시중으로 삼았으며, 2월에는 왕자 김능유金能儒와 아울러 승려 9명을 당으로 파견하였다. 7월에는 당에 들어갔던 진봉사進奉使 능유 등 일행이 돌아오다가 바다에 빠져 죽었다. 11월에 다시 사신을 당으로 파견하고 예물을 보냈다.

832년(흥덕 7)에는 봄에 이어 여름까지 한재가 들어 거둘 농작물이 없으므로 흥덕왕은 정전正殿을 피하고 또한 식사를 감하며 내외의 죄수를 대사하였는데 7월에 이르러서야 비가 내렸다. 흉작으로 인하여 8월부터는 기근이 심하였고 도적 또한 많이 일어났다. 이에 흥덕왕은 10월에 사자를 파견하여 백성들을 위문하였다.

833년(흥덕 8) 봄에도 신라에 큰 기근이 들었고, 왕은 4월에 시조 묘를 배알하였다. 10월에는 복숭아와 자두의 꽃이 다시 피었고 백성들이 나쁜 병으로 많이 죽는 등 좋지 않은 일이 계속하여 일어났다. 11월에 시중 윤분이 퇴직하였다.

834년(흥덕 9) 정월에 우징을 다시 시중으로 삼았다. 9월에 왕은 서형산 아래로 행차하여 열병을 실시하고 무평문武平門에 출어하여 사격하는 것을 관람하였으며, 10월에는 남쪽의 주군으로 순행하여 노인 및 환과고독을 위문하고 곡식과 베를 하사하였다.

835년(흥덕 10) 2월에 아찬 김균정金均貞을 상대등으로 삼았으며, 시중 우징은 부친 균정이 재상이 되자 글을 올려 해직을 청하였다. 이는 혈연 관계인 이들이 같은 관서에서 일하지 못하도록 했던 신라의 관례에 따른 것으로 풀이된다. 또한 대아찬 금명金明을 시중으로 삼았다.

836년(흥덕 11) 정월 1일에 일식이 있었다. 왕자 김의종金義琮을 당으로 파견하고 겸하여 숙위하게 하였다. 6월에 패성이 동쪽으로 흘러갔으며 7월에는 태백성이 달을 범하였다. 12월에 왕이 서거하므로 흥덕이라 시호하였고 조정은 왕의 유언을 따라 정목 왕후의 능에 합장하였다.

흥덕왕 대의 사람들 김개청 金開淸

835년(흥덕 10) 태어난 김개청은 승려로서 본관은 경주慶州이며, 유차有車의 아들이다. 어려서는 유학을 공부하다가 출가하여 화엄사에서 승려가 되고, 강주 엄천사嚴川寺에서 구족계具足戒를 받았으며, 후에 오대산 통효 대사通曉大師에게 심인心印을 받았다. 889년(진성 3) 통효 대사가 죽자 보현사에 전殿과 탑塔을 세우고 도로를 개통하고 많은 백성들을 교화시켜 경애왕으로부터 국사의 대우를 받았다. 930년(경순 4) 세상을 떠났으며 940년(태조 23)에 세워진 비가 강원도 강릉 개청사開淸寺에 있다. 시호는 낭원郞圓, 탑호는 오진悟眞이다.

제43대 희강왕僖康王

김씨 왕 28대

836년에 즉위한 희강왕의 이름은 제륭悌隆(또는 제옹悌顒)으로 원성왕의
손자이며 이찬 헌정憲貞(또는 초노草奴)과 포도包道 부인 사이에서 태어났
다. 비는 문목文穆 부인으로서 갈문왕 충공의 딸이다. 처음 흥덕왕이 서
거하자 흥덕왕의 당제堂弟 균정과 당제의 아들 제륭이 모두 왕이 되고자
하였다. 이때 시중 김명金明과 아찬 이홍利弘, 배훤백裵萱伯 등은 제륭을
받들고 아찬 우징은 조카 예징禮徵 및 김양과 더불어 자신의 아버지 균정
을 받들므로 궁내로 들어가서 서로 싸우게 되었는데, 김양은 화살에 맞
고 우징 등은 도망하고 균정은 해를 입은 바 되었으므로 결국 제륭이 즉
위하게 되었다.

837년(희강 2) 정월에 왕은 사형에 처할 자 외에는 풀어주고, 선고를

추봉하여 익성翌成 대왕으로 삼고 어머니 박씨를 순성順成 태후로 삼았다. 또한 시중 김양에게 상대등 벼슬을 내리고, 아찬 이홍을 시중으로 삼았다. 4월에 당 문종文宗이 당에서 숙위하던 왕자 김의종을 신라로 돌려보냈다.

한편 아찬 우징은 부친 균정이 살해를 당하였으므로 원한을 담은 말을 하다가 김명, 이홍 등이 이를 불평하므로 화가 미칠 것을 두려워하다 5월, 처자와 함께 황산의 진구津口(나루터)로 달아나서 배를 타고 청해진 대사 궁복에게로 가서 의지하였다. 6월에는 균정의 매서妹婿인 아찬 예징이 아찬 양순과 함께 도망하여 우징과 함께하였다. 당 문종은 숙위 김충신 등에게 비단 등을 하사하였다.

838년(희강 3) 정월에 상대등 김명과 시중 이홍이 군사를 일으켜 반란하여 왕의 좌우를 살해하자 왕은 자신의 생명을 보전하지 못할 것을 알고 곧 궁중에서 목을 매어 스스로 죽는 길을 택하였다. 희강이라 시호하였고 소산蘇山에 장사하였다.

265

정연은 일명 연連으로 무장 장보고와 형제처럼 지냈으며, 당나라에 가서 함께 무령군武寧軍 소장小將이 되었고, 귀국하여 김명을 죽이고 희강왕을 내세웠다. 장보고가 국상國相이 되자 청해진의 진장鎭長으로 있다가 그곳에서 죽었다.

제44대 민애왕閔哀王

김씨 왕 29대

민애왕의 성은 김씨金氏고 이름은 명明으로 원성왕의 증손이자 대아찬 충공의 아들인데 누관累官하여 상대등이 되었다가 시중 이홍과 함께 희강왕을 협박하여 자살하게 하고 스스로 왕이 되었다.

838년(민애 원년) 선고를 추봉하여 선강宣康 대왕으로 삼고 어머니 박씨 귀보貴寶 부인을 선의宣懿 태후로 삼고 아내 김씨를 윤용允容 왕후로 삼았다. 또한 이찬 김귀金貴를 상대등으로 삼고 아찬 헌종憲崇을 중시로 삼았다. 2월에는 김양이 병사를 모집하여 가지고 청해진으로 들어가서 우징을 알견하였다. 아찬 우징은 청해진에 있으면서 김명이 찬위하였다는 말을 듣고 청해진 대사 궁복에게 말하기를

"김명은 섬기던 왕을 죽이고 스스로 왕위에 올랐으며 이홍은 만백성의

아버지인 군부를 억울하게 죽였으니 그와 함께 하늘을 볼 수 없다. 원컨대 장군의 군사를 의지하여 군부의 원수를 갚겠다."

하자 궁복은 말하기를

"옛사람의 말에 의義를 보고 행동하지 않는 자는 용맹함이 없다 하였으니 내 비록 용렬하나 명령을 좇겠습니다."

하였다. 그리고 곧 군사 5천 명을 나누어서 그의 벗 정연鄭年에게 주며 말하기를

"그대가 아니면 능히 환란을 평정하지 못한다."

하고 군사를 일으켰다. 12월에 궁복은 김양을 평동平東 장군으로 하고 염장閻長, 장변張弁, 정연鄭年, 낙금駱金, 장건영張建榮, 이순행李順行과 더불어 군사를 거느리고 무주 철야현鐵治縣(현 나주군 남평南平)에 이르니 왕은 대감 김민주金敏周로 하여금 군사를 거느리고 나가 마주 싸우게 하였다. 이때 김양은 낙금과 이순행을 파견하여 기병 3천 명으로 돌격하여 거의 다 섬멸시켰다.

839년(민애 2) 윤 5월에 김양이 주야로 움직여 19일에는 달벌구達伐丘에 이르니 민애왕은 반란군이 온다는 말을 듣고 이찬 대흔大昕과 대아찬 윤린允璘 및 억훈嶷勛 등에게 명령하여 군사를 거느리고 나가 이를 막게 하였다. 그러나 김양의 군사는 한번 싸워 또한 크게 이기고 쳐들어오니 신라 군사의 반수가 죽음을 면치 못하였다. 이때에 왕은 서쪽 교외의 커다란 나무 밑에 있었는데 좌우 근신이 모두 달아나자 홀로 어찌할 바를 알지 못하고 월유택月遊宅으로 뛰어들어갔으나 군사들이 이를 잡아내어 살해하였다. 그러나 군신들은 예로써 왕을 장사하고 민애라고 시호하였다.

838년(민애 1) 청해진 대사 장보고가 아찬 김우징을 도와 군사를 일으
켰을 때 장보고 휘하의 장수로서 김양, 염장, 정연, 장건영, 이순행 등과
함께 선봉장이 되어 우징을 도와 무주 철야현 등에서 왕군에게 연전연승
했다.

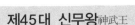

269

제45대 신무왕神武王 　　　　　　　김씨 왕 30대

신무왕의 이름은 우징祐徵으로 원성元聖 대왕의 손자 상대등 균정의 아들이자 또한 희강왕의 사촌동생으로서, 예징 등이 궁내를 숙청한 후에 예를 갖추고 맞아 839년에 즉위토록 하였다. 왕은 선조 이찬 예영禮英(또는 효진孝眞)을 추존하여 혜강惠康 대왕으로 삼고, 선고를 성덕成德 대왕으로 삼고, 어머니 박씨 진교眞矯 부인을 헌목憲穆 태후로 삼았으며, 아들 경응慶膺을 세워 태자로 삼았다. 또한 청해진 대사 궁복을 봉하여 감의군사感義軍使로 삼고 식실食實(토지) 2천 호를 봉하였다. 한편 뒷일이 두려워진 이홍은 처자를 버리고 산속으로 도망하였는데, 왕은 병사를 파견하여 그를 잡아 죽였다.

7월에는 사신을 당으로 파견하여 노비를 치청淄靑(현 중국 산동성) 절도사에게 주니 당의 문종은 이를 듣고 먼 곳에서 온 사람들을 가여이 여기고 조서를 내려 이들을 본국으로 돌아가도록 하였다.

한편 신무왕은 병환으로 누웠다가 꿈에 이홍이 쏜 화살이 등에 맞았는데 깨어보니 화살에 맞은 그 자리에 등창이 났다. 이로 인하여 7월 23일에 서거하므로 신무라 시호하고 제형산弟兄山 서북편에 장사하였다.

논컨대 구양자歐陽子의 논에 말하기를 노나라의 환공桓公은 은공隱公을 시해하고서 왕위에 올랐고, 선공宣公은 자적子赤을 시해하고서 왕위에 올랐고, 정려공鄭厲公은 세자 홀忽을 내쫓고서 왕위에 올랐고 위공손표衛公孫剽는 그 군간君衎을 내쫓고서 왕위에 오른 것인데, 성인 공자孔子는 『춘추』에 모두 그들이 군주로 있는 것을 끊어버리지 않았다. 이는 모두 그 사실을 전하여 후세의 사람들로 하여금 알도록 한 것이다. 그런즉 이 사군四君의 죄는 가히 사람들의 귀를 가릴 수 없는 사실이니 곧 사람들은 악함을 깨닫고 이를 그칠 만하다. 신라의 언승은 애장왕을 시해하고서 즉위하고, 김명은 희강왕을 시해하고서 즉위하고, 우징은 민애왕을 시해하고 즉위한 것이니 이렇게 모두 그 사실을 적은 것도 또한 『춘추』의 뜻이라 하겠다.

신무왕 대의 사람들   박진교 朴眞矯 부인

박진교 부인은 상대등 균정의 부인이다. 아들이 신무왕이 되어 모친을 헌목憲穆 태후로 추존하였다.

제46대 문성왕文聖王　　　　　　　　　　　　　김씨 왕 31대

문성왕의 이름은 경응慶膺으로 신무왕의 태자이고, 그 모친은 정계貞繼 부인(정종定宗 태후)이다.

839년(문성 원년) 8월, 죄수를 대사하고 하교하기를

〈청해진 대사 궁복은 일찍 군사로서 신고神考를 돕고 선조先朝의 큰 적을 토벌하였으니 그 공로를 잊으랴.〉

하고 진해鎭海 장군으로 삼고 겸하여 의복을 하사하였다.

840년(문성 2) 정월에 예징은 상대등으로, 의종은 시중으로, 양순良順은 이찬으로 임명하였다. 4월부터 6월에 이르기까지 비가 오지 않았다. 당의 문종은 홍려사에 칙명하여 볼모를 돌려보내고 정년이 된 국학생 105명도 모두 돌려보냈다. 여름의 가뭄에 이어 겨울에는 기근이 심하였다.

841년(문성 3) 봄, 서울에 병이 유행하였다. 일길찬 홍필弘弼이 모반하려다 그 사실이 발각되자 섬으로 도망하여 잡으려 하였으나 실패하였다. 7월에 당 무종은 칙서를 내려 신라의 관리를 귀국시키고, 먼저 신라에 들어와 있던 선위부사충기주도독부사마사비어대宣慰副使充奇州都督府司馬賜緋魚袋 김운경金雲卿을 치주 장사淄州長史로 삼고 이어 김운경을 칙사로 하여, 왕을 개부의동삼사검교대위사지절대도독계림주제군사겸지절충녕해군사상주국신라왕開府儀同三司檢校大尉使持節大都督雞林州諸軍事兼持節充寧海軍使上柱國新羅王으로 책봉하고 아내 박씨朴氏를 왕비로 삼았다.

842년(문성 4) 3월에 이찬 위흔魏昕의 딸을 맞아 비로 삼았다.

843년(문성 5) 정월에 시중 의종이 병으로 면직하므로 이찬 양순을 시중으로 삼았다. 7월에 호랑이 다섯 마리가 신궁神宮의 정원 안으로 들어왔다.

844년(문성 6) 2월 1일에 일식이 있었으며 같은 달, 태백성이 진성을 범하였고 3월에는 서울에 우박이 내렸다. 시중 양순이 퇴직하므로 대아찬 김여金茹를 시중으로 삼았다. 8월에 혈구진穴口鎭(현 강화江華)을 설치하고 아찬 계홍啓弘을 진두鎭頭로 임명하였다.

845년(문성 7) 3월에 왕은 청해진 대사 궁복의 딸을 두 번째 비로 맞으려고 하였으나 조정의 신하들이 간하기를

"부부 사이의 도는 사람에게 있어 큰 윤리입니다. 그런 까닭으로 하나라 우왕禹王은 아내 도산씨塗山氏로써 흥하고, 은나라 탕왕湯王은 아내 신씨娎氏로써 창성하고, 주나라 유왕幽王은 총애하던 포사褒姒로 인하여 멸망하고 진나라 헌공獻公은 왕비 여희驪姬로 인하여 문란하게 되었은즉 국가의 존망은 이와 같은데 있으니 가히 삼가지 않을 수 없습니다. 지금 궁복은 섬사람으로 그의 딸이 어찌 왕실의 배필이 될 수 있겠사옵니까." 하자 문성왕은 그 말을 들었다. 11월에는 천둥이 치고, 눈이 오지 아니하였다. 12월 1일에는 해 3개가 3일 동안 나타났다.

846년(문성 8) 봄에 청해진 대사 궁복은 왕이 자신의 딸을 비로 맞아들이지 않는 것을 원망하고 청해진을 근거로 하여 모반하자, 조정에서는 이를 토평하려 하였으나 곧 불의의 환난이 있을까 두려워하였다. 궁복의 죄를 용서할 수 없어서 근심하면서도 어찌할 바를 알지 못하고 있는데, 무주의 염장이라는 용사가 이 말을 듣고 아뢰기를

"조정에서 만약 나의 말을 들어 준다면 나는 일개의 군사로서 번거롭지 않게 빈주먹을 가지고 궁복을 참살하여 바치겠다."

하였다. 왕은 이 말에 따라 염장을 거짓으로 나라에 반기를 일으킨 것처럼 꾸며 청해진으로 투입했다. 궁복은 염장을 아끼게 되어 의심 없이 불러 상객으로 하고 그와 더불어 술을 마시며 즐거움이 극진하였는데 그가 취하였을 때, 궁복의 칼을 빼앗아 참살하여 버렸다. 곧 그 무리를 불러 이를 설득시키니 남은 무리들은 감히 동요하지 않고 모두 굴복하였다.

847년(문성 9) 2월에 평의전과 임해전을 수리하였다. 5월에 이찬 양순과 파진찬 흥종 등이 모반하다가 복주되었다. 8월에는 왕자를 봉하여 왕태자로 삼았으며, 시중 김여가 죽자 이찬 위흔을 시중으로 임명하였다.

848년(문성 10) 봄과 여름에 한재가 들었다. 시중 위흔이 퇴직하므로 파진찬 김계명金啓明을 시중으로 삼았다. 10월에 하늘에서 소리가 있었는데 우레와 같았다.

849년(문성 11) 정월에 상대등 예징이 죽으므로 이찬 의정을 상대등으로 삼았다. 9월에는 이찬 김식과 대흔 등이 모반하다가 발각되어 복주되고 대아찬 흔린昕鄰이 이에 연좌되어 논죄되었다.

850년(문성 12) 정월에 토성이 달로 들어갔으며, 서울에 흙비가 오고 대풍이 불어 나무가 뽑혀 나갔다. 사형이 선고된 죄수 이외의 죄수들은 사면하였다.

851년(문성 13) 2월에 청해진을 없애고 그곳 백성들을 벽골군碧骨郡(현 김제)으로 옮겼다. 4월에 서리가 내렸다. 입당사入唐使 아찬 원홍元弘이 불

경과 아울러 불사를 가지고 왔으므로 왕은 교외까지 나가서 그를 맞았다.

852년(문성 14) 2월에 파진찬 진량眞亮을 웅주 도독으로 삼았다. 조부調府가 화재를 당하였다. 7월에 명학루鳴鶴樓를 수리하였다. 11월에 왕태자가 죽었다.

853년(문성 15) 6월에는 큰 화재가 있었으며 8월에는 서남쪽 주군에 메뚜기로 인한 피해가 있었다.

855년(문성 17) 정월에 왕은 사자를 파견하여 서남 주군의 백성들을 위문하였다. 12월에는 진각성珍閣省(예궁전穢宮典)이 불에 탔으며 토성이 달로 들어갔다.

857년(문성 19) 9월에 왕이 병들었는데 유서를 내려 말하기를

〈과인이 미미한 자질을 가지고 숭고한 자리에 처하니 위로는 하늘에 죄를 얻을까 두려워하고 아래로는 백성을 실망하게 할까 근심이 되어 아침저녁으로 전전긍긍함이 마치 깊은 물과 얕은 얼음장을 건너는 것과 같았다. 그러나 삼사대부와 여러 신하들이 좌우에서 보필하여 임금의 자리를 실추시키지 아니하였다. 그런데 요즈음 홀연히 질병에 감염되어 10일 동안이 되었으나 더욱 심하고 정신이 혼몽하여 아침 이슬과 같이 사라질까 두렵다. 생각하면 조종祖宗의 대업은 가히 군주가 없어서는 안 되고 나라의 정무는 가히 잠시라도 폐하여서는 아니된다. 생각하건데 서불한 의정誼靖은 선황제의 영손이고 과인의 숙부로서 부모에 대한 효성과 형제에 대한 우애가 깊고 명민하며 마음이 너그럽고 인자하여 오래도록 권좌에 있으면서 왕정을 함에 있어 힘을 합하여 도우니 가히 위로는 종묘를 받들고 아래로는 백성을 돌볼 만하다. 이제 무거운 짐을 풀어 어진 덕을 가진 자에게 맡기고자 하는데 부탁할 사람을 얻었으니 모든 일을 어찌 다시 한탄하겠는가. 하물며 살고 죽음의 시작과 끝은 만물의 기한이 있고 수명의 길고 짧음은 일정하게 정해져 있으므로 사람이 죽는 것은 당

---

* 조부調府: 신라에서 공물과 부역을 담당한 관청이었다.

연한 이치이니 사는 사람은 과히 슬퍼하지 말 것이다. 여러 선비들은 힘을 다하고 충성을 다하여 죽어서 가는 사람은 보내고 살아있는 사람을 섬김에 조금도 어그러짐이 없도록 하라. 이 뜻을 국내에 똑똑히 밝혀 알게 하라.〉

하였다. 7일에 왕이 서거하시자 문성이라 시호하고 공작지孔雀趾(현 경주 서편 산기슭)에 장사하였다.

문성왕 대의 사람들 장보고張保皐

장보고는 궁복弓福 또는 궁파宮巴로도 불렸으며 일찍이 당나라 서주徐州에 건너가 무령군 소장에 올랐으나 신라에서 잡혀와 노비가 된 사람들의 불쌍한 모습을 보고 분개하여 벼슬을 사직하고 귀국하였다. 그 후 해적들의 인신매매 행위를 근절시키기 위해 왕의 허락을 얻어 군사 1만 명을 거느리고, 해로의 요충지인 청해에 진을 설치하여 가리포加利浦에 성책을 쌓고, 항만 시설을 보수하여 전략적 거점을 마련하였다. 왕에 의해 청해진 대사에 임명된 후 수하의 수병들을 훈련시켜 해적을 완전 소탕했다. 837년(희강 2) 왕위 계승 다툼에서 밀려난 우징(신무왕)이 청해진으로 오자 이를 맞아들였다가 이듬해 우징과 함께 반란하여 839년 민애왕을 죽이고 우징을 왕으로 즉위시켜 감의 군사感義軍使가 되었다. 신무왕이 죽은 후 문성왕에 의해서 진해 장군이 되어 840년(문성 2) 일본에 최초로 무역 사절을 파견하고 당나라에도 견당매물사遣唐買物使를 보내어 삼각 무역을 실시하였다. 845년 딸을 왕의 차비로 삼게 하려 했으나 군신들의 반대로 좌절되어 불만을 품고 있던 중, 이듬해 그의 세력에 불안을 느낀 조정에서 보낸 자객 염장이 거짓 항복해 오자 속아서 그를 맞아들였다가 846년(문성 8) 살해되었다.

781년(선덕 2) 태어나 853년(문성 15) 사망한 하성은 본래 백제의 유민으로 일찌기 일본에 건너가 벼슬이 좌근위左近衛에 올라 종5위 시모하리마노스께(종5위從五位 하파마개下播磨介)에 이르렀다. 강궁强弓을 잘 쏘고 회화를 잘했는데 일본의 『사천왕상四天王像』은 그가 그린 것이라 한다.

제47대 헌안왕憲安王

김씨 왕 32대

　헌안왕의 이름은 의정誼靖(또는 우정祐靖)으로 제45대 신무왕의 이복동생
이다. 아버지는 성덕成德 대왕으로 봉해진 균정이며, 어머니 조명照明(또는
흔명昕明) 부인 김씨는 충공(선강왕宣康王)의 딸이며, 할아버지는 예영으로
제38대 원성왕의 아들이다.

　문성왕의 고명으로 857년에 즉위한 헌안왕은 곧 죄수를 대사하고 이
찬 김안金安을 상대등으로 삼았다.

　858년(헌안 2) 정월에 왕은 친히 내을신궁에 제사를 지냈다. 4월에는
서리가 내리고 5월부터 7월까지는 비가 오지 않았으며 당성군唐城郡(현 수
원군水原郡 장덕張德) 남쪽 개울가에서 큰 고기가 나왔는데 길이는 40보에
높이가 6장이나 되었다.

859년(헌안 3) 봄에는 전해의 가뭄으로 곡식이 귀하여 기근이 심하였으므로 왕은 사자를 파견하여 이를 구제하였다. 4월에는 하교하여 제방을 완전히 수리하게 하고 농사를 장려하였다.

860년(헌안 4) 9월에 왕은 군신들을 임해전에 모아 잔치를 열었는데 15세 된 왕족 응렴膺廉도 와 있었다. 왕은 그의 뜻을 알아보기 위하여 문득 한 가지 질문을 하였다.

"너는 얼마간 유학을 하였는데 착한 사람을 보아 깨달은 일은 없느냐?"

"신이 일찍 세 사람을 보았는데, 몰래 착한 행실을 하는 것으로 생각하였습니다."

"어떠한 착한 행실인가?"

하고 왕이 다시 물으니 응렴이 대답하기를

"한 사람은 지체 높은 집안의 자제로서 그가 사람과 사귐에 있어서 무엇이든지 자기가 먼저 나서지 않고 남의 밑에 처하는 것이요, 하나는 집이 부유하여 재물이 많아도 사치스러운 의복을 입지 않고 항상 삼베로 된 옷을 입으면서도 늘 기뻐하는 것이요, 하나는 세도와 영화를 누리는 가문이라 하더라도 그 세력을 남에게 가하려 하지 아니하는 것인데 신이 보고 생각한 바는 이러합니다."

하니 왕은 묵연히 있다가 왕후의 귀에 가만히 말하기를

"짐이 사람을 많이 보았으나 응렴과 같은 자는 없었으니 우리의 딸을 그의 아내로 삼는 것이 좋겠소."

하고는 응렴을 돌아보고 말하기를

"원컨대 낭郎은 스스로를 아끼며 삼가 품행을 바르게 하라. 짐에게 딸이 있는데 그대를 배필로 삼으려 한다."

하고 다시 주연을 베풀고 함께 마시면서 조용히 말하기를

"나에게 두 딸이 있는데 언니는 올해에 20세고 아우는 19세이니 그대

의 생각대로 아내로 맞으라.”

하였다. 응렴은 사양하며 곧 취하지 않고 일어나서 절하며 사례하고 집으로 돌아와서 부모에게 이 사실을 알리니 부모는 말하기를

“두 딸의 용모를 듣건대 언니는 동생만 못하다고 하니 만약 취한다면 그 아우를 아내로 맞는 것이 옳겠다.”

하였으나 응렴은 의심이 되어 뜻을 결정하지 못하고 흥륜사의 승려를 찾아 그 의견을 물었다. 승려가 말하기를

“언니를 아내로 맞으면 3가지 유익한 일이 있고 동생을 아내로 맞으면 도리어 3가지 손해가 있다.”

하였다. 이에 응렴은 곧 왕에게 아뢰기를

“신은 감히 스스로 결정하지 못하겠으므로 다만 명령하는 대로 따르겠나이다.”

하였다. 이때에 왕은 장녀를 응렴에게 시집 보내었다.

861년(헌안 5) 정월에 왕은 심한 병환으로 오래 누워 있다가 좌우의 신하들에게 말하기를

“과인이 불행하여 아들이 없고 딸만 있다. 비록 우리나라에 선덕과 진덕의 두 여왕이 있으나 빈계牝雞(암탉)가 새벽을 알리는 일에 가까운 것이므로 가히 그 법을 본받을 수 없다. 사위 응렴은 나이는 비록 어리나 성숙한 덕이 있고 세상일에 노련하니 경 등은 이를 세우고 잘 섬기면 반드시 조종의 영서令緖를 떨어뜨리지 않을 것인즉 과인은 죽어도 잊지 않을 것이다.”

하였다. 이달 29일에 왕이 서거하므로 헌안이라 시호하고 공작지에 장사하였다.

800년(애장 9)에 태어난 김양은 신무왕 때의 공신으로 자는 위흔이고 태종 무열왕의 세손이다. 828년(흥덕 3)에 고성固城 태수로 지방관이 되고 계속하여 중원 대윤中原大尹, 무주 도독 등을 지냈다. 흥덕왕이 죽은 후 아들이 없으므로 왕의 당제 균정과 헌정의 아들 김제륭이 서로 왕위 계승의 싸움을 할 때, 김양은 균정의 편을 들어 싸우다가 실패하여 균정은 피살되고 김양은 산야에 숨었다. 837년(희강 2)에 균정의 아들 김우징이 궁복과 결탁하여 희강왕을 치려고 할 때 김양이 같이 공모하였고, 838년(민애 1)에는 서울로 쳐들어와 민애왕을 죽이고 김우징을 임금으로 내세우니 이가 신무왕이다. 신무왕이 불과 수개월 후에 죽자 김양은 신무왕의 아들 문성왕을 내세웠다. 김양이 857년(현안 1) 50세로 죽자 임금은 그에게 대각간을 추증하고 태종 능렬陵列에 배장하였다. 지금 태종릉 앞에 그의 무덤이 남아있다.

857년(현안 1) 태어난 신라 말기의 학자로 자는 고운孤雲과 해운海雲, 시호는 문창후文昌侯이다. 경주 사량부 사람이라 전한다. 12세에 당에 유학하여 17세 때 과거에 급제하여 선주표수현위宣州漂水縣尉를 거쳐 승무랑시어사내공봉承務朗侍御史內供奉이 되어 자금어대紫金魚袋의 하사를 받았다. 고변高騈의 종사관으로 황소黃巢의 난에 따라가 격문을 써서 이름을 높였다. 28세인 884년에 귀국하여 893년(진성 7) 견당사에 임명되었으나 도둑이 횡행하여 가지 못하고 이듬해에 시무時務 10여 조를 내어서 아찬이 되었다. 뒤에 그는 난세에 절망하여 각지를 놀러 다니며 풍월을 읊다가 마지막에는 가야산 해인사에 들어가 여생을 마쳤다고 한다. 고려 태조 왕건이 건국한 후 그의 학풍을 듣고 글로써 문답하였다 하며 그의 문인

들로 고려에 벼슬한 자가 많았다 한다. 『신당서』예문지藝文志에는 〈최치
원의 『사륙집四六集』1권과 『계원필경桂苑筆耕』20권이 있다〉하였고, 그
외에 『봉암사 비문鳳巖寺碑文』, 『숭복사 비문崇福寺碑文』도 그가 찬한 글이
며 『석순응전釋順應傳』도 유명하다.

제48대 경문왕景文王

김씨 왕 33대

경문왕의 이름은 응렴膺廉(또는 凝廉)으로 아버지는 제43대 희강왕의 아들 아찬 계명啓明이고 어머니는 제45대 신무왕의 딸 광화光和(또는 광의光義) 부인이다. 비는 제47대 헌안왕의 큰딸 영화寧花 부인 김씨金氏이다.

861년(경문 원년) 3월에 왕은 무평문武平門에 나가 죄수를 대사하였다.

862년(경문 2) 정월에 이찬 김정金正을 상대등으로, 아찬 위진魏珍은 중시로 임명하였다. 2월에 왕은 친히 신궁에 제사를 지냈다. 7월에는 사신을 당으로 파견하여 예물을 보냈다. 8월에는 입당사인 아찬 부량富良 등 일행이 바닷물에 빠져 죽었다.

863년(경문 3) 2월에 왕은 국학에 행차하여 박사 이하의 학사로 하여금 경서의 뜻을 강론케 하고 물품을 하사하였다. 10월에 복숭아와 자두 나무의 꽃이 다시 피었으며 11월에는 눈이 오지 않는 등 기상 이변이 있었다. 왕은 영화 부인의 동생을 맞아 차비로 삼았다. 이후 왕이 흥륜사의 승려에게 묻기를

"대사께서 먼저 장녀를 맞으면 3가지 유익한 일이 있다고 말하였는데 무엇인가?"

하니 승려가 대답하기를

"그때 왕과 왕비께서는 그 뜻과 같이 된 것을 기뻐하여 총애를 깊이 하게 된 것이 첫째요, 그로 인하여 이와 같이 왕위로 계승하게 된 것이 그 둘째요, 이와 아울러 앞서 구하고자 하던 둘째 왕녀까지 아내로 맞을 수 있게 된 것이 셋째입니다."

하자 경문왕은 크게 웃었다.

864년(경문 4) 2월에 왕은 감은사로 행차하여 바다를 살폈다. 4월에는 일본의 사신이 입조하였다.

865년(경문 5) 4월에 당의 의종懿宗은 정사正使 태자우유덕어사중승太子右諭德御史中丞 호귀후胡歸厚와 부사副使 광록주부겸감찰어사光祿主簿兼監察御史 배광裴光 등을 신라로 파견하여 선왕을 조제하고 겸하여 부의로 비단 1천 필을 내주고 왕을 책봉하여 개부의동삼사검교대위지절대도독계림주제군사상주국신라왕開府儀同三司檢校大尉持節大都督雞林州諸軍事上柱國新羅王으로 삼고 왕에게 관작을 내리는 문서와 정절旌節 1벌과 비단 5백 필과 의복 2벌과 금은 그릇 7개를 하사하였다. 그리고 왕비에게는 비단 50필과 의복 1벌과 은기 2개를 하사하고, 왕태자에게는 비단 40필과 의복 1벌과 은그릇 1개를 하사하였다. 또한 대재상에게 비단 30필과 의복 1벌과 은그릇 1개를 하사하고, 차재상에게는 비단 20필과 의복 1벌과 은그릇 1개를 하사하였다.

866년(경문 6) 정월에 왕은 선고 계명을 봉하여 의공懿恭 대왕으로 추존하고, 어머니 박씨朴氏 광화光和 부인을 광의光懿 왕태후로 추봉하였으

며, 부인 김씨를 문의文懿 왕비로 삼고 왕자 정晸을 세워 왕태자로 삼았다. 이달 15일에는 황룡사로 행차하여 연등을 보고 백관들에게 잔치를 베풀어 주었다. 10월에 이찬 윤흥允興은 아우 숙흥叔興, 계흥季興과 함께 반역을 도모하다가 일이 발각되어 대산군岱山郡(현 성주星州)으로 도망하였으나 경문왕은 이들을 잡아 죽이고 그 일족을 멸하였다.

867년(경문 7) 정월에 임해전을 수리하였다. 5월에는 서울에 병이 유행하고, 8월에는 비 피해가 심해 곡식이 여물지 아니하였다. 10월에 왕은 사자를 각 도로 나누어 보내서 백성들을 위문하였다. 12월에 객성客星(혜성)이 태백성을 범하였다.

868년(경문 8) 정월에 이찬 김예金銳, 김현金鉉 등이 모반하다가 복주되었다. 6월에 황룡사의 탑이 진동하였다. 8월에 조원전을 수리하였다.

869년(경문 9) 7월에 왕자 소판 김윤金胤 등을 당으로 파견하여 사은하고 겸하여 말 2필, 맥금麥金 1백 냥, 은 2백 냥, 우황 15냥, 인삼 1백 근, 큰 꽃무늬가 있는 어아금魚牙錦* 10필, 작은 꽃무늬가 있는 어아금 10필, 조하금朝霞錦(비단) 20필, 40새짜리 흰 모직포 40필, 30새짜리 모시 옷감 40필, 4척 5촌짜리 머리카락 150냥, 3척 5촌 되는 머리카락 3백 냥, 금비녀와 머리에 쓰는 오색 비단 띠와 반흉班胸 각 10조, 매 모양 금 쇠사슬을 매달아 무늬를 새긴 붉은 칼전대 20부部, 또 새로운 형태의 매 모양으로 금 쇠사슬을 매달아 무늬를 새긴 5색 칼전대 30부, 매 모양의 은 쇠사슬을 매달아 무늬를 새긴 붉은 칼전대 20부, 새로운 형태의 매 모양 은 쇠사슬을 만들어 무늬를 새긴 오색 칼전대 30부, 새매 모양 금 쇠사슬을 만들어 무늬를 새긴 붉은 칼전대 20부, 새로운 형식의 새매 모양 금 쇠사슬을 만들어 무늬를 새긴 오색 칼전대 30부, 새매 모양의 은 쇠사슬을 만들어 무늬를 새긴 붉은 칼전대 20부, 새로운 양식의 새매

---

* 어아금魚牙錦: 물고기의 이 모양을 수놓은 비단으로서. 신라 때 임금이나 귀족들이 주로 사용하였다.

모양 은 쇠사슬을 만들어 무늬를 새긴 오색 칼전대 30부, 금으로 꽃과 매를 새긴 방울 2백 과顆, 금으로 꽃과 새매를 새긴 방울 2백 과, 금으로 새겨 넣은 매 꼬리 모양의 통 50쌍, 금으로 새겨 넣은 새매 꼬리 모양의 통 50쌍, 은으로 새긴 매 꼬리 모양의 통 50쌍, 은으로 새긴 새매 꼬리 모양의 통 50쌍, 매를 묶는 무늬가 있는 비단 가죽 1백 쌍, 새매를 묶는 무늬가 있는 비단 가죽 1백 쌍, 곱게 무늬를 새겨 넣은 금 바늘통 30구, 금으로 꽃을 새긴 은 바늘통 30구, 바늘 1천5백 개를 보냈다. 또 학생 이동李同 등 3명을 진봉사 김윤을 따라 당으로 들여보내어 학업을 닦게 하고 또 책을 살 수 있도록 은 3백 냥을 주었다.

870년(경문 10) 2월에 사찬 김인金因을 당으로 파견하여 숙위하게 하였다. 4월에는 서울에 지진이 발생하고, 5월에는 왕비가 돌아가셨다. 또 7월에는 홍수가 발생하고 겨울에는 눈이 오지 않고 많은 사람들이 병에 걸리는 등 좋지 않은 일들이 많이 발생하였다.

871년(경문 11) 정월에 왕은 유사에게 명하여 황룡사의 탑을 개조하도록 하고 2월에는 월상루月上樓를 수리하였다.

872년(경문 12) 2월에 왕은 친히 신궁에 제사하였다. 4월에는 서울에 지진이 일어났고 8월에는 신라의 주와 군이 메뚜기 떼의 피해를 입어 곡식이 상하였다.

873년(경문 13) 봄에 기근이 들고 병이 유행하므로 경문왕은 사자를 보내어 구제하였다. 9월에 황룡사 탑의 수리가 마무리되었는데 9층으로 높이가 22척이었다.

874년(경문 14) 정월 상대등 금정金正이 죽음으로 시중 위진을 상대등으로 삼고 인흥藺興을 중시로 삼았다. 4월에 당의 희종僖宗이 사신을 파견하여 의유宜諭하였다. 5월에는 이찬 근종近宗이 모역하여 궁궐을 침범하므로 금군禁軍*을 내어 이를 격파하니 근종은 자신의 무리를 이끌고

---

* 금군禁軍: 궁중을 지키면서 임금을 호위하고 경비하던 친위병.

밤에 성을 빠져나가 도망하였는데, 결국 근종은 잡혀 차열형車裂刑에 처하여졌다. 9월에 월정당月正堂을 수리하였다. 이때 최치원이 당에 있으면서 등과하였다.

875년(경문 15) 2월에 서울과 동쪽 지방에 지진이 있었고 패성이 동쪽으로 나타나서 20일 만에 없어졌다. 5월에 용이 궁성 우물에 나타났는데 운무가 사방에서 모이더니 하늘로 날아갔다. 7월 8일에 왕이 돌아가시므로 경문이라 시호하였다.

경문왕 대의 사람들 계흥 季興

벼슬은 이찬으로 866년(경문 6) 형인 윤흥, 숙흥과 함께 모역을 도모하다가 발각되어 대산군으로 도망했으나 잡혀서 죽었다.

경문왕 대의 사람들 극상 克相

귀금貴金으로부터 거문고의 비곡을 전수받은 안장安長의 맏아들로 경문왕 때 동생 극종克宗과 함께 거문고의 비법을 배워 이를 널리 전했다. 이때부터 신라에는 거문고가 널리 퍼지고 음곡도 평조平調와 우조羽調로 나뉘어 발전했다.

경문왕 대의 사람들 근종 近宗

아찬으로서 874년(경문 14) 모반하여 궁궐을 침범하였다. 왕은 금군을 내어 격파하니 무리를 이끌고 성을 빠져나가 도망하는 것을 잡아 차열형에 처하였다.

• 차열형車裂刑: 죄인의 다리를 두 대의 수레에 한쪽씩 묶어서 몸을 두 갈래로 찢어 죽이던 형벌. 조선 중기에 없어졌다.

제49대 헌강왕憲康王

김씨 왕 34대

헌강왕의 이름은 정晸으로 경문왕의 태자이며, 모친은 문의文懿 왕후이다. 비는 의명懿明 부인이다. 왕은 성격이 총명하고 민첩하여 독서를 즐겼는데 눈으로 한번 본 것은 모두 입으로 암송할 수 있었다.

875년(헌강 원년) 왕은 이찬 위홍을 상대등으로 삼고 대아찬 예겸乂謙을 중시로 삼고 사형에 처할 죄를 제외하고는 대사하였다.

876년(헌강 2) 2월에 황룡사의 승려들에게 음식을 베풀고 백고좌를 열어 불경을 강독하게 하였는데 왕도 친히 행차하여 이를 들었다. 7월에 사자를 당으로 파견하여 예물을 보냈다.

877년(헌강 3) 정월에 태조太祖 대왕(고려 태조 왕건王建)이 송악에서 탄생하였다.

878년(헌강 4) 4월에 당의 희종僖宗이 사신을 신라로 파견하여 왕을 책봉하고 사지절개부의동삼사검교대위대도독계림주제군사신라왕使持節開府儀同三司檢校大尉大都督雞林州諸軍事新羅王으로 삼았다. 7월에 사신을 당으로 파견하려다가 황소와 그 무리들의 난이 있다는 말을 듣고 파견을 중지하였다. 8월에 일본의 사신이 왔으므로 왕은 조원전에서 그들을 인견하였다.

879년(헌강 5) 2월에 왕은 국학에 행차하여 박사 이하의 학사들에게 경서의 뜻을 강론케 하였다. 3월에 동쪽 지방의 주군을 순행하였는데 어디서 나타났는지 알지 못하는 이들 4명이 헌강왕의 앞에 나타나서 노래하고 춤을 추었다. 그런데 그 모양이 괴이하고 또 의관도 다르므로 이때 사람들은 말하기를 산과 바다의 정령이라고 하였다. 옛 문헌에는 헌강왕 즉위 원년의 일이라고 기록되어 있다. 이 기록으로 헌강왕 즉위 무렵부터 신라의 상황이 불안했음을 유추해 볼 수 있다. 6월에 일길찬 신홍信弘이 모반하다가 복주되었다. 10월에는 왕이 준예문遵禮門에 나가 사격하는 것을 관람하였고, 11월에는 혈성원에서 사냥하였다.

880년(헌강 6) 2월에 태백성이 달을 침범하였다. 시중 예겸이 퇴직하므로 이찬 민공敏恭을 시중으로 삼았다. 8월에 웅주에서 가화를 바쳤다. 9월 9일에 왕은 좌우 군신과 더불어 월상루에 올라서 사방을 관망하였는데, 서울의 민가가 줄지어 늘어섰고 노래와 음악 소리가 연하여 들려왔다. 왕은 시중 민공에게 말하기를

"내 듣건대 지금 백성의 집을 기와로 덮고 짚으로 하지 않으며 밥을 짓는 데 있어서도 숯을 쓰고 나무를 때지 않는다 하더니 사실이 그런가?"

하자 민공이 대답하기를

"신도 일찍이 이와 같은 말을 듣고 있습니다."

하고 상주하기를

"폐하께서 즉위한 이래로 하늘과 땅 사이의 음양이 잘 조화되고 비바람이 순조로워 해마다 풍년이 들고 백성들은 의식이 풍족하고 변방은 안정되므로 시정에서는 기뻐하게 되오니 이는 어진 덕의 소치입니다."

하니 왕이 홀연히 말하기를

"이는 실로 경의 힘이지 어찌 짐의 덕이라고 하리오."

하였다.

881년(헌강 7) 3월에 왕은 군신들을 임해전으로 불러 잔치를 베풀었는데, 술이 취하자 왕은 거문고를 타고 좌우 군신들은 모두 노래를 부르며 매우 즐겁게 놀고 파하였다.

882년(헌강 8) 4월에 일본 국왕이 사신을 파견하여 황금 3백 냥과 명주 10개를 진상하였다. 12월에 고미현枯彌縣(현 영암)에 사는 여자가 한번에 아들 셋을 낳았다.

883년(헌강 9) 2월에 왕은 삼랑사에 행차하여 문신에게 명하여 각각 시 한 수를 지어 부르게 하였다.

885년(헌강 11) 2월에 호랑이가 대궐 마당으로 뛰어들어 왔다. 3월에는 최치원이 당으로부터 돌아왔다. 10월 임자일壬子日에 태백성이 낮에 나타나 보였다. 사신을 당으로 파견하여 황소의 난이 평정된 것을 축하하였다.

886년(헌강 12) 봄에 북진에서 알리기를

〈오랑캐들이 변경의 군영으로 침입하여 편목片木을 나무에 걸어놓고는 돌아갔다.〉

하며 이것을 가져다 바쳤다. 그 편목에는 15자의 글이 쓰여 있었다.

〈보로국寶露國(여진女眞)이 흑수黑水(말갈)와 함께 신라를 향하여 화친하려 한다.〉

6월에 왕은 병환으로 눕게 되자 국내의 죄수를 사면하고, 또 황룡사에 백고좌를 베풀고 불경을 강독하였다. 7월 5일에 왕이 서거하므로 헌강이라 시호하고 보제사菩提寺의 동남쪽에 장사하였다.

헌강왕 대의 사람들　처용 處容

879년(헌강 5) 동쪽의 주와 군을 순행하다가 개운포開雲浦(현 울산)에 이른 신라 헌강왕 앞에 동해 용왕이 일곱 아들을 데리고 나타나 노래를 부르고 춤을 추었다. 그 아들 가운데 처용이 왕을 따라 경주에 가서 급간이 되고 거리에서 춤과 노래를 했다. 어느 날 자기 아내가 역신疫神과 동침하는 것을 발견했으나 화를 내지 않고 『처용가處容歌』를 부름으로써 역신의 마음을 뉘우치게 했다. 이로부터 백성들이 처용의 형상을 문에 붙여 역신을 쫓았다 한다. 악부樂府에 그의 춤이 전하는데, 상염무霜髥舞라고도 한다.

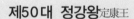

제50대 정강왕定康王

김씨 왕 35대

정강왕의 이름은 황晃으로 제48대 경문왕의 둘째 아들이다.

886년(정강 원년) 8월에 이찬 준흥俊興을 시중으로 삼았다. 서쪽 지방에 가뭄이 심하여 흉년이 들었다.

887년(정강 2) 정월에 왕은 황룡사에 백고좌를 베풀고 친히 행차하여 청강하였다. 한주漢州에서 이찬 김요金蕘가 모반하므로 군사를 보내어 이를 잡아 죽였다. 5월에 왕은 병환으로 누워 시중 준흥에게 말하기를

"나는 병이 심하므로 다시 일어나지 못할 것 같으나 불행히 사자嗣子가 없다. 그러나 나의 누이 만曼은 타고난 기품이 총명하고 예리하며 골상이 장부와 같으니 경 등은 마땅히 선덕 여왕과 진덕 여왕의 고사를 본받아 왕으로 세우는 것이 좋겠다."

하고 7월 5일에 돌아가시므로 정강이라 시호하고 보제사 동남쪽에 장사하였다.

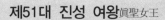

제51대 진성 여왕眞聖女王

김씨 왕 36대

진성 여왕의 이름은 만曼이고 제49대 헌강왕의 여동생이다. 최치원의 문집 제2권「사추증표謝追贈表」에 말하기를

〈신하 탄坦은 제지制旨를 받들어 돌아가신 아버지 응凝을 추증하여 대사大師로 하고 죽은 오라버니 정晸을 추증하여 대부大傅로 삼았다.〉

하였고 또 「납정절표納旌節表」에서는 말하기를

〈신의 큰 오라버니인 국왕 정晸은 광계光啓 3년(887) 7월 5일에 갑자기 성대聖代를 버렸고, 신의 남자 조카 요嶢는 태어난 지 돌도 되지 않으므로 둘째 오라버니 황晃이 임시로 국권을 잡고 나라를 다스리던 중 또 1년도 경과하지 않아 멀리 세상을 떠났다.〉

하였다. 이 기록을 토대로 하여 보면 제48대 경문왕의 휘는 '응凝'인데

본기에는 응강膺康이라 하였고, 진성왕眞聖王의 휘는 '탄坦'인데 본기에는
만蔓이라 하였고, 또 정강왕 황晃은 광계 3년(887)에 하세하였다 하였는
데 본기에는 2년(886)에 하세하였다고 하였으니 어느 것이 확실한 기록
인지 알 수 없다.

887년(진성 원년) 진성 여왕은 곧 죄수를 대사하고, 모든 주군의 조세를
1년 동안 면제하였다. 또한 백좌를 황룡사에 베풀고 친히 행차하여 설법
을 들었다. 겨울에 눈이 내리지 않았다.

888년(진성 2) 2월에 소양리小梁里에 있는 돌이 저절로 움직여 옮겨 갔
다. 진성 여왕은 평소에 숙부인 각간 위홍과 정을 통하였는데, 즉위 이후
에는 남편으로서 인정하고 떳떳이 위홍을 궁내로 불러 일을 보게 하였다.
여왕은 그에게 명하여 대구 화상大矩和尙과 함께 향가鄕歌를 모아 수집하
게 하고, 이를 엮어 『삼대목三代目』이라 하였다.

각간 위홍이 죽자 추시하여 혜성惠成 대왕으로 삼았다. 이 뒤에 여왕은
남몰래 아름다운 젊은 남자 2~3명을 궁중으로 끌어들여 음사를 즐겼으
며, 또한 그들에게 요직을 주어 국정을 맡기기까지 하였다. 이로 인하여
아첨으로 요행을 얻은 이들이 방자하게 굴고 뇌물이 공공연히 오갔으며,
상벌이 공평치 못하여 나라의 기강 무너졌다. 이때에 누군가가 시정을
비방하는 글을 조정의 큰 길 앞에 걸어 놓았으므로 여왕은 사람에게 명
하여 그 사람을 수색하게 하였으나 찾을 수가 없었다. 한 신하가 여왕에
게 알리기를

"이는 반드시 문인文人으로 뜻을 이루지 못한 자의 소행일 것입니다.
아마도 대야주에 은거하고 있는 거인巨仁이 아닌가 하옵니다."

하니 여왕은 곧 거인을 잡아들여 서울의 감옥에 가두고 장차 죽이려 하
였다. 이에 거인은 억울하고 분한 마음에 글을 지어 감옥의 벽에 쓰기를

우공于公이 통곡하니 3년 동안 한재가 들고

추연鄒衍이 슬픔을 머금으니 5월에 서리가 왔다.

지금 나의 깊은 근심은 옛일과 다름이 없는데,

황천은 말이 없이 다만 창창蒼蒼할 뿐이로다.

하였는데, 그날 밤에 갑자기 구름과 안개가 끼더니 우레가 일어나고 우박이 쏟아지므로 여왕은 크게 두려움을 느끼며 거인을 돌려보냈다.

3월 1일에 일식이 있었다. 왕이 병환으로 누워 죄수를 살펴 사형에 처할 죄수를 제외한 죄수들을 사면하고 고승 60명으로 하여금 기도하게 하였는데, 왕의 병환이 나았다. 5월에 가뭄이 심하였다.

889년(진성 3)에 국내의 모든 주군에서 공부貢賦(세금)를 바치지 않으므로 창고가 비어 국가의 재정이 궁핍하였다. 이에 여왕은 사자를 내어 공부를 바칠 것을 독촉하였는데, 이로 인하여 사방에서 도적이 봉기하였다. 이때 원종元宗, 애노哀奴 등은 사벌주에 웅거하여 반란을 일으켰으므로 여왕은 나마 영기令奇에게 명하여 도적들을 잡게 하였는데, 영기는 적의 성루를 바라보고 두려워하며 진격하지 못하였고 촌주 우연祐連은 온 힘을 다하여 싸웠으나 전사하였다. 여왕은 칙령을 내려 영기의 목을 베어 죽이고 10세 된 우연의 아들을 촌주로 임명하였다.

890년(진성 4) 정월에 햇무리 다섯 겹이 비추었다. 15일에 여왕은 황룡사로 행차하여 연등을 보았다.

891년(진성 5) 10월에 북원 적수 양길梁吉이 그를 보좌하는 궁예弓裔로 하여금 1백여 기병을 거느리고 북원동 부락과 명주 관내와 주천酒泉(현 원주 부근) 등의 10여 군현을 습격하였다.

892년(진성 6) 견훤甄萱이 완산주에 웅거하여 자칭 후백제後百濟라 하니 무주의 동남쪽에 있는 군현이 그에게 항복하였다.

우공于公: 한나라 동해 추나라의 지략가.

추연鄒衍: 중국 전국시대의 사상가.

893년(진성 7)에 병부시랑 김처회金處誨를 당으로 파견하여 정절旌節·을 드리려 하였는데, 그만 바다에 빠져 죽었다.

894년(진성 8) 2월에 최치원이 시무 10여 조를 올리므로 여왕은 이를 받아들이고 최치원을 아찬으로 삼았다. 10월에 궁예가 북원으로부터 하슬라로 들어갔는데, 그 무리가 6백여 명으로 자칭 장군이라 하였다.

895년(진성 9) 8월에 궁예는 저족猪足(현 인제麟蹄) 성천狌川(현 양구楊口)의 2군을 공격하여 취하고 또 한주 관내의 부약夫若(현 춘천), 철원鐵圓(현 철원鐵原) 등 10여 군현을 격파하였다. 10월에 여왕은 헌강왕의 서자 요를 세워 태자로 삼았다. 먼저 헌강왕이 사냥하는 것을 볼 때 큰길가에 한 여자가 나타났는데, 바탕이 매우 아름다우므로 왕은 마음속으로 이를 사랑하여 뒤차에 싣도록 명령하고 행재소에 이끌어 들여 야합하였는데, 곧 아이를 배어 아들을 낳았다. 그는 자랄수록 몸이 건장하고 재주가 뛰어나므로 이름을 요라 하였다. 진성 여왕이 이 말을 듣고 그를 궁내로 불러들여 손으로 그의 등을 어루만지며 말하기를

"나의 형제자매의 아들이라."

하고 유사에게 명하여 예를 갖추어 태자로 봉한 것이다.

896년(진성 10)에 적들이 서남 지방에서 일어났는데, 붉은 바지를 입어 스스로 남들과 달리 보이도록 하였으므로 사람들은 적고적赤袴賊이라고 말하였다. 적들은 주현을 침략하여 노략질을 하며, 사람들을 해치고 경서부京西部 모량리牟梁里까지 들어와 인가의 재물을 약탈하여 갔다.

897년(진성 11) 6월에 여왕은 좌우 군신들에게 말하기를

"근년 이래로 백성들은 곤궁하고 도적이 봉기하니 이는 나의 덕이 부족한 탓이므로 어진 사람에게 양위하고 자리를 피할 것을 결심하였다."

하고 태자 요에게 선위하였다. 이때에 사신을 당으로 파견하여 글로 아뢰기를

---

* 정절旌節: 사자使者가 들고 가던 병장기나 물건.

〈희중義仲의 관官에 거하는 것은 신의 본분이 아니고 연릉延陵의 절節을 지키는 것이 신의 좋은 생각일 것이라. 조카 요는 죽은 오라버니 정의 아들로서 나이가 학문에 뜻할 만하고, 그 기틀이 가히 조종을 일으킬 만하기에 별달리 밖으로 구하지 아니하고 안에서 이를 천거하여 요즘 정권을 바르게 하고 국가 재앙을 눌러 편안하게 하려 합니다.〉

하였다. 12월 을사乙巳에 여왕이 북궁北宮에서 돌아가시므로 진성이라 시호하고 황산에 장사하였다.

진성 여왕 대의 사람들   거타지 居陀知

거타지는 궁사弓士로서 진성 여왕의 아들이다. 양태良貝가 당나라에 사신으로 갈 때 궁사 5십여 명 중의 한 사람으로 뽑혔다. 배가 곡도鵠島에 이르러 풍랑으로 뱃길이 막혔을 때 양패의 꿈에 한 노인이 나타나 섬에 궁사 한 사람을 남겨 두면 무사하리라고 알려 준다. 이에 제비를 뽑아 거타지가 남게 되고 다른 사람은 항해를 계속하였다. 얼마 후 못에서 나타난 노인으로부터 그의 자손을 죽여 온 승려를 활로 쏘아 달라는 청을 받고 이튿날 아침 활을 쏘아 승려를 죽였다. 이어 노인의 치사를 받고 그의 딸과 결혼하고 당나라에 가서 당왕唐王의 환폐를 받고 귀국하였다.

진성 여왕 대의 사람들   기훤 箕萱

신라 군웅 중 한 사람으로 891년(진성 5) 죽주竹州(현 경기도 음성陰城)에서 군사를 모아 반란을 일으키고 막하로 궁예 등 뛰어난 인물을 두었으나 성질이 횡포하여 크게 떨치지 못했다. 궁예는 원회元會, 신훤申煊 등과 함께 그에게서 이탈하여 양길의 부하가 되었다.

진성 여왕 대의 사람들　김영기 金슈奇

벼슬은 대신 나마이다. 889년(진성 3) 원종과 애노 등이 사벌성에서 모반을 하자 왕명을 받고 이를 평정하기 위해 출전했으나 적세가 강함을 보고 공격하지 못하여 사형을 받았다.

진성 여왕 대의 사람들　양길 梁吉(또는 良吉)

진성 여왕 때 왕실의 부패로 국정이 문란해지자 북원 등 3십여 개의 성을 공취하여 세력을 폈다. 891년(진성 5) 궁예를 부하로 맞아 여러 지방을 공략하여 판도를 넓혔으나 궁예의 세력이 커짐을 두려워하여 그를 없애려다가 역습을 받고 대패했다. 899년(효공 3) 국원 성주 등 10여 명의 성주를 이끌고 다시 궁예를 공격하여 비뇌성非腦城에서 싸웠으나 역시 대패하고 도주하였다.

진성 여왕 대의 사람들　최승우 崔承祐

890년(진성 4) 당나라에 건너가 국학에서 3년간 공부하여 빈공과賓貢科에 급제하고 귀국했다. 후에 견훤이 고려 태조에게 보내는 격서檄書를 지었고 문집으로『호본집餬本集』을 남겼다. 문장이 뛰어나 최치원, 최언위崔彦撝 등과 함께 삼최三崔로 불렸다.

제52대 효공왕孝恭王

김씨 왕 37대

효공왕의 이름은 요嶢로 제49대 헌강왕의 서자이며, 모친은 김씨金氏 이다.

897년(효공 원년) 왕은 죄수를 대사하고 문무백관의 관작을 한 급씩 올 려 주었다.

898년(효공 2) 정월에 왕은 모친을 높여 의명義明 왕태후로 삼고 서불 감 준흥을 상대등으로, 아찬 계강繼康을 시중으로 임명하였다. 7월에 궁 예가 패서도浿西道(현 평안·황해도) 및 한산주 관내의 30여 개 성을 굴복시 키고 드디어는 송악군을 도읍으로 정하였다.

899년(효공 3) 3월에 왕은 이찬 예겸의 딸을 맞아들여 비로 삼았다. 7 월에 북원의 역적 우두머리 양길은 궁예가 두 마음을 품고 있는 것을 꺼리어 국원 등 10여 곳의 성주와 함께 모의하고 군사를 일으켜 비뇌성으로 진격하였으나 양길의 군사는 패하여 도망하였다.

900년(효공 4) 10월에 국원, 청주, 괴양의 역적 우두머리인 청길淸吉, 신훤莘萱 등이 성을 열어 궁예에게 항복하였다.

901년(효공 5)에 궁예는 스스로를 왕이라 칭하였다. 8월에 후백제의 왕 견훤이 대야성을 공격하였으나 항복하지 않으므로 군사를 금성錦城(현 나주) 남쪽으로 옮겨 바닷가 일대 마을을 습격하여 약탈품을 가지고 돌아갔다.

902년(효공 6) 3월에 서리가 내렸다. 대아찬 효종孝宗을 시중으로 임명하였다.

903년(효공 7)에 궁예는 도읍을 옮기기 위하여 철원, 부양 등지에 이르러 산수를 살펴보았다.

904년(효공 8) 궁예는 문무백관을 신라의 제도에 따라 설치하고 국호를 마진摩震이라 하고 연호를 무태武泰라 건원하였다. 제도의 제정에 있어 벼슬의 이름은 비록 신라의 제도와 같으나 등급의 규정은 다른 것이 있다. 이때 패강도 10여 개의 주현이 궁예에게 항복하였다.

905년(효공 9) 2월에 별이 비 오듯 떨어졌으며, 4월에는 서리가 내렸다. 7월에 이르러 궁예는 도읍을 철원으로 옮겼다. 8월에 궁예는 군사를 일으켜 거느리고 신라 변경 마을을 침략하여 죽령의 동북 쪽으로 들어왔다. 이에 왕은 강토가 날로 줄어 감을 듣고 심히 근심하였으나, 힘이 약해 능히 이를 막을 수 없으므로 모든 성주에게 명하여 나가 마주 싸우는 것을 삼가고 굳게 성을 지키라 명하였다.

906년(효공 10) 정월에 파진찬 김성金成을 상대등으로 임명하였다. 3월에 먼저 당에 들어가 있던 김문위金文蔚가 급제하여 벼슬이 공부원외랑기왕부자의참군工部員外郞沂王府諮議叅軍에 이르렀는데, 당의 애제哀帝는 책명사로 봉하여 돌려보냈다. 4월부터 5월까지 비가 오지 않았다.

907년(효공 11)에는 봄에 이어 여름까지 비가 내리지 않았다. 이때 일선군 남쪽 10여 성은 모두 견훤이 공격하여 차지하게 되었다.

908년(효공 12) 2월에 혜성이 동쪽에 나타났다. 3월에 서리가 오고 4월에는 우박이 내렸다.

909년(효공 13) 6월에 궁예는 거느린 장수에게 명하여 병선을 내어 진도군珍島郡(현 진도珍島)을 공격하여 항복을 받고 고이도성皐夷島城(현 서해 고이도皐夷島)을 격파하였다.

910년(효공 14)에 견훤이 몸소 보병과 기병 3천 명을 거느리고 나주성을 포위하고 10여 일 동안 풀지 않았는데, 궁예가 수군을 보내어 이를 습격하니 견훤은 군사를 이끌고 물러갔다.

911년(효공 15) 정월 1일에 일식이 있었다. 왕은 천첩에게 빠져 정사를 돌보지 않으므로 대신 은영殷影이 이를 간하였으나 듣지 않으므로 은영은 그 천첩을 잡아 죽였다. 이때 궁예는 국호를 태봉泰封이라 고치고 연호를 수덕만세水德萬歲라고 불렀다.

912년(효공 16) 4월에 왕이 서거하시므로 효공이라 시호하고 사자사師子寺 북쪽에 장사하였다.

효공왕 대의 사람들　지은 知恩

지은은 연권連權의 딸로 한기부 출신이다. 어려서 아버지를 여의고 가난하여 품팔이와 구걸로써 32세가 되도록 시집도 가지 않고 눈 먼 홀어머니를 모시다가 쌀 10여 석에 몸을 팔아 부잣집 종이 되었다. 종이 된 후에도 저녁마다 집에 돌아와 어머니를 봉양하여 그 소문이 자자해지자 이를 의롭다고 생각한 화랑 효종으로부터 조 1백 석을 받았고 이어 빚을 갚아 주어 종살이를 면한 뒤, 이어 다른 낭도 1천여 명에게서 각각 조 1석씩을 선물로 받았다. 897년(효공 1) 왕으로부터 조 5백 석과 집을 하사받고 그 마을을 효양방孝養坊으로 칭하게 되었으며, 후에 이 미담은 당나라 황실에까지 알려졌다.

제53대 신덕왕神德王

박씨 왕 8대

신덕왕의 성은 박씨朴氏이고 휘는 경휘景暉로서 제8대 아달라 이사금의 후손이다. 부친은 예겸乂兼(또는 銳謙)인데 일찍이 정강定康 대왕을 섬겨 대아찬이 되었고, 모친은 정화貞和 부인이며, 비는 김씨金氏로 제49대 헌강왕의 딸이다. 신덕왕은 효공왕이 서거할 때 아들이 없었으므로 신라 백성들의 추대로 즉위하였다.

912년(신덕 원년) 5월에 왕은 선고를 추존하여 선성宣聖 대왕으로 삼고, 어머니를 정화貞和 태후로 삼고, 비를 의성義成 왕후로 삼고, 아들 승영昇英을 세워 태자로 삼았으며, 이찬 계강을 상대등으로 삼았다.

913년(신덕 2) 4월에 서리가 오고 지진이 있었다.

914년(신덕 3) 3월에 서리가 왔다. 궁예는 연호 수덕만세를 고쳐 정개

政開 원년이라 불렀다.

915년(신덕 4) 6월에 참포漆浦(현 흥해)의 물이 동해의 물과 서로 싸우는데 물결이 20장쯤 높이 솟고 3일만에야 그쳤다.

916년(신덕 5) 8월에 견훤이 대야성을 공격하였으나 이기지 못하였다. 10월에 지진이 있었는데 소리가 우레와 같았다.

917년(신덕 6) 정월에 태백성이 달을 범하였다. 7월에 왕이 돌아가시므로 신덕이라 시호하고 죽성竹城에 장사하였다.

제54대 경명왕景明王

박씨 왕 9대

경명왕의 이름은 승영昇英으로 신덕왕의 태자이고, 어머니는 의성義成
왕후이다.

917년(경명 원년) 8월에 동생인 이찬 위응魏膺을 상대등으로 삼고 대아
찬 유렴裕廉을 시중으로 삼았다.

918년(경명 2) 2월에 일길찬 현승玄昇이 모반하다가 처형되었다. 6월에
궁예 밑에 있는 사람들의 마음이 갑자기 변하여 고려 태조 왕건을 왕으
로 추대하니 궁예는 궁성을 빠져나와 도망하다가 아랫사람에게 피살되었
다.

태조는 즉위하자 연호를 천수天授 원년이라고 칭하였다. 7월에 상주의
반적 우두머리 아자개阿玆盖가 사자를 파견하여 태조에게 항복하였다.

919년(경명 3) 사천왕사의 흙으로 빚은 상이 잡고 있는 활시위가 저절로 끊어지고 벽에 그려 놓은 강아지에서 소리가 나는데 짖는 것과 같았다. 상대등 김성을 각찬으로, 시중 언옹彦邕을 사찬으로 임명하였다. 태조 왕건은 송악군으로 도읍을 옮겼다.

920년(경명 4) 정월에 경명왕은 고려 태조와 수교하였다. 2월에 강주의 장군 윤웅閏雄이 태조에게 항복하였다. 10월에 후백제 왕 견훤이 보병과 기병 1만 명을 거느리고 대야성을 공격하고 진례進禮로 진격하므로 왕은 아찬 김률金律을 태조에게 파견하여 구원을 청하였다. 이에 태조가 군사를 내어 이를 구원하자 견훤은 이 말을 듣고 물러갔다.

921년(경명 5) 정월에 김률이 왕에게 말하기를

"신이 왕년에 사명을 받들고 고려에 갔을 때 고려의 왕이 신에게 묻기를 '신라에는 3가지 보물이 있다는데 이른바 장륙존상丈六尊像, 구층탑과 아울러 성대聖帶라고 들었소. 장륙과 탑은 아직 있겠거니와 성대는 지금까지 있는지 알지 못하겠소' 하였는데, 신은 능히 대답하지 못하였나이다."

하니 경명왕은 이 말을 듣고 군신들에게 묻기를

"성대란 어떠한 보물인가?"

하였으나 아는 사람이 없었다. 이때 황룡사에 있는 90세 된 승려가 말하기를

"신이 일찍이 들건데 성대는 이것이 제26대 진평 대왕의 띠라고 하는 바 대대로 이를 전하여 남고南庫(창고)에 비밀리에 감추어 놓고 있다고 합니다."

• 장륙존상은 574년(진흥 35)에 만들어졌으며 불상의 길이가 1장 6척이어서 장륙상이라 하며, 구층탑은 당나라에서 유학을 마치고 귀국한 승려 자장慈藏의 요청으로 643년(선덕 12) 건조되었으며 「황룡사구층목탑찰주본기皇龍寺九層木塔刹柱本記」에 의하면 645년 첫 건축을 시작했다고 되어 있다. 장륙존상과 구층탑 둘 모두 경상북도 경주시 구황동 황룡사에 있었으나 현존하지 않는다.

하므로, 왕은 곧 남고를 열어보라고 명하였으나 볼 수 없으므로 다른 날을 가려 제사를 드린 후에 이를 찾아보았는데, 그 띠는 금과 옥으로 장식되어 있고 길이 또한 매우 길어서 보통 사람은 잘 두를 수도 없었다.

논컨대 옛날에 명당에 앉아 국가의 실권을 쥐고서 구정九鼎*을 도모하는 것은 그것이 제왕의 일이 이루어짐과 같다. 그러나 한공韓公이 논하기를

〈하늘과 사람의 마음을 돌이키고 태평한 터전을 일으키는 것은 결코 삼기三器라 일컫는 명당, 옥새, 솥이 해내는 것이 아니니 삼기를 내세우고 중히 여김은 그를 과장하는 이의 말일 뿐이다.〉

하였다. 더군다나 신라의 소위 삼보라는 것 또한 사람들의 사치스러움에서 기인한 것일 따름이니, 국가를 다스리는데 어찌 이를 중요한 것이라 하겠는가? 맹자가 말하기를 〈제후의 삼보는 토지, 백성, 정사〉라 하였고, 초서楚書에 말하기를 〈초나라는 보배로 삼는 것이 따로 없고 오직 선함을 보배로 삼는다〉 하였다. 만약 이를 안으로 행하여 족히 한 나라를 착하게 만들고, 밖으로 뻗어 나가 온 세상을 윤택하게 한다면 이밖에 무엇을 보배라고 말할 것인가? 태조는 신라 사람들의 말을 듣고 물었을 따름이지. 이것을 숭상하려고 한 것은 아닐 것이다.

2월에 말갈 별부別部의 달고達姑가 그 무리를 이끌고 북변을 침략하였는데, 태조의 장군 견권堅權이 삭주를 지키다가 기병을 거느리고 나가 이를 대파하고 한 필의 말도 돌려보내지 아니하였다. 왕은 크게 기뻐하며 사자에게 글을 주어 태조에게 보내 감사의 뜻을 표하였다. 4월에 서울에 바람이 심하게 불어 나무가 뽑혔으며 8월에는 메뚜기 떼로 인한 피해와 가뭄이 들었다.

922년(경명 6) 정월에 하지성下枝城(현 풍산豊山)의 장군 원봉元逢과 명주

---

* 구정九鼎: 하나라 우왕 때에 전국 9개의 주에서 금을 모아 만든 솥으로서 주나라 때까지 천자에게 전하여 온 보물이었다.

의 장군 순식順式이 태조에게 항복하였다. 태조는 그들의 귀순을 생각하여 원봉의 중심이 되는 성城을 순주順州로 고치고, 순식에게는 왕씨王氏 성을 주었다. 이달에 진보성眞寶城의 장군 홍술洪述 또한 태조에게 항복하였다.

923년(경명 7) 7월에 명지성命旨城(현 포천抱川)의 장군 성달城達과 경산부京山府(현 성주)의 장군 양문良文 등이 태조에게 항복하였다. 왕은 창부시랑倉部侍郎 김락金樂과 녹사참군錄事叅軍 김유경金幼卿을 후당으로 파견하여 토산물을 바치니 후당의 장종莊宗은 물건을 하사하였다.

924년(경명 8) 정월에 사신을 후당으로 파견하여 조공하였으며 천주泉州의 절도사 왕봉규王逢規가 또한 사자를 파견하여 토산물을 바쳤다. 6월에 조산대부창부시랑朝散大夫倉部侍郎 김악金岳을 후당으로 파견하여 조공하니 후당의 장종은 그에게 조의대부시위위경朝議大夫試衛尉卿의 관직을 제수하였다. 8월에 왕이 서거하므로 경명이라 시호하고 황복사黃福寺 북쪽에 장사하였다. 태조도 사신을 파견하여 조제하였다.

경명왕 대의 사람들   궁예弓裔

궁예의 태어난 해는 확실하지 않다. 태봉국 임금으로 승호僧號는 선종善宗이며, 신라 제47대 헌안왕 또는 제48대 경문왕의 아들이라고 한다. 세달사世達寺의 승려가 되었으나 신라가 쇠약하여 각지에서 반란이 일어나자 큰 뜻을 품고 891년(진성 5) 죽주 도적의 우두머리인 기훤의 부하로 들어갔으나, 대우가 좋지 않아서 892년에 북원 양길의 부하가 되어 사방 10여 군을 공격하였다. 895년(진성 9)에는 다시 10여 군을 탈취하여 898년(효공 2) 송악에 서울을 정하고 반기를 들어 901년에 스스로 왕이라 불렀다. 이를 후고구려라 부른다. 904년(효공 8)에는 드디어 나라를 세워 국호를 마진摩震으로 고치고 서울을 철원으로 옮겼으며, 연호를 무태에서 수덕만세로 고쳤다. 강원, 경기, 황해의 대부분과 평안, 충청의 일부를 점령하여 판도로 삼고 왕건에게 수군을 주어 진도와 금성을 점령하여 서남해 해상권을 손에 넣었다. 그러나 궁예는 국력이 강대해지자 자기는 미륵불彌勒佛, 두 아들을 보살菩薩이라 하여 사치한 생활과 횡포한 언행으로 신하들을 괴롭히고 호화로운 궁궐 건축과 호탕 방일한 생활로 재정이 궁핍해져 민생이 도탄에 빠졌다. 뿐만 아니라 곤심법觀心法을 얻었다 하여 애매한 사람들을 많이 죽이므로 부하의 이반이 생기더니 태봉泰封의 장군 신숭겸申崇謙, 홍유洪儒, 복지겸卜智謙, 배현경裵玄慶 등이 의거하여 왕건을 추대하자 궁예는 도망하다가 918년(경명 2) 평강에서 피살되었다.

경명왕 대의 사람들   김윤 金胤

경문왕의 아들로 벼슬은 소판이다. 869년(경문 9)에 당나라로 파견되어 사은하고 말 2필, 맥금 1백 냥 등 여러 가지 물품을 보냈으며, 학생 이동 등 3명을 진봉사 김윤에게 수종시켜 당나라로 건너가 수학하게 하고 학비로 은 3백 냥을 주었다.

경명왕 대의 사람들   양부 陽孚(또는 楊浮)

양부의 태어난 해는 미상이며 917년(경명 1) 세상을 떠났다. 사목곡沙木谷 출신으로 희양산曦陽山의 지선知詵에게서 법을 받고 강주 백엄사伯嚴寺의 주지가 되었다. 그의 문하에서 정진 국사靜眞國師(긍양兢讓) 등의 고승이 많이 배출되었다.

제55대 경애왕景哀王

경애왕의 이름은 위응魏膺으로 경명왕의 동복아우이다.

924년(경애 원년) 9월에 왕은 사신을 고려 태조에게 파견하여 수교하였으며, 10월에는 친히 신궁에 제사하고 죄수를 사면하였다.

925년(경애 2) 10월에 고울부高鬱府(현 영천)의 장군 능문能文이 태조에게 항복하였음에도 태조는 그를 위로하며 돌려보냈는데 그 성은 신라의 서울에서 가깝기 때문이었다. 신라의 세력은 이미 기울어 태조는 신라를 자극하거나 의심할 만한 일을 만들 필요가 없었다고 보아야 할 것이다. 11월에 후백제의 왕 견훤이 조카 진호眞虎를 고려에 볼모로 보내었는데 왕은 이 말을 듣고 태조에게 사신을 파견하여 말하기를

"견훤은 말을 자주 바꾸며 남을 속이는 일이 많으므로 화친하는 것이

불가하다."

하니 태조는 그 말을 따랐다.

926년(경애 3) 4월에 진호가 갑자기 죽자 견훤은 고려에서 고의로 죽인 것이라 생각하고 크게 노하여 군사를 일으켜 웅진으로 진격하였으나 태조는 모든 성에 명하여 굳게 지키고 나오지 않도록 하였다. 경애왕은 사신을 파견하여 말하기를

"견훤은 굳게 맺은 약속을 어기고 군사를 일으키나 이는 반드시 하늘이 돕지 않을 것이니 만약 대왕이 한번 힘써 북을 올리고 위세를 떨치면 견훤은 반드시 스스로 무너질 것입니다."

하니 태조는 사신에게 말하기를

"나는 견훤을 두려워하지 않으나 악이 차 무너지는 것을 기다리며 스스로를 힘쓸 따름이다."

하였다.

927년(경애 4) 정월에 고려 태조는 친히 군사를 거느리고 후백제를 정벌하니 왕은 군사를 내어 이를 돕게 하였다. 2월에 태조는 병부시랑 장분張芬 등을 후당으로 파견하여 조공하니 후당의 명종明宗은 장분에게 검교공부상서檢校工部尙書를, 부사병부낭중副使兵部郎中 박술홍朴術洪에게는 겸어사중승兼御史中丞을, 판관창부외랑判官倉部外郎 이충식李忠式에게는 겸시어사兼侍御史의 벼슬을 주었다. 3월에 황룡사의 탑이 요동하여 북쪽으로 기울어졌다. 고려 태조는 후백제와 싸워 친히 근암성近嶽城(문경 산양山陽)을 격파하였다. 또한 후당의 명종은 권지강주사權知康州事 왕봉규를 회화대장군懷化大將軍으로 삼았다. 4월에는 왕봉규가 사신 임언林彦을 후당으로 파견하여 조공하니 명종은 그를 중흥전中興殿에 불러 대면하고 선물을 하사하고 강주 소관인 돌산突山(현 승주군昇州郡) 등 네 향鄕을 고려 태조에게 귀속시켰다.

9월에 견훤이 고울부를 침략하므로 경애왕이 태조에게 구원을 청하자

태조는 곧 군사 1만 명을 내어 이를 구원하게 하였다. 견훤은 구원병이 아직 이르기 전인 11월에 신라의 서울로 쳐들어왔다. 이때 왕은 왕비와 궁녀, 친척들과 더불어 포석정鮑石亭에서 잔치를 즐기며 놀고 있느라고 이를 깨닫지도 못하다가 갑자기 적병이 쳐들어오자 어찌할 바를 알지 못하였다. 왕은 왕비와 함께 후궁으로 들어가고 친척 및 공경대부 등 남녀 할 것 없이 사방으로 도망치며 숨었으며, 적에게 사로잡힌 이들은 귀천에 관계없이 모두 짐승처럼 엉금엉금 기면서 종이 되더라도 살려만 달라고 애원하였다. 견훤 또한 군사를 풀어 국가의 것이든, 개인의 재물이든 상관하지 않고 거의 약탈하도록 하고 궁궐로 들어가서 곧 좌우 휘하에게 명하여 경애왕을 찾게 하였다. 군사들은 왕비와 첩 몇 명과 후궁에 숨어 있던 왕을 잡아내고 협박하여 왕 스스로 목숨을 끊도록 만들었다. 견훤은 또한 왕비를 강간하였으며 그 밑에 있는 사람들은 그 비첩들을 유린하였다. 견훤은 곧 왕의 족제族弟를 권지국사權知國事*로 삼으니 이가 곧 경순왕敬順王이다.

311

경애왕 대의 사람들   견훤甄萱

견훤의 태어난 해는 미상이며, 황간 견씨黃磵甄氏의 시조로 900년에서 935년까지 후백제 왕으로 재위하였다. 아자개의 아들이며 상주 가은현加恩縣 출신인데 신라에 태어나 서남해의 방위에 공을 세워 비장이 되었다. 나라가 혼란한 틈을 타 892년(진성 6) 반기를 들고 여러 성을 공략한 다음 무진주를 점령하여 독자적인 기반을 닦았다. 900년(효공 4) 완산주에 입성하여 스스로 후백제 왕이라 하고 관제를 정비하는 한편 중국에도 사신을 보내어 국교를 맺으면서 궁예의 후고구려와 자주 충돌하며 세력 확

* 권지국사權知國事: 아직 왕호를 인정받지 못한 왕의 임시 칭호로 이 기간 동안에 임시로 나라 일을 맡아 다스림을 뜻한다.

장에 힘썼다. 그 뒤 왕건이 세운 고려와도 수시로 혈전을 벌여 군사적 우위를 유지했고, 926년 신라 수도 경주를 함락하여 친고구려 정책을 취하던 경애왕을 죽게 한 다음 김부金傅를 왕으로 삼고 철수하여 신라인의 원한을 샀다. 926년 고창古昌에서 왕건의 군대에게 패전한 후부터 차차 형세가 기울어 유능한 신하들이 왕건에게 투항하고 934년 웅진 이북의 30여 성이 고려에 귀순했다. 이듬해 왕위 계승 문제로 맏아들 신검神劍에 의하여 금산사金山寺에 유폐되었다가 탈출하여 왕건에게 투항하고 상부尙父의 칭호와 양주를 식읍으로 받았다. 936년(고려 태조 19) 왕건에게 신검의 토벌을 요청하여 후백제를 멸망케 했으며 얼마 뒤 황산사黃山寺에서 등창으로 죽었다.

제56대 경순왕敬順王

김씨 왕 38대

경순왕의 이름은 부傳로서 아버지는 제46대 문성왕의 현손이자 실홍實虹의 둘째 아들인 이찬 효종孝宗이며 어머니는 계아桂娥 부인 김씨金氏이다.

견훤의 추대로 927년 즉위하게 된 왕은 전왕의 시체를 서쪽에 있는 당堂에 모시고 여러 신하들과 함께 통곡하며, 경애景哀라 시호하고 남산南山 해일령蟹日嶺(현 경주)에 장사하니 고려 태조는 사신을 파견하여 조문하고 제사를 지냈다.

927년(경순 원년) 11월에 아버지를 추존하여 신흥神興 대왕이라 하고 어머니는 계아桂娥 왕후로 추봉하였다. 즉위 불과 한 달 후인 12월에 견훤이 대목군大木郡에 침입하여 논밭에 쌓인 곡식을 다 태워 버렸다.

928년(경순 2) 정월에 고려의 장군 김상은 초팔성草八城의 도적 홍종과 싸웠으나 이기지 못하고 죽었다. 5월에 강주의 장군 유문有文이 견훤에게 항복하였다. 6월에는 지진이 발생하였다. 8월에 견훤이 장군 관흔官昕에게 명하여 양산陽山에 성을 쌓기 시작하자, 고려 태조는 명지성의 장군 왕충王忠에게 명하여 군사를 거느리고 나가 격퇴시켰다. 견훤은 대야성 아래로 진격하여 군사를 나누어 보내어 대목군의 벼를 베었다. 10월에 견훤이 무곡성武谷城을 함락시켰다.

926년(경순 3) 6월에 천축국天竺國(현 인도印度)의 삼장三藏 마후라摩睺羅 를 고려에 파견하였다. 7월에 견훤이 의성부성義成府城(현 의성)을 공격하므로 고려의 장군 홍술이 나가 싸우다가 이기지 못하고 전사하였다. 순주의 장군 원봉이 견훤에게 항복하니 고려 태조는 이 말을 듣고 노하였으나, 원봉의 전공을 생각하여 이를 용서하고 다만 순주를 현縣으로 고치게 하였다. 10월에 견훤이 가은현을 포위하였으나 이기지 못하고 돌아갔다.

930년(경순 4) 정월에 재암성載巖城(현 청송靑松) 장군 선필善弼이 고려에 투항하므로 태조는 이를 후한 예의로 대접하고 상부尙父라 칭하였다. 처음 태조는 신라와 통호하고자 하여 선필을 인도하였는데, 이때 항복하였으므로 그 공이 있음을 생각하고 또한 모든 일이 오래 되어 안정된 까닭으로 총애하였다. 태조는 견훤과 고창군 병산甁山 밑에서 싸워 크게 승리하였는데, 목을 베어 죽이거나 포로로 삼은 자들이 매우 많았다. 그리고 영안永安(현 안동 임하臨河), 직명直明(현 안동 일직一直), 송생松生(현 청송) 등 30여 군과 현이 태조에게 항복하였다. 태조는 2월에 왕에게 사신을 파견하여 승리한 것을 알리니 경순왕은 이를 사례하고 아울러 서로 한번 모일 것을 청하였다. 9월에 동쪽 연해의 주군과 부락이 모두 태조에게 항복하였다.

921년(경순 5) 2월에 고려 태조는 50여 기병을 거느리고 경기京畿에 이르러 배알할 것을 청하므로 왕은 모든 벼슬아치들과 더불어 교외로 나가 그를 극진한 마음으로 맞고 들어와 임해전에서 큰 잔치를 베풀고 술을 권하였다. 왕은 말하기를

"나는 하늘의 도움을 입지 못하여 환란이 일어나게 하고 견훤이 불의를 자행하여 우리 국가를 침해하니 얼마나 분통한지 모르겠다."

하며 눈물을 흘리니 좌우에서 흐느껴 울지 않는 사람이 없었고, 태조도 또한 눈물을 흘리면서 왕을 위로하였다. 태조는 그로부터 수십 일 동안 머물러 있다가 돌아가니 왕은 혈성까지 이르러 전송하고 당제 유렴을 인질로 삼아 태조를 따라가게 하였다. 그런데 태조 휘하의 군사들은 군대의 기강이 확실하여 민가를 조금도 침해하지 않았다. 이에 도성의 백성들은 서로 기뻐하며 말하기를

"전날 견훤이 왔을 때는 시호豺虎*를 만난 것과 같더니 지금 공왕公王 (태조)이 이르렀을 때는 부모를 보는 것과 같다."

고 하였다. 8월에 태조는 사신을 신라로 파견하여 왕에게 비단 말 안장을 보내고 관료와 장병들에게는 베와 비단을 보내왔다.

932년(경순 6) 정월에 지진이 있었다. 4월에 집사시부執事侍部 김불金咄을 정사正使로, 사빈경司賓卿 이유李儒를 부사副使로 삼아 후당으로 파견하여 예물禮物을 주었다.

933년(경순 7)에 후당의 명종明宗이 사신을 고려로 파견하여 석명錫命** 하였다.

934년(경순 8) 9월에 노인성老人星(남극성南極星)이 나타났다. 운주(현 충남 홍성) 계界의 30여 개 군현이 고려 태조에게 항복하였다.

935년(경순 9) 10월에 왕은 사방의 강토를 거의 다 남에게 빼앗겨 나라

315

---

* 시호豺虎: 승냥이와 호랑이를 뜻하거나, 사납고 악독한 사람을 비유적으로 이르는 말이다.
** 석명錫命: 임금이 내리는 명령을 말하는 것으로서 책명冊命을 내린다고도 한다.

의 세력이 약해지고 외로워 능히 스스로 탈없이 평안하기 어렵게 되자 군신들과 더불어 그 대책을 모의하기를 국토를 들어 고려 태조에게 양위하자고 하였는데, 군신들은 의논하기를 혹자는 옳다 하고 혹은 이를 옳지 않다고 하였다. 왕자가 말하기를

"국가의 존망은 반드시 천명이 있는 것이니 마땅히 충성스러운 신하와 의로운 선비들과 함께 민심을 수합하여 스스로 굳게 지키다가 힘이 다한 연후에 이를 의논함이 옳을 것이거늘 어찌 천년 사직을 하루아침에 경솔하게 다른 사람에게 주는 것이 옳으리오."

하자 왕이 말하기를

"약하고 외로우며 위험함이 이와 같아서 형세는 능히 온전하지 못할 것이니 이왕 강하지도 못하고 또한 약하지 만도 못하니 무고한 백성으로 하여금 간뇌肝腦를 땅에 물들이게 함은 나로서는 참을 수 없다."

하고 곧 시랑 김봉휴金封休로 하여금 글을 갖추어 고려 태조에게 항복할 것을 고하였다. 이에 왕자는 통곡하면서 왕과 이별하고 곧 개골산皆骨山으로 들어가서 바위틈에 의지하여 집을 짓고 마의초식麻衣草食으로 그 일생을 마쳤다.

11월에 태조는 왕서王書를 받고 대상大相 왕철王鐵 등을 보내어 이를 영접하였다. 왕은 신하들을 거느리고 서울을 떠나 태조에게 가 스스로 복종하였는데, 아름답게 장식한 마차와 왕이 탄 말이 30여 리에 달해 도로는 막히고 구경하는 사람은 담을 둘러싼 것과 같았다. 태조는 교외로 나와 경순왕을 맞아 위로하고 궁궐 동쪽의 크게 잘 지은 집 한 구를 주고 큰딸 낙랑樂浪 공주를 그 아내로 삼도록 하고 12월에는 정승공正承公으로 봉하니 그 지위는 태자의 위였다. 또 녹봉 1천 석을 주고 시종 원장侍從員將도 모두 등용하고 신라를 고쳐 경주慶州로 하고 공公의 식읍으로 하였다. 처음에 신라가 항복할 때 태조는 매우 기뻐하여 두터운 예의로써 대

* 간뇌肝腦: 간장肝臟과 뇌수腦髓를 이르는 말로서 육체와 정신을 비유적으로 이르기도 한다.

접하며 사자를 시켜 경순왕에게 말하기를

"지금 왕은 나라를 과인에게 내주니 그 은혜가 큽니다. 원컨대 우리 종실과 혼인을 맺어 영원히 사위와 장인의 의를 즐겼으면 합니다."

하니 왕은 이에 대답하기를

"나의 백부 잡간 억렴億廉은 지대야군사知大耶郡事로 있었는데, 그 딸의 덕과 용모가 모두 뛰어나니 이가 아니면 내정을 정비하기 어렵겠습니다."

하자 태조는 드디어 그를 아내로 맞아 아들을 낳았다. 이가 곧 고려 현종顯宗의 선친으로서 안종安宗으로 추봉하였고, 경종 헌화대왕景宗獻和大王은 정승공의 딸을 맞아 왕비로 삼았는데, 곧 정승공을 봉하여 상부령尙父令으로 삼았다. 공은 978년(宋 흥국興國 4) 무인戊寅에 이르러 돌아가시므로 경순敬順(또는 효애孝哀)이라 시호하였다.

나라 사람들은 시조로부터 이때까지를 3대로 나누어서 처음부터 제28대 진덕 여왕 때까지의 스물여덟 왕을 상대라 하고 제29대 태종 무열왕 때부터 제36대 혜공왕 때까지 여덟 왕을 중대라 이르고, 제37대 선덕왕부터 제56대 경순왕까지 스무 명의 왕을 하대라 한다. 논컨대, 신라의 박씨朴氏, 궁인으로 더불어 포석정에 나가 주연을 베풀고 놀면서 견훤이 침입하는 것도 알지 못하였으니 대저 이런 것이 '문외門外에 한금호韓擒虎하고 누두樓頭에 장려화張麗華라'는 말과 다름없을 것이다. 경순왕이 고려 태조에게 의지한 것은 비록 마지못하여 한 것 같으나 이는 또한 가상함이 옳겠다. 만약 그가 죽을 힘을 다하여 지키며 고려 군사들에게 항거하다가 힘이 다하고 세력이 궁함에 이르렀다면 반드시 그 종족은 박멸되고 무고한 백성들이 참혹한 손해를 입었을 것이다. 그러나 고명告命을 기다리지 않고 부고府庫를 봉하고 군과 현을 기록하여 스스로 복종하였으니 그는 조정에 공이 있었고 백성들에게 심히 큰 덕이 있었다. 옛날에 전씨錢氏가 오나라와 월나라의 땅을 송나라에 바친 것을 두고 소자첨蘇子瞻은 충언이라 일렀는데 지금 신라의 공덕은 그보다 더 지나침이 있는 것이다.

고려 태조는 왕비와 궁녀가 많고 그 자손이 또한 번창하여 현종顯宗은 신라의 외손으로서 보위에 올랐거니와 그 후 왕통을 계승한 사람이 모두 그 자손이 있었으니 어찌 그 숨겨진 덕행의 갚음이 아니겠는가.

경순왕 대의 사람들　김봉휴 金封休

935년 경순왕이 시랑으로 있을 때 경순왕의 명으로 고려에 양국讓國하겠다는 국서를 고려 태조 왕건에게 전했다.

경순왕 대의 사람들　김억렴 金億廉

김억렴은 경순왕의 백부로 관등은 잡찬이며, 지대야군사知大耶郡事를 지냈다. 경순왕의 추천으로 그 딸이 고려 태조의 다섯 번째 비가 되었다.

경순왕 대의 사람들　호경 虎景

고려 태조 왕건의 5대조라는 전설상의 인물이다. 성골聖骨 장군이라 자칭하며 백두산으로부터 각처를 유랑하다가 개성 부소산扶蘇山 좌곡左谷에 정착하여 아내와 함께 살았다. 어느 날 9명의 동네 사람과 평나산平那山에 사냥을 갔다가 날이 저물어 굴 속에서 자려 할 때 호랑이가 굴 앞에 나타났으므로 혼자 이를 쫓기 위해 밖에 나갔으나 이미 호랑이는 자취를 감추었고 별안간 굴이 무너져 나머지 9명은 모두 압사하였다. 평나군에 돌아가서 주민들에게 이 사실을 알리고 죽은 사람을 장사 지내기 위하여 먼저 산신에게 제사를 올리자 산신이 나타나 자기는 이 산을 지키는 과부인데 호경과 결혼하여 그를 대왕으로 삼아 함께 신정神政을 베풀겠다고 말한 후 호경을 데리고 사라졌다. 이때부터 주민들은 호경을 대왕으로 모시고 사당을 세워 제사를 지내게 되었는데 호경은 본처를 못 잊어 밤마다 꿈에 보이는 사람처럼 본처에게 나타나 동침하여 아들을 낳았다.
이가 강충康忠이며 강충의 아들이 보육寶育(원덕元德 대왕으로 추존)이라 전한
다.

부　록

1. 신라新羅 56대 왕 이름

(? : 미확인 또는 연대 미상)

사기史記	유사遺事	대	왕명	이름	재위년	생몰년
상上 고古	상대	1	혁거세 거서간赫居世居西干	혁거세赫居世, 불구내弗矩內	기원전 57~4	기원전 70~4
		2	남해 차차웅南解次次雄	?	4~24	?~24
		3	유리 이사금儒理尼師今	?	24~57	?~57
		4	탈해 이사금脫解尼師今	?	57~80	기원전 5~80
		5	파사 이사금婆娑尼師今	?	80~112	?~112
		6	지마 이사금祇摩尼師今	지미祇味	112~134	?~134
		7	일성 이사금逸聖尼師今	?	134~154	?~154
		8	아달라 이사금 阿達羅尼師今	?	154~184	?~184
		9	벌휴 이사금伐休尼師今	발휘發暉	184~196	?~196
		10	내해 이사금奈解尼師今	?	196~230	?~230
		11	조분 이사금助賁尼師今	제귀諸貴, 제분諸賁	230~247	?~247
		12	첨해 이사금沾解尼師今	이해理解, 점해詀解	247~261	?~261
		13	미추 이사금味鄒尼師今	미조味照, 미고未古, 미소未召	262~284	?~284
		14	유례 이사금儒禮尼師今	유리儒理, 유례儒禮	284~298	?~298
		15	기림 이사금基臨尼師今	?	298~310	?~310
		16	흘해 이사금訖解尼師今	?	310~356	?~356
		17	내물 마립간奈勿麻立干	?	356~402	?~402
		18	실성 마립간實聖麻立干	?	402~417	?~417
		19	눌지 마립간訥祇麻立干	?	417~458	?~458
		20	자비 마립간慈悲麻立干	?	458~479	?~479
		21	소지 마립간炤知麻立干	비처毗處	479~500	?~500
		22	지증 마립간智證麻立干	지대로智大路, 지철로智哲老, 지도로智度路	500~514	437~514
		23	법흥왕法興王	원종原宗, 모진慕秦	514~540	?~540
중中 고古		24	진흥왕眞興王	삼맥종彡麥宗, 심맥부深麥夫	540~576	534~576
		25	진지왕眞智王	사륜舍輪, 금륜金輪	576~579	?~579
		26	진평왕眞平王	백정白淨	579~632	572~632
		27	선덕 여왕善德女王	덕만德曼	632~647	?~647
		28	진덕 여왕眞德女王	승만勝曼	647~654	?~654

사기 史記	유사 遺事	대	왕명	이름	재위년	생몰년
		29	태종 무열왕太宗武烈王	춘추春秋	654~661	602~661
		30	문무왕文武王	법민法敏	661~681	?~681
		31	신문왕神文王	정명政明, 명지明之	681~692	?~692
		32	효소왕孝昭王	이홍理洪, 이공理恭	692~702	643~702
		33	성덕왕聖德王	융기隆基, 흥광興光	702~737	?~737
	중 대	34	효성왕孝成王	승경承慶	737~742	?~742
		35	경덕왕景德王	헌영憲英	742~765	?~765
		36	혜공왕惠恭王	건운乾運	765~780	758~780
		37	선덕왕宣德王	양상良相	780~785	?~785
		38	원성왕元聖王	경신敬信	785~798	?~798
		39	소성왕昭聖王	준옹俊邕	798~800	?~800
		40	애장왕哀莊王	청명淸明, 중희重熙	800~809	788~809
		41	헌덕왕憲德王	언승彦昇	809~826	?~826
하下 고古		42	흥덕왕興德王	수종秀宗, 경휘景徽, 수승秀升	826~836	?~836
		43	희강왕僖康王	제융悌隆, 제옹悌顒	836~838	?~838
		44	민애왕閔哀王	명明	838~839	?~839
	하 대	45	신무왕神武王	우징祐徵	839~839	?~839
		46	문성왕文聖王	경응慶膺	839~857	?~857
		47	헌안왕憲安王	의정誼靖, 우정祐靖	857~861	?~861
		48	경문왕景文王	응렴膺廉, 의렴疑廉	861~875	846~875
		49	헌강왕憲康王	정晸	875~886	?~886
		50	정강왕定康王	황晃	886~887	?~887
		51	진성 여왕眞聖女王	만曼, 탄坦	887~897	?~897
		52	효공왕孝恭王	요嶢	897~912	?~912
		53	신덕왕神德王	경휘景暉, 수종秀宗	912~917	?~917
		54	경명왕景明王	승영昇英	917~924	?~924
		55	경애왕景哀王	위응魏膺	924~927	?~927
		56	경순왕敬順王	부傅	927~935	?~979

323

* 차차웅次次雄: 무당을 뜻하는 말로서 제사와 정치가 일치하던 시대의 수장임을 나타
  낸다.
* 이사금尼師今/ 마립간麻立干: 신라 때 임금을 이르던 칭호의 하나이다.

2. 신라 건국 계통 연표新羅建國繼統年表

(박朴·석昔·김金 세 성씨가 대대로 이어짐.)

왕대	왕호	휘	재위 연수	연도	혈족 계통	비고
1	시조왕始祖王	박혁거세朴赫居世	60년	기원전 57년	신라 건국 시조	박씨 1대왕
2	남해왕南解王	박남해朴南解	20년	4년	혁거세의 아들	박씨 2대왕
3	유리왕儒理王	박유리朴儒理	33년	24년	남해왕의 아들	박씨 3대왕
4	탈해왕脫解王	석탈해昔脫解	23년	57년	다파나국 왕의 아들 / 남해왕의 사위	석씨 1대왕
5	파사왕婆娑王	박파사朴婆娑	32년	90년	유리왕의 아들	박씨 4대왕
6	지마왕祇摩王	박지마朴祇摩	22년	112년	파사왕의 아들	박씨 5대왕
7	일성왕逸聖王	박일성朴逸聖	20년	134년	유리왕의 아들	박씨 6대왕
8	아달라왕阿達羅王	박아달라朴阿達羅	30년	154년	일성왕의 아들	박씨 7대왕
9	벌휴왕伐休王	석벌휴昔伐休	12년	184년	탈해왕의 손자	석씨 2대왕
10	내해왕奈解王	석내해昔奈解	34년	196년	벌휴왕의 장손	석씨 3대왕
11	조분왕助賁王	석조분昔助賁	17년	230년	벌휴왕의 2손	석씨 4대왕
12	첨해왕沾解王	석첨해昔沾解	15년	247년	조분왕의 아들	석씨 5대왕
13	미추왕味鄒王	김미추金味鄒	22년	262년	대보공大輔公 7세손 구도仇道의 아들 조분助賁의 사위	김씨 1대왕
14	유례왕儒禮王	석유례昔儒禮	14년	284년	조분왕의 아들	석씨 6대왕
15	기림왕基臨王	석기림昔基臨	12년	298년	조분왕의 손자	석씨 7대왕
16	흘해왕訖解王	석흘해昔訖解	46년	310년	내해왕의 손자	석씨 8대왕
17	내물왕奈勿王	김내물金奈勿	46년	356년	미추왕의 조카	김씨 2대왕
18	실성왕實聖王	김실성金實聖	15년	402년	미추왕의 조카	김씨 3대왕
19	눌지왕訥祇王	김눌지金訥祇	41년	417년	내물왕의 아들	김씨 4대왕
20	자비왕慈悲王	김자비金慈悲	22년	458년	눌지왕의 아들	김씨 5대왕
21	소지왕炤知王	김소지金炤知	21년	479년	자비왕의 아들	김씨 6대왕

왕대	왕호	휘	재위 연수	연도	혈족 계통	비고
22	지증왕智證王	김지대로金智大路	14년	500년	내물왕의 아들	김씨 7대왕
23	법흥왕法興王	김원종金原宗	26년	514년	지증왕의 아들	김씨 8대왕
24	진흥왕眞興王	김삼맥종金彡麥宗	36년	540년	법흥왕의 동생 갈문왕葛文王 / 입종立宗의 아들	김씨 9대왕
25	진지왕眞智王	김륜金輪	3년	576년	진흥왕의 아들	김씨 10대왕
26	진평왕眞平王	김백정金伯淨	53년	579년	진흥왕의 손자	김씨 11대왕
27	선덕 여왕善德女王	김덕만金德曼	15년	632년	진평왕의 장녀	김씨 12대왕
28	진덕왕眞德王	김승만金勝曼	7년	647년	진평왕의 동생 갈문왕 국반國飯의 아들	김씨 13대왕
29	태종 무열왕 太宗武烈王	김춘추金春秋	7년	654년	진지왕의 손자 추촌 문흥왕의 아들	김씨 14대왕
30	문무왕文武王	김법민金法敏	20년	661년	태종 무열왕의 아들	김씨 15대왕
31	신문왕神文王	김정명金政明	11년	681년	문무왕의 아들	김씨 16대왕
32	효소왕孝昭王	김이홍金理洪	10년	692년	신문왕의 아들	김씨 17대왕
33	성덕왕聖德王	김흥광金興光	35년	702년	신문왕의 둘째 아들	김씨 18대왕
34	효성왕孝成王	김승경金承慶	5년	737년	성덕왕의 아들	김씨 19대왕
35	경덕왕景德王	김헌영金憲英	23년	742년	효성왕의 아들	김씨 20대왕
36	혜공왕惠恭王	김건운金乾運	15년	765년	경덕왕의 아들	김씨 21대왕
37	선덕왕宣德王	김양상金良相	5년	780년	내물왕 10세손 해찬海湌 효방孝方의 아들	김씨 22대왕
38	원성왕元聖王	김경신金敬信	14년	785년	내물왕 12세손	김씨 23대왕

325

* 갈문왕葛文王: 신라 때에 왕의 아버지나 장인, 외조부, 형제 또는 여왕의 남편 등에게 내리던 칭호로서 왕에 버금갈 정도의 높은 지위였다.

3. 신라 건국 연원

〈신라 건국의 시작〉

옛날 진한辰韓에는 6촌村이 있었다.

첫 번째로 알천양산촌關川楊山村은 경상북도 경주시 오릉五陵 남쪽에 있었던 담암사曇巖寺 방면이다. 촌장은 알평謁平이라 하여 처음에 하늘에서 표암봉瓢巖峯으로 내려오니 이가 급양부及梁部 이씨李氏의 조상이 되었다. 제3대 유리 이사금(노례왕弩禮王) 9년인 서기 32년에 부部를 두어 급양及梁이라 하였는데 고려 태조太祖 천복天福 5년 경자庚子에 중흥부中興部라 바꾸었다. 파잠波潛, 동산東山, 피상彼上, 동촌東村이 이에 속한다.

두 번째는 돌산고허촌突山高墟村으로 촌장은 소벌도리蘇伐都利라 하여 처음 형산兄山에 내려와 사량부沙梁部・ 최씨崔氏의 조상이 되었는데, 고려 태조 때에는 남산부南山部라 하여 구량벌仇良伐, 마등조麻等烏, 도북道北, 회덕廻德 등 남촌南村이 이에 속했다.

세 번째는 무산대수촌茂山大樹村으로서 촌장은 구례마俱禮馬(또는 仇禮馬)라 하여 처음에 이산伊山(또는 개비산皆比山)으로 내려와 점량부漸梁部(또는 점탁부漸涿部) 일운一云 모량부牟梁部 손씨孫氏의 조상이 되었는데, 고려 태조 때에는 장복부長福部라 하여 박곡촌朴谷村 등 서촌西村이 이에 속했다.

네 번째는 취산진지촌觜山珍支村(또는 보지賓之, 보자영지賓子永之)으로서 촌장은 지백호智伯虎라 하여 처음 화산花山에 내려와 본피부本彼部 정씨鄭氏의 조상이 되었는데, 고려 태조 때에는 통선부通仙部라 하여 시파柴巴 등 동남촌東南村이 이에 속했다.

다섯 번째는 경주 북천北川 북쪽 금강산의 백률사栢栗寺 부근에 있었던 금산가리촌金山加里村으로서 촌장은 지타祇沱(또는 只他)라 하여 처음 명활산明活山에 내려와 한지부漢歧部 일운一云 한지부韓歧部 배씨裵氏의 조상이 되었다. 고려 태

• 사량부沙梁部에서 '량梁'의 뜻을 풀어 읽었을 때 '도道'라 하고 때로 '탁涿'이라고도 쓰나 대개 도道라고 소리한다.

조 때에는 가덕부加德部라 하여 상서지上西知, 하서지下西知, 내아乃兒 등 동촌東村이 이에 속했다.

여섯 번째는 명활산고야촌明活山高耶村으로서 촌장은 호진虎珍이라 하여 처음 금강산金剛山으로 내려와 습차부習比部 설씨薛氏의 조상이 되었다. 고려 태조 때에는 임천부臨川部로서 물이촌勿伊村, 잉구미촌仍仇彌村, 궐곡闕谷(또는 갈곡葛谷) 등 동북촌東北村이 이에 속했다.

이들 촌장이 진한의 여섯 촌장, 즉 신라의 개국 좌명공신인 것이다.

위의 글을 보면 이 6부部의 조상들이 모두 하늘에서 내려온 것으로 되어 있는데 이는 신라의 기원을 신격화하기 위한 상징으로 보인다. 32년(유리 9)에 왕은 6부의 이름을 고치고 또 여섯 촌장에게 각각의 성姓을 주었다. 양산부楊山部를 양부梁部라 하여 그 성을 이씨李氏라 하고, 고허부高墟部를 사량부沙梁部라 하여 그 성을 최씨崔氏라 하고, 대수부大樹部를 점량부漸梁部(또는 모량부牟梁部)라 하여 그 성을 손씨孫氏라 하고, 진지부珍支部를 본피부本彼部라 하여 그 성을 정씨鄭氏라 하고, 가리부加利部를 한지부漢祇部라 하여 그 성을 배씨裵氏라 하고, 명활부明活部를 습차부習比部라 하여 그 성을 설씨薛氏라 하였다. 6부, 곧 6촌은 신라 구성을 이루는 근본으로서 현재 경주慶州를 중심으로 한 경상북도 일대이다.

한편 그 당시 여섯 촌의 백성들은 나라의 왕이 없음을 항상 크게 근심한 나머지 6부 촌장들이 각기 자제들을 데리고 알천閼川에 모여

"우리가 위에 백성을 다스릴 군주가 없어, 백성들이 모두 방탕하여 제멋대로 하니, 어찌 덕이 있는 사람을 찾아 임금으로 삼아 나라를 세우고 도읍을 청하지 아니하겠는가."

하고는, 3일간 목욕재계한 후에

"우리들에게 거룩하신 임금님 한 분을 내려보내 주시옵소서."

하며 천신께 경건한 마음으로 정성껏 기원하였다.

이윽고 기원전 69년(전한前漢 선제宣帝 지절地節 원년, 임자壬子) 3월 초 1일에 고허촌장 소벌공蘇伐公이 우연히 양산楊山 아래 나정蘿井 · (또는 계정鷄井)이란 우물이 있는 곳을 바라보니, 울창한 숲 사이에서 오색의 상서로운 기운이 번갯불과 같이 땅에 비치더니, 그 가운데에 한 마리 말이 크게 소리쳐 울며 그 옆에는 선인仙人 한 분이 재배하는 현상이 보였다. 소벌공은 이것을 보고 신기하게 여겨 곧 그곳으로 가서 보니 말과 신선은 없어지고 다만 큰 알 같기도 하고 큰 바가지 같기도 한 것이 있기에 깨어보니, 그 속으로부터 옥같이 귀엽고 아름다우며 모습이 늠름한 아기가 탄생하였다. 이 어른이 곧 박씨朴氏의 시조이며 신라의 왕이 된다.

경이로운 일로 여긴 촌장들이 그 아이를 동천東泉에서 목욕시키니 몸에서 광채가 나고 새와 짐승이 따라 춤을 추며 하늘과 땅이 진동하고 해와 달이 청명하게 빛났다. 여섯 마을 촌장들은 그 출생을 신기하게 여겨 아기에게 하례를 올리고 받들어 기르게 되었는데, 그 당시 방언으로 바가지를 '박'이라 하므로 '박朴'자로 성을 삼고 그 빛남이 당대에 거하신다 하여 '혁거세赫居世' 세 자로써 휘를 삼았다. 이 일로 인하여 그 사내아이를 혁거세왕赫居世王이라 이름하였다. 또는 불구내왕弗矩內王이라고도 하니 이는 밝게 세상을 다스린다는 뜻이다. 위호位號를 거슬한居瑟邯 또는 거서간居西干이라고도 하는데, 이는 그가 처음 입을 열 때 스스로 말을 하되 "알지거서간閼智居西干이 한번 일어난다" 하였으므로 그 말로 인해서 일컫게 된 것이다. 이로부터 왕자의 존칭이 거슬한 또는 거서간이 되었다. 시인詩人이 서로 다투어 치하하기를 이제 천제天帝의 아들이 내려왔으니 마땅히 덕이 있는 황후를 찾아서 짝을 지어야 할 것이라 하였다.

이날에 사양리沙梁里 알영정閼英井(또는 아리영정娥利英井)가에 계룡鷄龍이 나타나 원편 갈비에서 여자아이 하나를 낳았다. 또는 용이 나타나 죽으니, 그 배를

· 고본에는 건호建虎 원년이라 하고 또는 건원建元 3년이라고도 하나 모두 잘못된 것이다.
·· 나정蘿井: 신라의 시조 박혁거세가 탄생한 곳으로 알려진 전설상의 우물로서 경주 양산에 유적지가 있다.

갈라 여자아이를 얻었다는 설도 있다. 여자아이의 자태와 얼굴은 유달리 고왔으나 입술이 닭의 부리와 같았는데, 월성月城 북천北川에 가서 목욕을 시키니 그 부리가 빠짐으로 그 내를 발천撥川이라 하고, 여자아이의 이름은 알영정에서 발견되었으므로 알영閼英이라고 하였다.

촌장들은 궁실宮室을 남산南山 서쪽 기슭에 세워서(창림사昌林寺가 있던 곳) 성스러운 두 아이를 받들어 극진히 부양하였다.

혁거세가 7세가 되었을 때, 하루는 성인이 나오는 꿈을 꾸었다. 신인神人이 금으로 된 자(금척金尺)를 주면서 말하기를

"이 자로 금구金甌를 정하라."

하였는데, 꿈을 깨어보니 혁거세의 손에 금척이 들려 있었다. 그 금척으로 사망한 사람과 병든 사람을 재어본 즉 죽은 자는 다시 살아나고 병든 자는 완쾌되어 사람들이 신의 공덕이 깃들었다고 하였다.

기원전 57년(전한 선제 오봉五鳳 원년, 갑자甲子) 그의 나이 열세 살에 벌써 늠름한 대장부와도 같으므로 6부의 백성들은 혁거세를 추존하였고, 그는 즉위하여 호를 거서간이라 하고 알영을 왕후로 삼았으며, 국호를 서라벌徐羅伐이라고 하였다. 또는 서벌徐伐, 사라斯羅, 사로斯盧라고도 하였다. 고려 때에 '서울경京'자를 가르침에 있어 서벌이라 하던 것도 이 까닭이다.

시조 왕 탄생에 대하여 말하기를 이는 서술성모西述聖母가 낳은 바이니, 중국 사람들이 선도성모仙桃聖母를 찬양한 말에 '현인을 낳아 나라를 창시한다'는 뜻의 신현조방娠賢肇邦이란 말이 있는 것도 이 까닭이다. 계룡이 상서로움을 나타내고 박혁거세의 왕비인 알영을 낳았다는 이야기도 서술성모의 현신을 말한 것이 아닐까 싶다. 처음에 왕이 계정에서 태어난 까닭에 계림국鷄林國이라 하였는데 계룡이 상서로움을 나타낸 까닭이었다. 일설에는 제4대 탈해 이사금

---

* 서술성모西述聖母: 신라 경주의 수호신으로 보이는 여신의 하나이다.

즉위시 김알지金閼智를 얻을 때 닭이 숲속에서 울었으므로 국호를 고쳐 계림鷄林이라 하였다고 한다.

혁거세 거서간은 그 뒤에 다시 국호를 고쳐서 신라新羅라고 하니 '신新'은 어진 업적을 날마다 새롭게 한다는 뜻이오, '나羅'는 사방을 망라한다는 큰 뜻을 갖고 있다.

혁거세가 나라를 다스린 지 60년 만에 하늘로 올라가더니 그 후 7일 만에 유체遺体가 흩어져 땅에 떨어지며 왕후도 따라 돌아갔다고 한다. 신라인들이 합장하고자 하니 큰 뱀이 쫓아와 방해하므로 몸 다섯 부분을 각각 장사지내어 5릉이라고 하였다. 또 사릉蛇陵이라고도 하는데 표암사曇巖寺 북릉北陵이 이것이다.

〈신라 개국 좌명공신〉

『삼국사기三國史記』 「신라 본기新羅本紀」 제1면에는 이李, 최崔, 정鄭, 손孫, 배裵, 설薛 등의 순서로 기록되어 있다. 경주 정씨慶州鄭氏 문중의 기록에는 『삼국사기』와 같은 순서로 기록되어 있고, 손씨孫氏 문중의 기록에는 이, 최, 손, 정, 배, 설 등의 순서로 기록되어 있다.

여섯 촌장은 656년(태종 3) 제29대 태종 무열왕에 의해 왕으로 추봉되었다.

먼저 알천양산촌 촌장 알평은 은렬왕恩烈王으로 추봉되었으며, 돌산고허촌 촌장 소벌도리는 문열왕文烈王으로, 무산대수촌 촌장 구례마는 문의왕文義王으로, 취산진지촌 촌장 지백호는 감문왕甘文王으로, 금산가리촌 촌장 지타祗沱는 장렬왕壯烈王으로, 명활산고야촌 촌장 설호진은 장무왕壯武王으로 추봉되었다.

4. 박씨 왕계편朴氏王系篇

〈시조 묘〉

5년(남해 2)에 시조 묘를 세워 사시四詩·로 제사 지내고 시조 혁거세 거서간의 딸이자 제2대 남해 차차웅의 친 여동생 아로阿老를 제주祭主로 삼았었다. 제3대 유리 유사금이 즉위 원년에 시조 묘를 배알하고 죄인들을 사면하여 주었으며, 이후부터는 새 왕이 즉위하면 종묘를 배알하고 죄수들을 사면해 주는 것이 상례로 되었다.

〈신궁〉

487년(소지 9)에 내을신궁奈乙神宮을 설치하였다. 내을奈乙은 시조 왕이 탄생한 곳으로서 나정蘿井 이후부터 새로 임금의 자리에 오르면 반드시 이 신궁에서 친히 제사하였다.

• 사시四詩: 『시경詩經』의 네 가지 시체詩體로서 국풍國風, 대아大雅, 소아小雅, 송頌을 일컫는다.

박씨 왕 계통표朴氏王系統表

(10명의 박씨 왕이 232년간 재위하였다.)

박씨 왕 대 수	신라 조朝 대 수	왕호	휘	아버지	어머니	비	재위 연수	즉위 원년	즉위 서기	왕릉 소재지
1	1	시조 왕 혁거세 거서간	박혁거세 朴赫居世	6촌 군장 軍長이 양육함.			60	갑자 甲子	기원전 57년	경주시 탑동 慶州市 塔洞
2	2	남해 차차웅	박남해 朴南解 (해자海字)	혁거세 거서간	알영閼英 부인	운제雲帝 (또는 아루阿婁) 부인	20	갑자 甲子	4년	경주시 탑동
3	3	유리 이사금	박유리 朴儒理 (흡리洽理)	남해 차차웅	운제 부인	일지日知 갈문왕의 딸 또는 허루왕許婁 王의 딸	33	갑신 甲申	24년	경주시 탑동
4	5	파사 이사금	박파사 朴婆娑	유리 이사금		김씨 사성史省 부인	32	경진 庚辰	80년	경주시 탑동
5	6	지마 이사금	박지마 朴祗摩	파사 이사금	김씨 사성 부인	김씨 애례愛禮 부인	22	임자 壬子	112년	경주시
6	7	일성 이사금	박일성 朴逸聖	유리 이사금		박씨 소례왕支所 禮王의 딸	20	갑술 甲戌	134년	경주시 장전동
7	8	아달라 이사금	박아달라 朴阿達羅	일성 이사금	박씨 소례왕의 딸	박씨 내례內禮 부인 기마왕祗摩 王의 딸	30	갑오 甲午	154년	경주시 배일산 拜日山
8	53	신덕왕	박경휘 朴景暉	예겸乂兼 (또는 銳謙)	정화貞和 부인	김씨 헌강왕의 딸	5	임신 壬申	912년	경주시 배일산
9	54	경명왕	박승영 朴昇英	신덕왕	의성義成 왕후		7	정축 丁丑	917년	경주시 배일산
10	55	경애왕	박위응 朴魏膺	신덕왕			3	갑신 甲申	924년	경주시 배일산

- **이비**伊非(일휘一諱 이칠伊漆)

제6대 지마 이사금의 아들로서 갈문왕葛文王으로 추존되었다.

- **벽방**碧芳

제8대 아달라 이사금의 아들로서 갈문왕으로 추존되었다.

- **예겸**乂謙

성순成順의 아들이다. 제53대 신덕왕이 즉위하고 부친 예겸을 선성왕宣聖王
으로 추존하였다.

석씨 왕 계통표昔氏王系統表

(8명의 석씨 왕이 174년간 재위하였다.)

석씨 왕 대 수	신라 조 대 수	왕호	휘	아버지	어머니	비	재위 연수	즉위 원년	서기	왕릉 소재지
1	4	탈해 이사금	석탈해 昔脫解 일작一作 토해吐解	완하국浣夏國 함달파왕 含達婆王 일작一作 (화하국왕 花夏國王)	여국왕 女國王의 딸	아로 부인 / 남해 이사금의 딸	23년	정사 丁巳	57년	경주시 동천동 산 17
2	9	벌휴 이사금	석벌휴 昔伐休	탈해 이사금의 아들	지진내례 只珍內禮 부인 김씨		12년	갑자 甲子	184년	실전
3	10	내해 이사금	석내해 昔奈解	벌휴 이사금의 장손	내례內禮 부인	석씨 조분 이사금의 여동생	34년	병자 丙子	196년	실전
4	11	조분 이사금	석조분 昔助賁	벌휴 이사금의 손자 / 골정骨正의 아들	옥모玉帽 부인 김씨 / 구도 갈문 왕의 딸		17년	경무 庚戊	230년	실전
5	12	첨해 이사금	석첨해 昔沾解	조분 이사금의 친동생			15년	정묘 丁卯	247년	실전
6	14	유례 이사금	석유례 昔儒禮	조분 이사금의 아들	○소○召 부인 박씨 / 갈문왕 내음奈音의 딸		15년	갑진 甲辰	284년	실전
7	15	기림 이사금	석기임 昔基臨	조분 이사금의 손자 / 이찬 걸숙伊湌의 아들	아이阿爾 부인		12년	무우 戊于	298년	실전
8	16	흘해 이사금	석흘해 昔訖解	내해 이사금의 손자 / 각간 우노의 아들	명원命元 부인		46년	경우 庚于	310년	실전

석씨 왕릉 실전표

신라 조대 수	석씨 왕대 수	연수	왕호	휘	재위 연수
9	2	184년	벌휴 이사금	석벌휴昔伐休	12년
10	3	196년	내해 이사금	석내해昔奈解	34년
11	4	230년	조분 이사금	석조분昔助賁	17년
12	5	247년	첨해 이사금	석첨해昔沾解	15년
14	6	284년	유례 이사금	석유례昔儒禮	14년
15	7	298년	기림 이사금	석기림昔基臨	12년
16	8	310년	흘해 이사금	석흘해昔訖解	46년

김씨 왕계편金氏王系篇

신라 제4대 탈해 이사금 즉위 9년째인 65년 3월에 왕은 밤에 금성金城 서쪽 시림始林 사이에서 닭이 우는 소리를 듣고 날이 밝자 호공瓠公을 파견하여 이를 살펴보게 하였는데 그가 시림에 이르러 보니 금색으로 된 조그만 궤짝이 나뭇가지에 달려 있고 흰 닭이 그 밑에서 울고 있었다. 그가 돌아와 이 사실을 알리니 왕은 사람들을 시켜 그 궤짝을 가져오게 한 다음 열어 보니 조그만 사내아이가 그 속에 들어 있는데 용모가 기이하게 뛰어났다. 왕은 크게 기뻐하며 군신들에게 이르기를

"이 어찌 하늘이 나에게 아들을 보내준 것이 아니겠는가."

하며 거두어 길렀다. 사내아이는 자람에 따라 아주 총명하고 지략이 많았는데 이름을 알지閼智라 하고 그가 금궤에서 나왔으므로 성을 김씨金氏라 하였고 또 시림을 고쳐 계림鷄林으로 이름하고 이로써 국호를 삼았다. 알지는 세한勢漢을 낳고 세한은 아도阿道를 낳고 아도는 수류首留를 낳고 수류는 욱보郁甫를 낳고 욱보는 구도仇道를 낳고 구도는 미추味鄒를 낳았는데 미추가 신라 제13대 왕위에 오르니 신라의 김씨는 대보공大輔公 김알지에서 시작되었다.

김씨 왕 계통표金朴氏王系統表

(38명의 김씨 왕이 587년간 재위하였다.)

김씨 왕 대수	신라 조 대수	왕호	휘	아버지	어머니	비	재위 연수	즉위 원년	서기	왕릉 소재지
1	13	미추왕	미추 味鄒	구도 九道	박씨 갈문왕 이칠伊柒의 딸	광명光明 부인 석씨 / 제11대왕 조분왕의 딸	2	임오 壬午	262	부남府南 황남리皇南里 죽엽릉竹葉陵 대릉大陵
2	17	내물왕	내물 奈勿	말구 末仇	휴례休禮 부인 김씨	희례希禮 부인 김씨	46	병진 丙辰	356	첨성대瞻星臺 서남쪽 금성金城 남쪽 10리
3	18	실성왕	실성 實聖	대서지 大西知	이리伊利 부인 석씨 / 아간 등보登保의 딸	아류阿留 부인 김씨	16	임인 壬寅	402	
4	19	눌지왕	눌지 訥祗	내물왕	희례希禮 부인 김씨	아노阿老 부인 김씨	4	정사 丁巳	417	부남 남산南山 아래
5	20	자비왕	자비 慈悲	눌지왕	아노阿老 부인 김씨	희도希道 부인 김씨	21	무오 戊午	458	
6	21	소지왕	소지 炤智	자비왕	희도希道 부인 김씨	선혜善兮 부인 김씨 / 이찬 내숙乃宿의 딸	21	기미 己未	479	
7	22	지증왕	지대로 智大路	습보 習寶	조생鳥生 부인 김씨	연례延禮 부인 박씨 / 등흔登欣의 딸	14	경진 庚辰	500	
8	23	법흥왕	원종 原宗	지증왕	연례延禮 부인 박씨	보도保刀 부인 박씨	26	갑오 甲午	514	와와리臥瓦里 산 위 애공사哀公寺 북쪽 산
9	24	진흥왕	삼맥종 三麥宗	입종 立宗	식도息道 부인 박씨	사도思道 부인 박씨	36	경신 庚申	540	서악리西岳里 애공사 북쪽 산

김씨 왕 대수	신라 조 대수	왕호	휘	아버지	어머니	비	재위 연수	즉위 원년	서기	왕릉 소재지
10	25	진지왕	김륜 金輪	진흥왕의 둘째 아들	사도思道 부인 박씨	지도知道 부인 박씨	3	병신 丙申	576	진문리晉門里 영경사永敬寺 북쪽
11	26	진평왕	백정 白淨	동륜 銅輪	만호萬呼 부인 김씨	마야摩耶 부인 김씨/ 복승福勝의 딸	53	기사 己巳	579	내동면內東面 한지漢只
12	27	선덕 여왕	덕만 德曼	진평왕	마야摩耶 부인 김씨	• 부夫 김인평 金仁平	15	임진 壬辰	632	부동府東 낭산狼山 남쪽 고개
13	28	진덕 여왕	승만 勝曼	국반 國飯	월명月明 부인 박씨	• 부夫 김기안 金基安	7	정미 丁未	647	사양부沙梁部 금견곡今見谷
14	29	태종 무열왕	춘추 春秋	용춘 龍春	문명文明 왕후 김씨 / 서현舒玄의 딸	문명文明 부인 김씨 / 서현舒玄의 딸	7	갑인 甲寅	654	서악西岳 평야 영경사 북쪽
15	30	문무왕	법민 法敏	태종 무열왕	문명文明 왕후 김씨	자의慈儀 왕후 김씨	20	신유 辛酉	661	동해 대석암大石岩 아래
16	31	신문왕	정명 政明	문무왕	자의慈儀 왕후 김씨	신목神穆 왕후 김씨 / 일길찬 흠운欽運의 딸	11	신사 辛巳	681	천왕사天王寺 동쪽 금배반리 今排盤里
17	32	효소왕	이홍 理洪	신문왕	신목神穆 왕후 김씨	김씨	10	임진 壬辰	692	부동 방남리方南里 도지道只
18	33	성덕왕	융기 隆基 흥광 興光	신문왕의 둘째 아들	신목神穆 왕후 김씨	소덕昭德 왕후 김씨 / 소판 원태元泰의 딸	35	임인 壬寅	702	부동 부지곡部只谷
19	34	효성왕	승경 承慶	성덕왕의 둘째 아들	소덕昭德 왕후 김씨	혜명惠明 왕후 김씨 / 이찬 순원順元의 딸	5	정축 丁丑	737	화장 후 수장

김씨 왕 대수	신라 조 대수	왕호	휘	아버지	어머니	비	재위 연수	즉위 원년	서기	왕릉 소재지
20	35	경덕왕	헌영 憲英	성덕왕의 셋째 아들	소덕昭德 왕후 김씨	만월滿月 부인 김씨 / 서불감 의충義忠의 딸	24	임오 壬午	742	모지사毛祗寺 서쪽 봉우리
21	36	혜공왕	건운 乾運	경덕왕	만월滿月 부인 김씨	창화昌花 부인 김씨 / 이찬 유성維誠의 딸	15	을사 乙巳	765	천왕리天王里 금배반리
22	37	선덕왕	양상 良相	효방 孝芳	사소四炤 부인 김씨	구족具足 부인 김씨 / 각간 양품良品의 딸	5	병신 丙申	780	화장 후 동해에 수장
23	38	원성왕	경신 敬信	효양 孝讓	계오繼烏 부인 박씨	숙정淑貞 왕후 신씨 / 각간 신술神述의 딸	14	을축 乙丑	785	봉덕사奉德寺 남동쪽 활성리活城里 곡칭谷稱 괘릉掛陵
24	39	소성왕	준옹 俊邕	인겸 仁謙	성목聖穆 왕후 김씨 / 신미神迷의 딸	계화桂花 부인 김씨 / 숙명叔明의 딸	2	기묘 己卯	799	
25	40	애장왕	청명 淸明	소성왕	계화桂花 부인 김씨	정화貞和 부인 박씨	9	경진 庚辰	800	
26	41	헌덕왕	언승 彦昇	인겸 仁謙	성목聖穆 왕후 김씨	귀승貴勝 부인 김씨	17	기축 己丑	809	부동 천림리泉林里
27	42	흥덕왕	수종 秀宗	인겸	성목 왕후 김씨	장화章和 부인 김씨	10	병오 丙午	826	안강安康 육통리六通里 북쪽 / 장화 부인 능에 합장
28	43	희강왕	제륭 悌隆	헌정 憲貞	순성順成 왕후 박씨	문목文穆 왕후 김씨 / 충공忠恭의 딸	2	병진 丙辰	836	소산蘇山 금청도군 今淸道郡

김씨왕대수	신라조대수	왕호	휘	아버지	어머니	비	재위연수	즉위원년	서기	왕릉소재지
29	44	민애왕	명明	충공忠恭	선의宣懿 태후 박씨	윤용允容 왕후 김씨 / 시중 영공永恭의 딸	1	무오戊午	838	부남사府南社 골짜기 북쪽 야산
30	45	신무왕	우징祐徵	균정均貞	헌목憲穆 태후 박씨	진종眞從 부인 박씨 / 명해明海의 딸	4월月	기미己未	839	내동면 동방리東方里 제형산弟兄山 북쪽
31	46	문성왕	경응慶膺	신무왕	진종眞從 왕후 박씨	소성昭聖 태후 김씨 / 위흔魏欣의 딸	18	기미己未	839	서악西岳 공작지孔雀址
32	47	헌안왕	의정誼靖 우정祐靖	균정	조명照明 부인 김씨	안정安貞 왕후 김씨	4	정축丁丑	857	서악 공작지
33	48	경문왕	응렴膺廉	계명啓明	광의光義 왕후 박씨	문의文懿 왕후 김씨	14	신사辛巳	861	
34	49	헌강왕	정晸	경문왕	문의文懿 왕후 김씨	의명懿明 부인 김씨	11	을미乙未	875	보제사菩提寺 동남쪽 금남산今南山 아래
35	50	정강왕	황晃	경문왕	문의文懿 왕후 김씨	문숙文淑 왕후 김씨	1	병오丙午	886	남유상南由上
36	51	진성여왕	만曼	경문왕	문의 왕후 김씨	• 부夫 김필대金必大	10	정미丁未	887	양산군梁山郡 황산黃山
37	52	효공왕	요嶢	헌강왕	의명懿明 부인 김씨	계아桂娥 부인 박씨 / 이찬 예겸乂謙의 딸	15	정사丁巳	897	사자곡獅子谷 천왕天旺 동랑산東狼山
38	56	경순왕	부傅	효종孝宗	계아桂娥 부인 김씨	죽방竹房 부인 박씨 / 낙랑樂浪 공주 왕씨王氏	9	정해丁亥	927	장단부長湍府 남팔리南八里 천향동泉向洞

김씨 왕릉 실전표

신라 왕대 수	김씨 왕대 수	연도	왕호	휘	재위 연수
18	3	402년	실성實聖	실성實聖	15년
19	4	417년	눌지訥祗	눌지訥祗	41년
20	5	458년	자비慈悲	자비慈悲	22년
21	6	479년	소지炤知	소지炤知	21년
22	7	500년	지증智證	지대로智大路	14년
34	19	737년	효성孝成	승경承慶	5년
36	21	765년	혜공惠恭	건운乾運	15년
37	22	780년	선덕宣德	양상良相	5년
39	24	799년	소성昭聖	준옹俊邕	1년
40	25	800년	애장哀莊	청명淸明	9년
48	33	861년	경문景文	응렴膺廉	14년
51	36	887년	진성眞聖	만曼	10년

추존왕追尊王

〈시조 대보공大輔公 김알지金閼智〉

공의 7세손 미추味鄒가 신라 제13대 왕위에 오른 다음 김알지를 세조 대왕으로 추존하였다.

〈세한勢漢(일휘 一諱 열한熱漢)〉

시조 대보공 알지의 아들이다. 벼슬은 이찬으로 100년(파사 21)에 거서간(왕)의 호를 받았다.

〈아도阿道(일휘 아도阿都)〉

세한의 아들이다. 벼슬은 이찬으로 111년(파사 32)에 파진찬에 올랐다. 파진찬은 파미간波彌干으로서 '파미波彌'는 지명이며 군장君長의 칭호이다.

〈수류首留(일휘 수류郁留)〉

파진찬 아도의 아들이다. 벼슬은 이벌찬으로서 126년(지마 15)에 각간이 되었다.

〈욱보郁甫(일휘 욱보郁市)〉

각간 수류의 아들이다. 벼슬은 이벌찬으로 148년(일성 15)에 각간이 되었다.

〈추존 갈문왕葛文王 구도仇道(일휘 구도仇道)〉

각간 욱보의 아들이며 비는 술예述禮 부인 박씨로서 제6대 지마 이사금의 아들 이비伊非의 딸이다. 벼슬은 파진찬으로 185년(벌휴 2)에 좌 군주左軍主가 되어 우 군주友軍主인 구수혜仇須兮와 같이 소문국召文國을 평정하였다. 188년 (벌휴 5) 2월에 모산성母山城을 침략한 백제의 군대를 격퇴하였고 이듬해 7월에 구양拘壤에서 다시 백제군과 교전하여 크게 승리하였다. 또 190년(벌휴 7) 8월에 백제군이 신라 국경 서쪽의 원산향圓山鄕을 격파하고 악곡성岳谷城을 침공하자, 왕은 우수한 군사들을 거느리고 친히 싸움터로 나가 적을 격퇴한 후 적지인 주산蛙山까지 추격하였으나 적의 반격으로 인하여 패전하고 말았다. 이에 좌 군주 구도는 전투의 실패에 대한 책임을 지고 악곡성주岳谷城主로 물러났으나, 아들 미추가 왕위에 오르고 갈문왕으로 추존하였다.

〈추존 갈문왕 미구 未仇(일휘 미굴 未屈)〉

구도의 셋째 아들이자, 제13대 미추 이사금의 동생이며 비는 휴례休禮 부인 김씨이다. 미구는 천성이 충성스럽고 절개가 곧았으며 지략 또한 비범하여 유례 이사금은 매번 정사를 문의하였다. 356년(흘해 47)에 각간이 되었으며, 아들 내물奈物이 왕위에 오른 다음 모문왕募文王으로 추존하였다.

〈추존 갈문왕 복호 卜好(일휘 보로 宝露)〉

제17대 내물 마립간의 둘째 아들이자 제19대 눌지 마립간의 동생이다. 412년(실성 11)에 볼모로 고구려에 가서 10년을 지내다 눌지訥祗가 실성 마립간의 뒤를 이어 즉위한 지 2년째에 박제상朴堤上으로 하여금 모셔 오게 하였다. 그 후 손 지증智證이 왕위에 오르고 갈문왕으로 추존하였다.

〈추존 갈문왕 습보 習宝(일휘 사보 斯宝)〉

복호의 아들이며 비는 조생鳥生 부인 김씨이다. 벼슬은 이찬으로 459년(자비 2)에 각간이 되었다. 아들 지증智證이 왕위에 오르고 나서 조부 복호와 부친을 갈문왕으로 추존하였다.

〈추존 갈문왕 입종 立宗〉

제22대 지증 마립간의 둘째 아들이자 제23대 법흥왕의 동생이며 비는 식도息道 부인 김씨이다. 벼슬은 이찬이었으며, 아들 진흥眞興이 왕위에 오르고 갈문왕으로 추존하였다.

〈추존 갈문왕 동륜 銅輪〉

제24대 진흥왕의 아들이며 비는 만호萬戶 부인 김씨이다. 불행하게도 세상을 빨리 떠났으며, 아들 진평眞平이 왕위에 오르고 갈문왕으로 추존하였다.

〈추존 성덕왕成德王 국반國飯〉

갈문왕 동륜의 둘째 아들이자 제26대 진평왕의 동생이며 비는 명월明月 부인 박씨이다. 벼슬은 이찬으로서 딸 진덕 여왕이 왕위에 오른 다음 갈문왕으로 추존하였다.

〈추존 흥문왕興文王 용수龍樹(일휘 용수龍壽 또는 용춘龍春)〉

제25대 진지왕의 아들이며 비는 천명天明 부인 김씨이다. 벼슬은 이찬으로서 622년(진평 44)에 내성內省 사신으로 628년(진평 50)에 대장이 되어 고구려 낭비성娘臂城을 정벌하였다. 그 후 아들 춘추春秋가 왕위에 오르자 문흥왕文興王으로 추존하고 비 천명 부인은 문정文貞 태후로 추봉되었다.

〈추존 현성왕玄聖王 법선法宣〉

서간 마차摩次의 아들이다. 벼슬은 대아찬으로 현손 원성元聖이 왕위에 오르고 현성왕玄聖王으로 추존하였다.

〈의관義寬(일휘 의관義官)〉

추존 현성왕 법선의 아들이다. 벼슬은 이찬으로 증손 원성元聖이 왕위에 오르고 신영왕神英王으로 추존하였다.

〈추존 개성왕開聖王 효방孝芳〉

아간 원훈元訓의 아들이며 비는 사소四召 부인 김씨이다. 벼슬은 각간으로 아들 선덕宣德이 왕위에 오른 다음 개성왕開聖王으로 추존되고 사소 부인은 정의貞懿 태후로 추봉하였다.

〈추존 흥평왕興平王 위문魏文〉

의관의 아들이다. 벼슬은 이찬을 거쳐 시중이 되었으며 손 원성元聖이 왕위에 오른 다음 흥평왕興平王으로 추존하였다.

〈추존 명덕왕明德王 효양孝讓〉

위문의 아들이며 비는 계오繼烏 부인 박씨로 창도昌道의 딸이다. 벼슬은 일
길찬으로서 아들 원성元聖이 왕위에 오르고 명덕왕明德王으로 추존되었으며 계
오 부인은 소문昭文 태후로 추봉되었다.

〈추존 혜충왕惠忠王 인겸仁謙(일휘 인선仁善)〉

제38대 원성왕의 아들이며, 비는 신씨申氏로 신술神述의 딸이다. 처음 태자
로 책봉되었으나 조졸하였으므로, 아들 소성昭聖이 왕위에 오른 다음 혜충왕惠
忠王으로 추존하고 비는 성목聖穆 왕후로 추봉하였다.

〈추존 혜강왕惠康王 예영禮英(일휘 효진孝眞)〉

제38대 원성왕의 셋째 아들이자, 추존 혜충왕 인겸의 동생이다. 벼슬은 각
간으로 손 희강僖康이 왕위에 오른고 혜강왕惠康王 추존하였다.

〈추존 익성왕翼城王 헌정憲貞〉

예영의 아들이며 비는 미도美道 부인 박씨이다. 벼슬은 이찬으로 아들 희강
僖康이 왕위에 오른 후 익성왕翼城王으로 추존하고 미도 부인은 순성順成 왕후로
추봉하였다.

〈추존 성덕왕成德王 균정均貞〉

추존 혜강왕 예영의 둘째 아들로서 비는 박씨朴氏이다. 벼슬은 대아찬으로서
812년(헌덕 4)에 상대등 시중이 되었다가 같은 해 웅천 도독 김헌창金憲昌이 반
란을 일으키자 군장軍將이 되어 이를 토평하였다.

이후 제42대 흥덕왕이 사망하였을 때 후손이 없으므로 종질 제륭悌隆과 왕
위 계승을 위하여 서로 다투다가 김명金明, 이홍利弘 등에게 살해당하였다. 아
들 신무神武가 왕위에 오른 다음 성덕왕成德王으로 추존되고 비는 헌목憲穆 태후
로 추봉되었다.

〈추존 선강왕宣康王 충공忠恭〉

　제39대 소성왕의 셋째 아들이고 비는 박씨朴氏이다. 벼슬은 시중으로 아들 민애閔哀가 왕위에 오른 다음 선강왕宣康王으로 추존하고 비는 의의宜懿 왕태후로 추봉되었다.

5. 삼국시대 관등표 三國時代官等表

(『삼국사기』에 의함)

나라이름 / 관등(官登)	백제 삼국사기	백제 수서隋書	신라 삼국사기 (중앙)	신라 삼국사기 (지방)	고구려 삼국지위지 三國志魏志	고구려 주서周書	고구려 수서隋書	고구려 통전通典	고구려 책부원구 冊府元龜	고구려 신당서 新唐書	고구려 한원翰苑
1품	좌평 佐平	좌평 左平	이벌찬伊伐湌 (이벌간伊罰干, 간벌찬干伐湌, 각간角干, 각찬角粲, 서발한舒發翰, 서불한舒弗邯)		상가 相加	대대로 大對盧	태대형 太大兄	상가 相加	토졸 土拙 (대대로 大對盧)	대대로 大對盧	대대로 大對盧 (토졸 吐捽)
2품	달솔 達率	대솔 大率	이척찬伊尺湌 (이찬伊湌)		대로 對盧	태대형 太大兄	대형 大兄	대로 對盧	태대형 太大兄	울절 鬱折	태대형 太大兄 (막하라지 莫何羅支)
3품	은솔 恩率	은솔 恩率	잡찬迊湌 (잡판迊判, 소판蘇判)		패자 沛者	대형 大兄	소형 小兄	패자 沛者	울절 鬱折	태대사자 太大使者	울절 鬱折 (주부 主簿)
4품	덕솔 德率	덕솔 德率	파진찬波珍湌 (해간海干, 파미간破彌干)		고추가 古雛加	소형 小兄	대로 對盧	고추대가 古雛大加	태대부인사자 太大夫人使者	조의두대형 皂衣頭大兄	대부사자 大夫使者 (알사 關奢)
5품	한솔 扞率	간솔 杆率	대아찬 大阿湌		주부 主簿	의후사 意侯奢	의후사 意侯奢	주부 主簿	조의두대형 皂衣頭大兄	대사자 大使者	조의두태형 皂衣頭太兄 (중리조의 中裏皂衣, 두태형 頭太兄)
6품	나솔 奈率	나솔 奈率	아찬阿湌 (아척간阿尺干, 아찬阿粲) (사중四重)		우태 優台	오졸 烏拙	오졸 烏拙	우태 于台	대사자 大使者	대형 大兄	대사자 大使者 (대사 大奢)

나라 이름	백제	백제	신라	신라	고구려	고구려	고구려	고구려	고구려	고구려	고구려	고구려	고구려
7품	장덕將德	장덕將德	일길찬一吉湌 (을길간乙吉干)	악간嶽干	승丞	태대사자太大使者	태대사자太大使者	사자使者	대형大兄	태대사자太大使者	상위사자上位使者	대형가大兄加	(힐지纈支)
8품	시덕施德	시덕施德	사찬沙湌 (살찬薩湌, 사돌간沙咄干)	술간述干	사자使者	대사자大使者	대사자大使者	조의皂衣	수위사자收位使者	(대사자大使者)	제형諸兄	발위사자拔位使者	(유사儒奢)
9품	고덕固德	고덕固德	급벌찬級伐湌 (급찬級湌, 급복간及伏干)	고간高干	조의皂衣	소사자小使者	소사자小使者	선인先人	상위사자上位使者	소사자小使者	소사자小使者	상위사자上位使者	(을사乙奢)
10품	계덕季德	계덕季德	대내마大奈麻 (대내말大奈末)[구중九重]	귀간貴干	선인先人	욕사褥奢	욕사褥奢		소형小兄	욕사褥奢	과절過節	소형小兄	(실원失元)
11품	대덕對德	대덕對德	나마奈麻 (나말奈末)[칠중七重]	선간選干		예속翳屬	예속翳屬		제형諸兄	예속翳屬	선인先人	제형諸兄	(예속翳屬)
12품	문독文督	문독文督	대사大舍 (한사韓舍)	상간上干		선인先人	선인先人		과절過節	선인先人	고추대가古雛大加	과절過節	
13품	무독武督	무독武督	사지舍知 (소사小舍)	간干		욕살褥薩			불과절不過節	욕살褥薩		불절不節	
14품	좌군佐軍	좌군佐軍	길사吉士 (계지稽知, 길차吉次)	일벌一伐					선인先人			선인先人	
15품	진무振武	진무振武	대오大烏 (대오지大烏知)	일척一尺									
16품	극우剋虞	극우剋虞	소오小烏 (소오지小烏知)	피일彼日									
17품			조위造位 (선저지先沮知)	아척阿尺									

통일신라 직관표統一新羅職官表

(『삼국사기』에 의함)

〈문관직〉

관청	관직	관등	연혁
상대등上大等(상신上臣)			531년 설치
집사성 執事省	중시中侍(651)→시중侍中(747) 전대등典大等(565)→시랑侍郞(747) 대사大舍(589)→낭중郞中(759) 사지舍知(685)→원외랑員外郞(759) 　→사지舍知(776) 사史→낭郞(경景)→사史(혜惠)	2~5 6~11 11~13 12~13 12~17	본명은 품주稟主(조주祖主). 651년에 집사부執事部로, 829년에 집사성執事省으로 고침.
병부兵部	영令(516) 대감大監(623)→시랑侍郞(경)→대감大監(혜) 제감弟監(589)→대사大舍(658) 　→낭중郞中(경)→대사大舍(혜) 노사지弩舍知(672)→사병司兵(경) 　→노사지弩舍知(혜) 사史 노당弩幢(671)→소사병小司兵(경) 　→노당弩幢(혜)	태太~5 6~? 11~13 12~13 12~17 12~17	
조부調部	영令(651) 경卿 대사大舍(진眞)주부主簿(경)→대사大舍(혜) 사지舍知(685)→사고司庫(경)→사지舍知(혜) 사史	태太~금衿 6~? 11~13 12~13 12~17	584년에 설치. 제35대 경덕왕 때 대부大府로 개칭. 제36대 혜공왕 때 환원.
경성주 작전 京城周作典	영令(732) 경卿(733) 대사大舍→주부主簿(경)→대사大舍(혜) 사지舍知→사공司功(경)→사지舍知(혜) 사史	대大~5 6~11 10~13 12~13 12~17	경덕왕 때 수성부修城府로 개칭. 혜공왕 때 환원.
사천왕 사성전 四天王 寺成典	금하신衿荷臣→감령監令(경) 　→금하신衿荷臣(혜)→감령監令(애哀) 상당上堂→경卿(경)→상당上堂(혜) 　→경卿(애) 적위赤位→감監(경)→적위赤位(혜) 청위靑位→주부主簿(경)→청위靑位(혜) 　→대사大舍(애) 사史	1~5 6~11 11~13	경덕왕 때 감사천왕사부監四天王寺府 로 개칭. 혜공왕 때 환원.

- 통일신라는 신라가 백제와 고구려를 멸망시키고 삼국을 통일한 676년 이후의 신라를 말한다.

관청	관직	관등	연혁
봉성사 성전 奉聖寺成典	금하신衿荷臣→검교사檢校使(경) →금하신衿荷臣(혜)→영令(애) 상당上堂→부사副使(경)→상당上堂 적위赤位→판관判官(경)→적위赤位 청위靑位→녹사錄事(경)→청위靑位 사史→전典(경)→사史		경덕왕 때 수영봉성사사원修營奉聖寺 使院으로 개칭. 후에 환원.
감은사 성전 感恩寺成典	금하신衿荷臣→검교사檢校使(경) →금하신衿荷臣(혜)→영令(애) 상당上堂→부사副使(경)→상당上堂(혜) →경卿(애) 적위赤位→판관判官(경)→적위赤位 청위靑位→녹사錄事(경)→청위靑位 사史→전典(경)→사史		경덕왕 때 수영감은사사원修營感恩寺 使院으로 개칭. 후에 환원.
봉덕사 성전 奉德寺成典	금하신衿荷臣→검교사檢校使(경) →금하신衿荷臣(혜)→경卿(애) 상당上堂→부사副使(경)→상당上堂(혜) →경卿(애) 적위赤位→판관判官(경)→적위赤位(혜) 청위靑位→녹사錄事(경)→청위靑位(혜) 사史→전典(경)→사史(혜)		759년 수영봉덕사사원修營奉德寺 使院으로 개칭. 후에 환원.
봉은사 성전 奉德寺成典	금하신衿荷臣(혜)→영令(애) 부사副使(혜)→상당上堂→경卿(애) 대사大舍 사史		
영묘사 성전 靈廟寺成典	상당上堂→판관判官(경)→상당上堂 청위靑位→녹사錄事(경)→대사大舍 사史		759년 수영영묘사사원 修營靈廟寺使院으로 개칭. 후에 환원.
영흥사 성전 永興寺成典	대내마大奈麻→감監(경) 사史		684년 설치. 759년 감영흥사관監永興寺館으로 개칭.
창부倉部	영令 경卿(651)→시랑侍郎(경)→경卿(혜) 대사大舍(진眞)→낭중郎中(경)→대사大舍(혜) 조사지租舍知(699)→사창司倉(경) →조사지租舍知(혜) 사史(진眞)	대大~5 6~? 11~13 12~13	651년 품주稟主에서 나뉨.

관청	관직	관등	연혁
예부禮部	영令(586) 경卿(648) 대사大舍(651)→주부主簿(경)→대사大舍 사지舍知→사례司禮(경)→사지舍知 사史(651)	태太~5 6~? 6~13 12~13 12~17	
승부乘部	영令(584) 경卿 대사大舍→주부主簿(경)→대사大舍 사지舍知→사목司牧(경)→사지舍知 사史	1~5 6~? 11~13 12~13 12~17	경덕왕 때 사어부司馭府로 개칭. 혜공왕 때 환원.
사정부 司正部	영令 경卿(544) 좌佐→평사評事(경)→좌佐 대사大舍 사史	1~5 6~? 10~11 11~13	659년에 설치. 경덕왕 때 숙정대肅正臺로 개칭. 혜공왕 때 환원.
예작부 例作府 (예작전 例作典)	영令(686) 경卿(신神) 대사大舍(805)→주부主簿(경)→대사大舍 사지舍知→사례司例(경)→사지舍知 사史	1~5 6~? 11~13 12~13	경덕왕 때 수례부修例府로 개칭. 혜공왕 때 환원.
선부船府	영令 경卿(663) 대사大舍→주부主簿(경)→대사大舍(혜) 사지舍知→사주司舟(경)→사지舍知(혜) 사史	1~5 6~? 11~13 12~13	678년 병부兵部에서 나눔. 경덕왕 때 이제부利濟府로 개칭. 혜공왕 때 환원.
영객부 領客府	영令(651) 경卿 대사大舍→주부主簿(경)→대사大舍(혜) 사지舍知→사의司儀(경)→사지舍知(혜) 사史	1~5 6~? 11~13 12~13	본명은 왜전倭典 621년 영객전領客典으로, 경덕왕 때 사빈부司賓府로 개칭. 혜공왕 때 영객전領客典으로 개칭.
위화부 位和府	금하신衿荷臣→영令(805) 상당上堂(신)→경卿(애) 대사大舍→주부主簿(경)→대사大舍 사史	대太~2 6~9	581년 설치. 경덕왕 때 사위부司位府로 개칭. 혜공왕 때 환원.

관청	관직	관등	연혁
좌리방부 左理方府	영令 경卿(진) 좌佐(진)→평사評事(경)→좌佐(혜) 대사大舍 사史	3~9 6~? 10~11 11~13	651년 설치. 692년 의방부議方府로 개칭.
우리방부 右理方府	영令 경卿 좌佐 대사大舍 사史		667년 설치.
상사서 賞賜署	대정大正(624)→정正(경)→대정大正 좌佐 대사大舍(651)→주서主書(경)→대사大舍(혜) 사史	6~9 9~10 11~13	창부倉部에 속한 것을 경덕왕 때 사훈감思勳監으로, 혜공왕 때 상사서賞賜署로 개칭.
대도서 大道署 (사전寺典 ・내도감 內道監)	대정大正(624)→정正(경)→대정大正 주서主書→주사主事(경) 사史	6~9 11~13	예부禮部 소속.
전읍서 典邑署	경卿 감監 대사읍大司邑 중사읍中司邑 소사읍小司邑 사史 목척木尺	8~11 10~11 11~13 12~13 12~13	경덕왕 때 전경부典京府로 개칭. 혜공왕 때 환원.
영창궁 성전 永昌宮成典	상당上堂(경)→경卿→상당上堂(혜) 　　→경卿(805) 대사大舍→주부主簿(경)→대사大舍(혜) 사史	6~9 11~13	676년 설치.
국학國學	경卿→사업司業(경)→경卿(혜) 박사博士 조교助敎 대사大舍(651)→주부主簿(경)→대사大舍(혜) 사史	6~? 11~13	예부禮部 소속. 경덕왕 때 대학감大學監으로 개칭. 혜공왕 때 환원.

관청	관직	관등	연혁
음성서 音聲書	장長→경卿(687)→사락司樂(경)→경卿(혜) 대사大舍(651)→주부主簿(경)→대사大舍 사史	6~? 11~13	예부 소속. 경덕왕 때 대악감大樂監으로 개칭. 혜공왕 때 환원.
대일임전 大日任典	대도사大都司→대전의大典儀(경) 　　　→대도사大都司 소도사少都司→소전의小典儀(경) 　　　→소도사少都司 도사대사都司大舍→대전사大典事(경) 　　　→도사대사都事大舍 도사사지都司舍知→중전사中典事(경) 　　　→도사사지都司舍知 도알사지都謁舍知→전알典謁(경) 　　　→도알사지都謁舍知 도인사지都引舍知→전인典引(경) 　　　→도인사지都引舍知 당幢→소전사小典事(경)→당幢 도사계지都事稽知 도알계지都謁稽知 도인계지都引稽知(도인당都引幢·소전인小典引) 비벌수比伐首	11~13 12~13 11~13 12~13 12~13 12~13 12~17	657년 설치. 경덕왕 때 전경부典京府에 병합.
공장부 工匠府	감監(682) 주서主書(651, 또는 주사主事·대사大舍) 사史	9~10 11~13	경덕왕 때 전사서典祀書로 개칭. 후에 환원.
채전彩典	감監(682) 주서主書(651) 사史	10~11 11~13	경덕왕 때 전채서典彩署로 개칭. 후에 환원.
좌사록관 左司祿館	감監 주서主書(주사主事) 사史	10~11 11~13	677년 설치.
우사록관 右司祿館	감監 주서主書 사史	10~11 11~13	681년 설치.
전사서 典祀署	감監 대사大舍(651) 사史	10~11 11~13	예부에 소속. 713년 나눔.
신궁新宮	감監 주서主書 사史	10~11 11~13	717년 설치. 경덕왕 때 전설관典設館으로 개칭. 후에 환원.

관청	관직	관등	연혁
동시전 東市典	감監 대사大舍→주사主事(경)→대사大舍 서생書生→사직司直(경)→서생書生 사史	10~11 11~13	508년 설치.
서시전 西市典	감監 대사大舍→주사主事(경)→대사大舍 서생書生→사직司直(경)→서생書生 사史		695년 설치.
남시전 南市典	감監 대사大舍→주사主事(경)→대사大舍 서생書生→사직司直(경)→서생書生 사史		695년 설치.
사범서 司範署	대사大舍(주서主書)→주사主事(경)→대사大事 사史	12~13	예부 소속.
경도역 京都驛	대사大舍 사史	11~13	경덕왕 때 도정역都亭驛으로 개칭. 후에 환원.
누각전 漏刻典	박사博士 사史		718년 설치.
육부소감전 六部少監典	양부 梁部 및 사양부 沙梁部	감랑監郎 대내마大奈麻 대사大舍 사지舍知 사史		
	본피부 本彼部	감랑監郎 감대사監大舍 사지舍知 감당監幢 사史		
	모량부 牟梁部	감신監臣 대사大舍 사지舍知 감당監幢 사史		
	한기부 漢祇部 및 습비부 習比部	감신監臣 대사大舍 사지舍知 감당監幢 사史		

관청	관직	관등	연혁
식척전 食尺典	대사大舍 사史		
직도전 直徒典	대사大舍 사지舍知 사史		
고관가전 古官家典	당幢(계지稽知) 구척鉤尺 수주水主 화주禾主		
내성內省	사신私臣→전중령殿中令(경)→사신私臣 경卿 감監 대사大舍 사지舍知	금衿~태太 6~11 8~11	759년에 전중성殿中省으로 개칭. 후에 환원. 삼궁三宮(대궁大宮, 양궁梁宮, 소양궁沙梁宮)을 관할.
내사정전 內司正典	의결議決 정찰貞察 사史		746년 설치. 759년 건평성建平省으로 개칭. 후에 환원.
전대사전 典大舍典	전대사典大舍 전옹典翁 사史		
상대사전 上大舍典	상대사上大舍 상옹上翁		
흑개감 黑鎧監	대사大舍 사史		경덕왕 때 위무감衛武監으로 개칭. 후에 환원.
본피궁 本彼宮	우虞 사모私母 공옹工翁 전옹典翁 사史		681년 설치.
인도전 人道典	상인도上引道 위인도位引道 궁인도宮引道		경덕왕 때 예성전成禮典으로 개칭. 후에 환원.

관청	관직	관등	연혁
촌도전 村徒典	간干 궁옹宮翁 대척大尺 사史		670년 설치.
고역전 尻驛典	간옹看翁 궁옹宮翁		
평진음전 平珍音典	간옹看翁 연옹筵翁 전옹典翁		경덕왕 때 소궁掃宮으로 개칭. 후에 환원.
연사전 煙舍典	간옹看翁		718년 설치.
상문사 詳文師			714년 통문박사通文博士로, 경덕왕 때 한림翰林으로 개칭. 뒤에 학사學士를 둠.
소내학생 所內學生			721년 설치.
천문박사 天文博士			후에 사천박사司天博士로 개칭.
의학醫學	박사博士		691년 설치.
공봉승사 供奉乘師			
율령전 律令典	박사博士		
수궁전 藪宮典	대사大舍 사史		
청연궁전 靑淵宮典	대사大舍 사史 궁옹宮翁		경덕왕 때 조추정造秋亭으로 개칭. 후에 환원.
부천궁전 夫泉宮典	대사大舍 사史 궁옹宮翁		

관청	관직		관등	연혁
차열음 궁전 且熱音宮典	대사大舍 사史 궁옹宮翁			
좌산전 坐山典	대사大舍 사史 궁옹宮翁			
병촌궁전 屛村宮典	대사大舍 사史 궁옹宮翁			경덕왕 때 현룡정玄龍亭으로 개칭. 후에 환원.
북토지 궁전 北吐只宮典	대사大舍 사史			
홍현궁전 弘峴宮典	대사大舍 사史			
갈천궁전 葛川宮典	대사大舍 사史			
선평궁전 善坪宮典	대사大舍 사史			
이동궁전 伊同宮典	대사大舍 사史			
평립궁전 平立宮典	대사大舍 사史			
명활전 明活典	대사大舍 간옹看翁			913년 설치.
원곡양전 源谷羊典	대사大舍 간옹看翁			829년 설치.
염곡전 染谷典	간옹看翁			
벽전壁典	간옹看翁 하전下典			

관청	관직	관등	연혁
자원전 藉園典	간옹看翁 하전下典		
두화탄전 豆仒炭典	간옹看翁		
소년감전 少年監典	대사大舍 사史		경덕왕 때 조천성釣天省으로 개칭. 후에 환원.
회궁전 會宮典	궁옹宮翁 조사지助舍知		경덕왕 때 북사설北司設로 개칭. 후에 환원.
상신모전 上新謀典	대사大舍 사史		
하신모전 下新謀典	대사大舍 사史		
좌신모전 左新謀典	대사大舍 사史		
우신모전 右新謀典	대사大舍 사史		
조전組典	대사大舍 사史		
신원전 新園典	대사大舍 사史		
빙고전 氷庫典	대사大舍 사史		
백천목 숙전 白川苜宿典	대사大舍 사史		
한지목 숙전 漢祇苜宿典	대사大舍 사史		

관청	관직	관등	연혁
문천목 숙전 蚊川旨宿典	대사大舍 사史		
본피목 숙전 本彼旨宿典	대사大舍 사史		
능색전 陵色典	대사大舍 사史		
예궁전 穢宮典	치성稚省 궁옹宮翁 조사지助舍知 종사지從舍知		경덕왕 때 진각성珍閣省으로 개칭. 후에 환원.
조하방 朝霞房	모母		
염궁染宮	모母		
소전疏典	모母		
홍전紅典	모母		
소방전 蘇芳典	모母		
찬염전 攢染典	모母		
표전漂典	모母		
왜전倭典			
금전錦典			경덕왕 때 직금방織錦房으로 개칭. 후에 환원.

359

관청	관직	관등	연혁
철유전 鐵鍮典			경덕왕 때 축야방築冶房으로 개칭. 후에 환원.
사전寺典			
칠전漆典			경덕왕 때 식기방飾器房으로 개칭. 후에 환원.
모전毛典			경덕왕 때 취췌방聚毳房으로 개칭. 후에 환원.
피전皮典			경덕왕 때 포인방鞄人房으로 개칭. 후에 환원.
추전鞦典			
피타전 皮打典			경덕왕 때 운공방韗工房으로 개칭. 후에 환원.
마전磨典			경덕왕 때 재인방梓人房으로 개칭. 후에 환원.
탑전鞜典			
화전靴典			
타전打典			
마이전 麻履典			
어용성 御龍省	사신私臣(801) 어백랑御伯郎(780)→봉어奉御→경卿(750) 　　　→감監 치성稚省		

관청	관직	관등	연혁
세택洗宅	대사大舍 종사지從舍知		경덕왕 때 중서성中書省으로 개칭. 후에 환원.
숭문대 崇文臺	낭郎 사史 종사지從舍知		
악전嶽典	대사大舍 사史 종사지從舍知		
감전監典	대사大舍 사지舍知 사史 도관都官 종사지從舍知 악자樂子		
늠전廩典	대사大舍 사지舍知 사史 늠옹廩翁 종사지從舍知		경덕왕 때 천녹사天祿司로 개칭. 후에 환원.
춘전春典	사지舍知 사史		
제전祭典	사지舍知 사史		
약전藥典	사지舍知 사史 종사지從舍知		경덕왕 때 보명사保命司로 개칭. 후에 환원.
공봉의사 供奉醫師			
공봉복사 供奉卜師			

관청	관직	관등	연혁
마전麻典	간干 사史 종사지從舍知		759년 직방국織紡局으로 개칭. 후에 환원.
폭전曝典			
육전肉典	간干		경덕왕 때 상선국尙膳局으로 개칭. 후에 환원.
재전滓典	간干 사史		
아니전 阿尼典	모母		
기전綺典	모母		경덕왕 때 별금방別錦房으로 개칭. 후에 환원.
석전席典	모母		경덕왕 때 봉좌국奉座局으로 개칭. 후에 환원.
궤개전 机槪典	간干 사史		경덕왕 때 궤반국机盤局으로 개칭. 후에 환원.
양전楊典	간干 사史		경덕왕 때 사비국司篚局으로 개칭. 후에 환원.
와기전 瓦器典	간干 사史		경덕왕 때 도등국陶登局으로 개칭. 후에 환원.
감부대전 監夫大典	대사大舍 사使 종사지從舍知		

관청	관직	관등	연혁
대전전 大傳典	대사大舍 사史 종사지從舍知		
행군전 行軍典	대사大舍 사史 종사지從舍知		
영창전 永昌典	대사大舍 사史		
고창전 古昌典	대사大舍 사史		
번감番監	대사大舍 사史		
원당전 願堂典	대사大舍 종사지從舍知		
물장전 物藏典	대사大舍 사史		
북상전 北廂典	대사大舍 사史		
남하소궁 南下所宮	옹翁 조助		경덕왕 때 잡공국雜工局으로 개칭. 후에 환원.
남도원궁 南桃園宮	옹翁		
북원궁 北園宮	옹翁		
신청연궁 新靑淵宮	옹翁		
침방針房	여자女子		

관청	관직	관등	연혁
동궁관 東宮官			
동궁아 東宮衙	상대사上大舍 차대사次大舍		752년 설치.
어용성 御龍省	대사大舍 치성稚省		
세택洗宅	대사大舍 종사지從舍知		
급장전 給帳典	전典 치稚		
월지전 月池典			
승방전 僧房典	대사大舍 종사지從舍知		
포전庖典	대사大舍 사史 종사지從舍知		
월지악전 月池嶽典	대사大舍 수주水主		
용왕전 龍王典	대사大舍 사舍		

〈무관직〉

관청	관직	관등	연혁
시위부 侍衛府	삼도三徒(651) 장군將軍(681) 대감大監 대두隊頭 항項 졸卒	 6~9 9~11 8~13 10~13 12~17	
제군관 諸軍官	장군將軍 대관대감大官大監(549) 대대감隊大監┌영마병領馬兵 　　　　　└영보병領步兵 제감弟監(562) 감사지監舍知(523) 소감少監(562) 대척大尺 군사당주軍師幢主(524) 대장척당주大匠尺幢主 보기당주步騎幢主 삼천당주三千幢主 착금기당주着衿騎幢主 비금당주緋衿幢主 사자금당주師子衿幢主 법당주法幢主(백관당주百官幢主) 흑의장창말보당주黑衣長槍末步幢主 삼무당주三武幢主 만보당주萬步幢主 군사감軍師監 대장대감大匠大監 보기감步騎監 삼천감三千監	1~9 6~13 6~11 10~13 12~13 12~17 12~17 7~11 7~11 8~11 8~13 8~13 8~13 7~13 9~13 10~13 10~13 11~13 10~13 11~13 10~13	
	사자금당감師子衿幢主 법당감法幢監 비금감緋衿監 착금감着衿監 개지극당감皆知戟幢監	11~? 11~13 11~? 11~13	
	법당두상法幢頭上 법당화척法幢火尺 법당벽주法幢辟主 삼천졸三千卒	 10~17	
정관政官 (정법전 政法典)	대사大舍 사史 →승관僧官(785)		

관청	관직	관등	연혁
국통國統 (사주寺主)	도유나랑都唯那娘 아니대도나阿尼大都那 대서성大書省 소년서성少年書省 주통州統 군통郡統		551년 설치設置.

〈외관직〉

관청	관직	관등	연혁
	도독都督→군주軍主(508)→총관摠官(661) →도독都督(785)	2~9	
	사신仕臣(사대등仕大等, 564) 주조州助(주보州輔) 군태수郡太守 장사長史(사마司馬) 사대사仕大舍(소윤小尹) 외사정外司正(673) 소수少守(제수制守) 현령縣令	4~9 6~11 6~13 10~13 10~13 10~? 8~17	
패강진전 浿江鎭典	두상대감頭上大監(782) 대감大監 두상제감頭上弟監 제감弟監 보감步監 소감少監	6~9 6~13 10~13 11~? 8~17 12~17	

〈주註〉

(1) – 관직 부분에서 ( ) 안의 한자는 왕을 표시한다.

　　(경景) = 경덕왕景德王　(진眞) = 진덕왕眞德王　(애哀) = 애장왕哀莊王

　　(신神) = 신문왕神文王　(혜惠) = 혜공왕惠恭王

　– ( ) 안의 숫자는 서기를 표시한다.

(2) 관등 부분의 숫자는 신라 16관등의 순위를, 또 태太는 태대각간太大角干, 대大는 대각간大角干, 금衿은 금하신衿荷臣을 표시한다.

(3) 무관은 관청별로 정리가 되어 있지 않으므로 군관의 명칭과 관등만을 밝혔다.

〈세계표〉

(『삼국사기』에 의함)

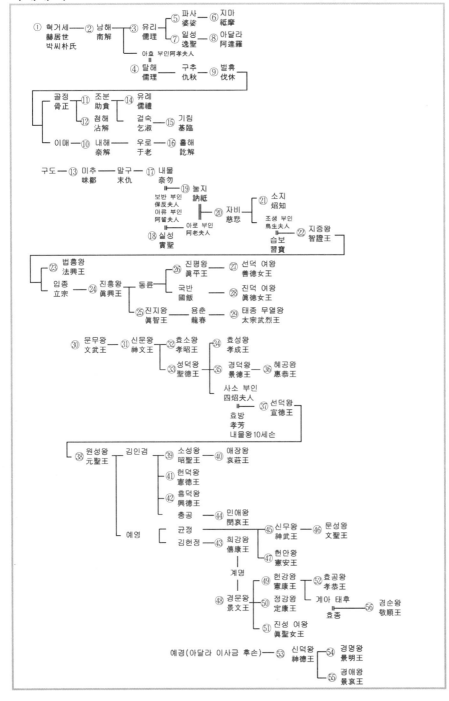

367